新 家庭科教育法

池﨑喜美惠・仙波 圭子・青木 幸子
小林 陽子・野上 遊夏・室 雅子
〔著〕

学文社

は　し　が　き

　現行の小学校・中学校・高等学校の「家庭科」は，1947（昭和22）年の教育基本法及び学校教育法の公布による教育改革によって新たに誕生した教科である。以来，七十余年，その家庭科は時代の進展に伴い，また，その時代の社会の要請にも対応しつつ改善が図られてきた。特に，1989（平成元）年改訂の学習指導要領からは，小・中・高等学校の全ての学校段階で，男女が共に履修する教科として位置づけられた。それまで，半ば女子の教科として扱われ，考えられている期間が長かった「家庭科」にとっては画期的なことであった。ほぼ10年を経て，1998年に告示された学習指導要領は，「ゆとり」の中で自ら学び，考えるなどの「生きる力」の育成が基本とされた。さらに2006年教育基本法，続いて2007年学校教育法をはじめその教育に関わる法律の一部が改訂され，以降，何回かの改訂を経て現在に至っている。

　本書は 従来の『家庭科教育』の特色である小・中・高等学校全体の家庭科像の把握ができるような配慮や家庭科教育の構想に基づく編集などを継承しつつ，また，新たな執筆者を加え改訂を行った。すなわち家庭科教育の意義，目標，内容，歴史などの基礎的研究に必要な分野や学習指導，学習指導計画，評価，施設・設備などの授業実践に欠かすことのできない分野はもちろんのこと，家庭科教員の養成や研修，諸外国の家庭科教育，今後の家庭科教育の課題・展望など，家庭科教育全般に渡って取り上げ，充実を図ったものである。

　本書は，小学校・中学校・高等学校の家庭科について，いずれにも対応可能な基本的内容を盛り込んで，大学・短大の家庭科教育法のテキスト・参考書として編集した。新しい時代を担う家庭科教育の在り方を考える契機に，さらに家庭科教師を目指す学生の指南書として活用されることを期待するものである。

　最後に，本書の刊行にあたり引用または参考にさせていただいた資料の関係者の方々に心から感謝の意を表する。

　2022年5月

著　　者

新家庭科教育法・目次

第1章　家庭科教育の意義
第1節　家庭科教育の概念 ……………………………………… 7
第2節　学校教育と家庭科 ……………………………………… 9
第3節　児童・生徒と家庭科 …………………………………… 16

第2章　家庭科教育の目標
第1節　目標設定の諸要因 ……………………………………… 27
第2節　家庭科教育の目標 ……………………………………… 30
第3節　小・中・高等学校の家庭科の目標 …………………… 32

第3章　家庭科教育の内容
第1節　内容選択の基本的事項 ………………………………… 39
第2節　小・中・高等学校における内容 ……………………… 41

第4章　家庭科教育の学習指導
第1節　教育課程 ………………………………………………… 64
第2節　学習形態 ………………………………………………… 70
第3節　学習指導の方法 ………………………………………… 72
第4節　家庭科学習指導の特質 ………………………………… 78

第5章　家庭科教育の学習指導計画
第1節　学習指導計画作成の意義 ……………………………… 93
第2節　学習指導計画の種類と形式 …………………………… 94

第6章　家庭科教育の評価
第1節　評価の目的と対象 ……………………………………… 119
第2節　評価の手順 ……………………………………………… 123
第3節　評価の具体例 …………………………………………… 126

第7章　家庭科教育における実践的研究
第1節　小学校の実践例 ………………………………………… 146

第 2 節　中学校の実践例 ……………………………………………… 151
第 3 節　高等学校の実践例 …………………………………………… 155

第 8 章　家庭科教育の施設・設備

第 1 節　家庭科教育の施設・設備 …………………………………… 162
第 2 節　小学校の施設・設備 ………………………………………… 165
第 3 節　中学校の施設・設備 ………………………………………… 168
第 4 節　高等学校の施設・設備 ……………………………………… 172
第 5 節　教室環境 ……………………………………………………… 174

第 9 章　家庭科の担当教員

第 1 節　家庭科教員になるには ……………………………………… 176
第 2 節　家庭科の教職課程 …………………………………………… 179
第 3 節　家庭科教員になった後に …………………………………… 181

第 10 章　家庭科教育の歴史

第 1 節　戦前の家庭生活に関する教育 ……………………………… 185
第 2 節　戦後の家庭科教育 …………………………………………… 187

第 11 章　諸外国の家庭科教育

第 1 節　諸外国の家庭科教育を学ぶ意義 …………………………… 219
第 2 節　世界の家庭科教育の動向 …………………………………… 220
第 3 節　各国の教育制度と家庭科教育 ……………………………… 225
第 4 節　各国の教育課程上の位置づけと内容構成の特徴 ………… 232

第 12 章　家庭科教育の課題と展望

第 1 節　家庭科教育の課題 …………………………………………… 235
第 2 節　家庭科教育の展望 …………………………………………… 242

資　料 …………………………………………………………………… 245
索　引 …………………………………………………………………… 271

第1章　家庭科教育の意義

第1節　家庭科教育の概念

1　家庭科・家庭科教育・家庭科教育学の概念

（1）　家　庭　科

　家庭科とは学校教育における教育課程のなかの一教科であり，小学校では「家庭科」，中学校では「技術・家庭科」，高等学校では「家庭科」の教科名で位置づけられている。

　家庭科では家族・衣食住・保育・家庭経営・消費・環境等の家庭生活を営むために必要な内容を系統的・科学的・実践的に児童・生徒に体得させ，その学習を通して家庭や社会の構成員として望ましい資質を培うことにより，人間形成に寄与する教科である。

（2）　家庭科教育

　小学校，中学校，高等学校の家庭科の目標を達成するために，内容や指導方法の研究，指導計画の立案とその実践，その結果の評価や改善など一連の教育活動を通して，児童・生徒を意識的に望ましい方向へ導こうとする家庭科の教育を家庭科教育という。学校教育においては一般に各教科を中心に教育が行われるが，これらの各教科の教育を総合して教科教育といい，家庭科教育も教科教育の一つである。

（3）　家庭科教育学

　日本教育大学協会第二部会，家庭科部門関東地区会では，1969（昭和44）年家庭科教育の概念を「家庭科教育学は，家政学及び教育科学を基盤とし，家庭科教育の本質に関する研究と，教授＝学習過程の分析及び構成に関する理論的実践的研究を行う科学である」と規定した。家政学とは，家政学将来構想特別

委員会が 1984（昭和 59）年に明示した定義によると，「家政学は，家庭生活を中心とした人間生活における人と環境との相互作用について，人的・物的両面から，自然・社会・人文の諸科学を基盤として研究し，生活の向上とともに人類の福祉に貢献する実践的総合科学である」といわれている。関東地区会で規定した家庭科教育の概念は，この家政学と教育科学との交差領域に位置し，総合的関係を占める学問であるとする考え方である。

　具体的には，その学問追求の対象を家庭科の教育を中心としたものとし，家庭科教育の実践を踏まえ，各学校段階における教育課程の基本的な在り方やその目的，家庭科の教科・科目の目標・性格等の研究，家庭科教育に関する児童・生徒の実態に関する研究，児童・生徒にふさわしい家庭科の内容・指導法及び評価等の研究，さらに家庭科の教員養成，学校運営，施設・設備，教材・教具等の望ましい在り方等の研究，諸外国の家庭科教育の研究等を行い，家庭科教育における人間形成への過程を科学的な体系のもとに追求しようとする学問である。

2　家庭科教育の性格

　家庭科教育は，学校教育において家庭科を通して児童・生徒の人間形成を図るという役割を受け持っている。1977（昭和 52）年，日本家庭科教育学会では，家庭科教育の構想を 5 年間かけて研究し，家庭科教育の目的を「家庭生活を中心とした人間の生活を総合的にとらえ，これを追求し創造する実践的能力をもつ人間の育成」とした。したがって家庭科教育の性格とは，次のような事項が考えられる。

　○家庭科教育ではその対象を家庭生活を中心とした人間の生活としている。人間の生活とは，家族を単位とする生活共同体で生活する人々の生活だけでなく，家庭に準じる組織の集団で生活する人々との生活や，単身世帯で生活する人々の生活もその対象とする。生活は人と物と環境が相互に関わり合い，人的・物的資源を活用して総合的に営まれるものである。

　○家庭科教育では生活を総合的に捉えることをねらいとしている。家庭生活では家族，衣生活，食生活，住生活，家庭経営，保育，その他の家庭生活

のあらゆる分野が密接に関連し，また家庭生活は環境との関わりの中で総合的に営まれている。家族が快適な食生活を営むための日常の食事を例にとると，食事を作るためには家族構成，家族員の嗜好，栄養・食品・調理の知識，調理技術，調理時間・労力，家庭の経済などから献立を考え，その後に，食品の選択，購入，保管，調理，配膳，片付けが行われるので，総合的に考えなければならない。しかし，学校では授業時間の関係で，学習はそれぞれ分離して行われるとしても，最終的には生活を総合的にとらえさせる必要がある。

○家庭科教育では，知識として理解するだけではなく，家庭生活における実践的能力を育成することをねらいとしている。したがって，家庭科の学習においては，実践的・体験的学習を通して知識や技術を習得させる場合が多い。

○家庭科教育では，家庭生活を創意工夫し，改善向上しようとする創造的能力を育成することをねらいとしている。

○家庭科教育では，職業教育として生活産業に従事する資質と能力を育成することもねらいとしている。

第2節　学校教育と家庭科

1　教育基本法

　明治以来，日本の教育を規制してきた教育勅語に代わって，1947（昭和22）年3月教育基本法が制定された。日本国憲法の精神にのっとり，戦後の教育の目的を明示した教育基本法では，個人の尊厳を重んじ，真理と平和を希求する人間の育成，個性ゆたかな文化の創造を目指す教育の徹底を規定した。1947年に教育基本法が制定されてから約70年以上が経過し，この間，科学技術の進歩，情報化，国際化，少子高齢化，核家族化，価値観の多様化，規範意識の低下など，わが国の教育をめぐる状況は大きく変化し，さまざまな課題が生じてきた。このような状況に鑑み，新しい教育基本法が2006（平成18）年12月

に公布・施行された（資料参照）。

　改正教育基本法では，国民ひとりひとりが豊かな人生を実現し，わが国が一層の発展を遂げ，国際社会の平和と発展に貢献できるよう，これまでの教育基本法の普遍的な理念は大切にしながら，今日求められる教育の目的や理念，教育の実施に関する基本を定めるとともに，国及び地方公共団体の責務を明らかにし，教育振興基本計画を定めることなどについて規定した。

　第1条の教育の目的では，「人格の完成を目指し，平和で民主的な国家及び社会の形成者として必要な資質を備えた心身ともに健康な国民の育成を期して行わなければならない」とし，第2条の教育の目標では，その目的を実現するため，学問の自由を尊重しつつ，次の5つの目標を達成することとした。

1　幅広い知識と教養，豊かな情操と道徳心，健やかな身体の育成

2　能力の伸長，自主及び自律の精神の育成，職業及び生活との関連の重視

3　正義と責任，男女の平等，自他の敬愛と協力の重視，公共の精神に基づき社会形成に参画

4　生命や自然の尊重，環境の保全

5　伝統と文化の尊重，我が国と郷土を愛し，他国を尊重し，国際社会の平和と発展に寄与

　教育の機会均等を示した第4条では，「すべて国民は，ひとしく，その能力に応じた教育を受ける機会を与えられなければならず，人種，信条，性別，社会的身分，経済的地位又は門地によって，教育上差別されない」としている。家庭科教育においては，教育基本法にてらして，性別による教育上の差別をすることなく，個人の価値を尊び，勤労を重んじ，心身ともに健康な国民の育成を目的とし，家庭科教育を通して実生活に即した文化の創造と発展に貢献するようつとめなければならない。

2　学校教育法

　教育基本法の改正に基づいて，2007（平成19）年6月に学校教育法が改正された。学校教育の充実を図るため，義務教育の目標を定め，各学校種の目的・

目標を見直し，学校の組織運営の確立を図った。さらに，2008 年（平成 20）
年 3 月に学校教育法施行規則を一部改正し，順次，改正が行われ現在に至って
いる。

　義務教育として行われる普通教育は，教育基本法第 5 条第 2 項に規定する目
的を実現するために学校教育法第 21 条に 10 の目標を掲げている。そのうち，
特に小学校・中学校の家庭科に関連する目標として以下の 3 項目を挙げること
ができる。

　2　学校内外における自然体験活動を促進し，生命及び自然を尊重する精神
　　並びに環境の保全に寄与する態度を養うこと。

　4　家族と家庭の役割，生活に必要な衣，食，住，情報，産業その他の事項
　　について基礎的な理解と技能を養うこと。

　8　健康，安全で幸福な生活のために必要な習慣を養うとともに，運動を通
　　じて体力を養い，心身の調和的発達を図ること。

　学校教育法には幼稚園から大学までの各学校種の目的・目標が示されている
（資料参照）。

　(1)　小 学 校

　小学校は，心身の発達に応じて，義務教育として行われる普通教育のうち基
礎的なものを施すことを目的としている。

　(2)　中 学 校

　中学校は，小学校における教育の基礎の上に，心身の発達に応じて，義務教
育として行われる普通教育を施すことを目的としている。

　(3)　高等学校

　高等学校は，中学校における教育の基礎の上に，心身の発達及び進路に応じ
て，高度な普通教育及び専門教育を施すことを目的としている。家庭科との関
連が特に深い項目は，第 51 条 2 の「社会において果たさなければならない使
命の自覚に基づき，個性に応じて将来の進路を決定させ，一般的な教養を高め，
専門的な知識，技術及び技能を習得させること」であるといえよう。

3　教育課程と家庭科

　生産年齢人口の減少，グローバル化の進展や技術革新等により，社会構造や雇用環境は大きく変化し，予測が困難な時代となってきている。急激な少子高齢化が進む中で成熟社会を迎えた我が国にあっては，一人一人が持続可能な社会の担い手として社会状況の変化に対応していくことが要請されてきた。そのような現状に鑑み，2014（平成 26）年 11 月に，新しい時代にふさわしい学習指導要領等の在り方について中央教育審議会に諮問を行い，審議の末，2016（平成 28）年 12 月に「幼稚園，小学校，中学校，高等学校及び特別支援学校の学習指導要領等の改善及び必要な方策等について」答申が示された。中央教育審議会答申においては，新しい時代に求められる資質・能力を子どもたちに育む「社会に開かれた教育課程」の実現を目指し，学習指導要領等が「学びの地図」としての役割を果たすことができるよう，次の 6 点にわたってその枠組みを改善し，「カリキュラム・マネジメント」の実現を目指すことなどを示した。①「何ができるようになるか」（育成を目指す資質・能力），②「何を学ぶか」（教科等を学ぶ意義と，教科等間・学校段階間のつながりを踏まえた教育課程の編成），③「どのように学ぶか」（各教科等の指導計画の作成と実施，学習・指導の改善・充実），④「子供一人一人の発達をどのように支援するか」（子供の発達を踏まえた指導），⑤「何が身に付いたか」（学習評価の充実），⑥「実施するために何が必要か」（学習指導要領等の理念を実現するために必要な方策）。

　これを踏まえ，2017（平成 29）年 3 月に学校教育法施行規則を改正するとともに，幼稚園教育要領，小学校学習指導要領及び中学校学習指導要領さらに 2018（平成 30）年 3 月高等学校学習指導要領を公示した。小学校は 2020 年度から，中学校は 2021 年度から全面実施，高等学校は 2022 年度から学年進行で実施された。

（1）　小　学　校

　小学校の教育課程は，国語，社会，算数，理科，生活，音楽，図画工作，家庭，体育，外国語の各教科と特別の教科である道徳，外国語活動，総合的な学習の時間，特別活動によって編成されている（表 1.1）。第 5・6 学年に外国語

表 1.1　小学校の教育課程

区　　分		第 1 学年	第 2 学年	第 3 学年	第 4 学年	第 5 学年	第 6 学年
各教科の授業時数	国　語	306	315	245	245	175	175
	社　会			70	90	100	105
	算　数	136	175	175	175	175	175
	理　科			90	105	105	105
	生　活	102	105				
	音　楽	68	70	60	60	50	50
	図画工作	68	70	60	60	50	50
	家　庭					60	55
	体　育	102	105	105	105	90	90
	外 国 語					70	70
特別の教科である道徳の授業時数		34	35	35	35	35	35
外国語活動の授業時数				35	35		
総合的な学習の時間の授業時数				70	70	70	70
特別活動の授業時数		34	35	35	35	35	35
総　授　業　時　数		850	910	980	1015	1015	1015

注）1　この表の授業時数の 1 単位時間は，45 分とする。
　　2　特別活動の授業時数は，小学校学習指導要領で定める学級活動（学校給食に係るものを除く。）に充てるものとする。

小学校学習指導要領（平成 29 年告示）（2017）より。

が教科として設定されたことや，道徳が教科化されたことが変更点である。このうち家庭科は表 1.1 に示すように，これまでと同様，第 5 及び第 6 学年にそれぞれ 60，55 単位時間が設定されている。1 単位時間は 45 分である。

（2）中 学 校

中学校の教育課程は，国語，社会，数学，理

表 1.2　中学校の教育課程

区　　分		第 1 学年	第 2 学年	第 3 学年
各教科の授業時数	国　　　語	140	140	105
	社　　　会	105	105	140
	数　　　学	140	105	140
	理　　　科	105	140	140
	音　　　楽	45	35	35
	美　　　術	45	35	35
	保 健 体 育	105	105	105
	技術・家庭	70	70	35
	外　国　語	140	140	140
特別の教科である道徳の授業時数		35	35	35
総合的な学習の時間の授業時数		50	70	70
特別活動の授業時数		35	35	35
総授業時数		1015	1015	1015

注）1　この表の授業時数の 1 単位時間は，50 分とする。
　　2　特別活動の授業時数は，中学校学習指導要領で定める学級活動（学校給食に係るものを除く。）に充てるものとする。

中学校学習指導要領（平成 29 年告示）（2017）より。

科，音楽，美術，保健体育，技術・家庭，外国語の各教科と特別の教科である道徳，総合的な学習の時間，特別活動によって編成されている（表1.2）。技術・家庭は前回と同様，第1及び第2学年は70単位時間，第3学年は35単位時間

表1.3　高等学校の教育課程

教　科　等	科　　　　　目	標準単位数	教　科　等	科　　　　　目	標準単位数
国　　　語	現 代 の 国 語	2	保 健 体 育	保　　　　　健	2
	言 語 文 化	2	芸　　　術	音　楽　　Ⅰ	2
	論 理 国 語	4		音　楽　　Ⅱ	2
	文 学 国 語	4		音　楽　　Ⅲ	2
	国 語 表 現	4		美　術　　Ⅰ	2
	古 典 探 究	4		美　術　　Ⅱ	2
地 理 歴 史	地 理 総 合	2		美　術　　Ⅲ	2
	地 理 探 究	3		工　芸　　Ⅰ	2
	歴 史 総 合	2		工　芸　　Ⅱ	2
	日 本 史 探 究	3		工　芸　　Ⅲ	2
	世 界 史 探 究	3		書　道　　Ⅰ	2
公　　　民	公　　　　　共	2		書　道　　Ⅱ	2
	倫　　　　　理	2		書　道　　Ⅲ	2
	政 治・経 済	2	外　国　語	英語コミュニケーションⅠ	3
数　　　学	数　学　　Ⅰ	3		英語コミュニケーションⅡ	4
	数　学　　Ⅱ	4		英語コミュニケーションⅢ	4
	数　学　　Ⅲ	3		論理・表現Ⅰ	2
	数　学　　A	2		論理・表現Ⅱ	2
	数　学　　B	2		論理・表現Ⅲ	2
	数　学　　C	2	家　　　庭	家 庭 基 礎	2
理　　　科	科 学 と 人 間 生 活	2		家 庭 総 合	4
	物 理 基 礎	2	情　　　報	情　報　　Ⅰ	2
	物　　　　　理	4		情　報　　Ⅱ	2
	化 学 基 礎	2	理　　　数	理 数 探 究 基 礎	1
	化　　　　　学	4		理 数 探 究	2〜5
	生 物 基 礎	2	総合的な探究の時間		3〜6
	生　　　　　物	4			
	地 学 基 礎	2			
	地　　　　　学	4			
保 健 体 育	体　　　　　育	7〜8			
家　　　庭	生活産業基礎，課題研究，生活産業情報，消費生活，保育基礎，保育実践，生活と福祉，住生活デザイン，服飾文化，ファッション造形基礎，ファッション造形，ファッションデザイン，服飾手芸，フードデザイン，食文化，調理，栄養，食品，食品衛生，公衆衛生，総合調理実習				

1単位時間を50分とし，35単位時間の授業を1単位として計算する。

高等学校学習指導要領（平成30年告示）（2018）より。

が配当されている。1 単位時間は 50 分である。技術・家庭は，技術分野と家庭分野に分かれているため，家庭分野に配当される時間は半分になる。

(3)　高等学校

　高等学校の各学科に共通する教科は，国語，地理歴史，公民，数学，理科，保健体育，芸術，外国語，家庭，情報，理数の各教科と総合的な探究の時間（表 1.3），専門学科において開設する各教科には，農業，工業，商業，水産，家庭，看護，情報，福祉，理数，体育，音楽，美術，英語がある。

　表 1.3 に示すように各学科に共通する教科としての家庭科には，「家庭基礎」（2 単位），「家庭総合」（4 単位）の 2 科目の中からすべての生徒に選択履修させる。また，専門学科においては，生活産業基礎から総合調理実習までの 21 科目で編成されている。

4　家庭科の性格

　各学校段階の教育課程が示すように，家庭科は小学校，中学校，高等学校を通して教科として位置づけられている。しかし，各学校段階における児童・生徒の発達や教科名との関連からその性格には少なからず相違がみられる。小学校における家庭科では，児童の日常の家庭生活をその主な学習対象とし，衣食住などに関する実践的・体験的な活動から家庭生活への関心を深め，日常生活に必要な基礎的な知識や技能の習得を目指している。また，究極的には家族の一員として生活をより良くしようとする実践的な態度の育成をねらっている。前回の学習指導要領と同様，第 5・6 学年の 2 学年を一括した目標・内容としており，教科書は 2 学年で 1 冊である。

　中学校における技術・家庭科では，主として小学校における家庭科や図画工作科の基礎の上に発展的な学習ができるようになっている。さらに高等学校の情報科の基礎ともなっている。この教科は生活と技術の関わりについての理解を深め，生活を工夫し創造する能力と実践的な態度を育てようとしている。前回と同様，生活と技術との関わりについて，生活の視点に立って総合的に学習できるように技術と家庭の 2 分野で構成されている。

　家庭分野は，家族・家庭，衣食住，消費や環境などについて，生活の自立に

必要な基礎的な理解を図るとともに，それらに係る技能を身に付けることが特徴である。そのためには，家族・家庭や地域における生活の中から問題を見いだして課題を設定し，解決策を構想し，実践を評価・改善し，考察したことを理論的に表現するなど，これからの生活を展望して課題を解決する力を養っていかなければならない。そして，家族や地域の人々と協働し，よりよい生活の実現に向けて，生活を工夫し創造しようとする実践的な態度を養っていくことが要求される。また，生活文化の継承の大切さに気付くことも中学校における視点といえる。さらに，情報化や科学技術の進展等に対応して，情報手段の活用としてコンピューターの活用の基礎が導入され，また少子高齢化等への対応から幼児や家族の人間関係に関する内容が一層充実された。教科書は3年間で技術分野と家庭分野の2分冊になっている。

　高等学校における家庭科では，小学校の家庭科や中学校技術・家庭科の学習の上に積み重ねて，普通教育として行われる各学科に共通する教科としての「家庭」と家庭生活に関連する職業に従事するための能力を育成する専門学科に開設される「家庭」がある。

　各学科に共通する教科としての「家庭」は，「家庭基礎」（2単位）と「家庭総合」（4単位）のいずれか1科目を選択して履修する。「家庭基礎」は，生活を主体的に営むために必要な基礎的な理解と技能を身に付け，自立した生活者として必要な実践力を育成することを重視している。「家庭総合」は，従前の「家庭総合」や「生活デザイン」の内容を継承し，生活を主体的に営むために必要な科学的な理解と技能を体験的・総合的に身に付け，生活文化の継承・創造，高齢者の介護や消費生活に関する実習や演習を行うことを重視している。

第3節　児童・生徒と家庭科

1　児童・生徒と家庭生活

(1)　社会環境の変化

日本の産業構造を産業別就業者構成割合の推移でみると，1950年は第1次

産業の農林漁業が 39.8％，第 2 次産業が 24.3％，第 3 次産業が 35.8％を占めていたが，その後，高度経済成長により農林漁業はその割合を大きく低下させ，サービス業は拡大を続けていった。2020 年になると第 1 次産業は 3.3％と激減し，第 3 次産業が 73.2％と増加した。このように日本の産業別就業者構成をみると，農林漁業中心の構造から製造業の拡大を経て，サービス業の拡大へと続いており，産業構造の変化に応じて就業者構成が変化していることが分かる。第 1 次産業から第 2 次産業，第 3 次産業へとシフトしていった産業構造の変化（図1.1）により，家庭内の生産機能は企業へ移行し，ものが作られる過程を知らず，ものに働きかけて価値を生み出していることの意味を知らない子どもが増加した。さらに，冠婚葬祭や人の集まりなども家庭外の公共的施設に移譲するなど，これまで家庭内で賄われていた仕事は社会化された。また，家庭電化製品の普

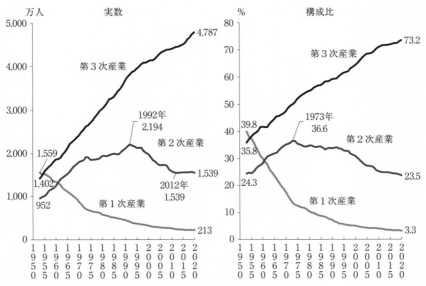

注）1953〜2020 年の各年データ。構成比は産業不詳の就業者を除く。
資料）労働力調査
図録▽産業別就業者数の長期推移（サービス経済化）

sakura.ne.jp（2022 年 4 月 25 日アクセス）より。

図 1.1　産業別就業者数の推移

及や出生率の低下などが相まって，家事労働の負担が軽減されてきた。このことは，女性の就業者の増大にもつながり，共働き家庭の一般化は，女性の家計参加による所得水準や消費水準の向上も引き起こし，国民の大半が中流意識を持つようになってきた。さらに，子ども世代の持ち物や遊びは，今日の商業主義により大きな変化を受けている。このような社会環境の変容により子どもの生活が画一化され，物質的には恵まれているが，物を大切にすることや創意工夫をするなど精神的な面の希薄さがみられ，憂慮すべき現状を呈している。

(2) 家庭生活の変化

家族構成の変化を概観すると，平均世帯人数は 1960（昭和 35）年には 4.14人であったのが，1980（昭和 55）年には 3.22 人，2000（平成 12）年には 2.67 人，2020（令和 2）には 2.27 人となり，家族の小規模化が進展した。また，国民生活基礎調査によると，児童のいる世帯は，1975（昭和 50）年には全世帯数の53.0％を占めていたが，1998（平成 10）年には 30.2％，2019（令和元）年には21.7％にまで低下した。また，合計特殊出生率は，1990（平成 2）年には，1.54人，2010（平成 22）年 1.39 人，2019（令和元）年 1.36 人となり，少子化は大きな社会問題となっている。このように子どもが生活している家庭は，平均世帯人数が少なくなり，単親家庭や単身赴任の家庭など多様な家族の形態が存在している。緊密な人間関係の中で生活している子どもに対する親の強い期待や過干渉・過保護という養育態度が垣間見られる。また，きょうだい数が少ないことから，子ども同士の喧嘩や我慢，いたわりあいの経験が少ないなど，子どもが成長する過程で自然に身に付くであろうことを体験していないという問題もある。さらに，祖父母など高齢者と関わる機会も減少し，伝統的な文化や生活習慣の継承がされにくくなったことや高齢者に対するいたわりなどの情緒面での憂慮すべき現状が指摘されている。

内閣府が 2021（令和 3）年 2 月〜3 月に中学 2 年生及びその保護者を対象に郵送配布-郵送回収またはオンライン回答により子どもの生活状況について調査を実施した。

ふだん学校の授業以外でどのように勉強をしているかについて（図 1.2）は，

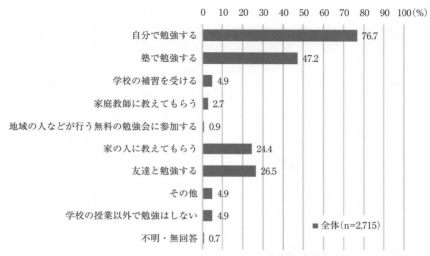

内閣府令和3年度子供の生活状況調査より。
https://www.8.cao.go.jp/kodomonohinkon/r03/pdf/s2-2.pdf（2022年4月25日アクセス）より。

図 1.2　ふだんの勉強の仕方

「自分で勉強する」が76.7％，「塾で勉強する」が47.2％，「友達と勉強する」が26.5％，「家の人に教えてもらう」が24.4％であった。なお，「学校の授業以外で勉強はしない」の割合は4.9％であった。これを，等価世帯収入により分析したところ，「学校の授業以外で勉強はしない」と回答した割合は，収入の水準が低い世帯やひとり親世帯で高いという結果が出た。

　学校の授業以外での1日あたりの勉強時間について（図1.3），「学校がある日（月〜金曜日）」では，「1時間以上，2時間より少ない」が32.6％で最も割合が高く，次いで「30分以上，1時間より少ない」が28.5％であった。また，「まったくしない」は5.3％であった。「学校がない日（土・日曜日・祝日）」では，「1時間以上，2時間より少ない」が23.8％で最も割合が高く，次いで「30分以上，1時間より少ない」が22.6％であった。「まったくしない」は12.6％となっていた。

　食事の状況について，「朝食」については，「毎日食べる（週7日）」が82.0

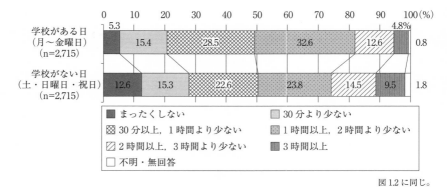

図 1.3 学校の授業以外の 1 日あたりの勉強時間（MA）

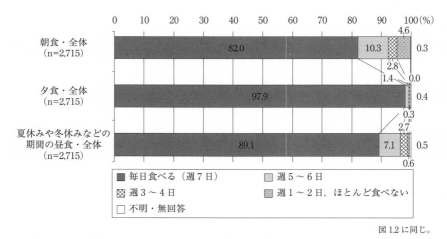

図 1.2 に同じ。

図 1.4 食事の状況

％，「週 5～6 日」が 10.3％，「週 3～4 日」が 2.8％，「週 1～2 日，ほとんど食べない」が 4.6％であった。「夕食」については，「毎日食べる（週 7 日）」が 97.9％，「週 5～6 日」が 1.4％，「週 3～4 日」が 0.3％，「週 1～2 日，ほとんど食べない」は 0.0％であった。「夏休みや冬休みなどの期間の昼食」については，「毎日食べる（週 7 日）」が 89.1％，「週 5～6 日」が 7.1％，「週 3～4 日」が 2.7％，「週 1～2 日，ほとんど食べない」が 0.6％であった。また，収入の水準が

低い世帯やひとり親世帯では，「朝食」や「夏休みや冬休みなどの期間の昼食」について「毎日食べる」と回答した割合が低かった。このように，子どもの貧困という問題がクローズアップされてきた。

　現代の子どもたちは，物質的な豊かさや便利さの中で生活する一方で，学校での生活，塾や自宅での勉強にかなりの時間をとられ，睡眠時間が必ずしも十分でないなど，ゆとりのない忙しい生活を送っている。そのためか，かなりの子どもたちが，土曜日の午前中を「ゆっくり休養」する時間に当てている。また，テレビなどマスメディアとの接触にかなりの時間をとり，疑似体験や間接体験が多くなる一方で，生活体験・自然体験が著しく不足し，家事の時間も極端に少ないという状況がうかがえる。

　子どもを取り巻く食環境も大きく変化している。例えば，欠食や偏食，味覚異常，食生活の乱れ，動物性脂肪や糖分の摂りすぎなどによる子どもの生活習慣病予備軍が増加することが懸念されている。農林水産省の食育白書によると，

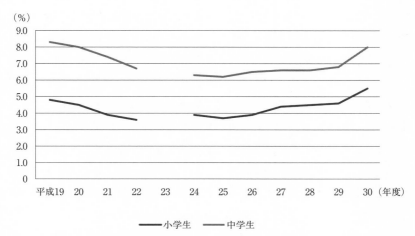

注）1　朝食を「全く食べていない」及び「あまり食べていない」の合計
　　2　小学 6 年生，中学 3 年生が対象
　　3　平成 23（2011）年度は，東日本大震災の影響等により，調査を実施していない。
資料）文部科学省「全国学力・学習状況調査」

　　　　　　　　　　　　農林水産省　平成 30 年度　食育白書　より筆者作成。

図 1.5　朝食欠食率

2007（平成19）年度では小学生4.8%，中学生8.3%であったが（図1.5），2015（平成27）年度には朝食欠食の小学生4.4%，中学生6.6%にまで減少した。これは，食育の効果ともとれるが，2030年の目標値として朝食欠食率を0.0%にすることが提言され，達成が目指されている。

2　児童・生徒の心身の発達

(1)　精神的発達

　児童期はエリクソン（Erikson, H. E.）によると「学ぶ存在」として位置づけられ，勤勉性の獲得が中心課題であるといわれている。失敗を重ねながら自力で目標を達成できた時，コンピテンスを持つことができ，大人の励ましにより自信や自尊心が身に付く。したがって家庭内の仕事を単なる手伝いとして遂行させるのではなく，試行錯誤しながら役割を果たすことに満足感が得られると，さらに大人の期待に応えようと自主的に行うようになる。

　小学校高学年は，実用的問題や具体的場面に限られてしまうが，物事をある程度組織立てて考え，論理的な思考が可能となる具体的操作期の段階であると，ピアジェ（Piaget, J）は捉えている。つまり，さまざまな観点から論理的に思考できるようになるということである。また，知識欲が旺盛で機械的記憶によって科学的な知識を取り入れ，得られた情報を相互に関連させて判断できるようになるという脱中心化が起こる。そのため学習内容の抽象的な概念を具体的な事物に置き換えて，実際生活に即して扱うと理解も容易となる。

　中学生期は形式的操作期と呼ばれ，現存しない将来の出来事に対しても論理的に考えられるようになる。高等学校家庭科で生徒が生活設計や親の役割について考えることは，認知的発達を考慮した学習内容といえる。このように，子どもの思考様式は，発達によって新しい教科内容の理解が可能になる面と，新しい指導の提示によって発達が促進される面の相互作用が考えられるので，加齢にともない指導を工夫する必要がある。

　社会性の発達では，小学校高学年になると自分と他者の異なった思考や感情を把握し，それらを尊重した上で，どのように関連付ければ両者が納得できるかが，考えられる状態になってくる。つまり，児童期は他者の視点に立って，

思いやり行動や向社会的行動が増加してくる。ホフマン（Hoffman, M. L.）は共感性の発達水準を4つに分け，児童後期は気づきという認知的水準に依拠して，他者の苦しみにも共感できるようになると述べている。また，所属感や帰属意識をもち，役割取得が可能となる。このことは，自分だったらどうして欲しいか，どんな気持ちになるかなど，相手の立場に立った思いやりの意識も出てくるので，家族の一員として子どもが自信をもって家庭や社会に参加する力をつけることができるようになる。

　また親から心理的に離れようとし，ギャングエイジと呼ばれる仲間集団が必要となる。仲間との比較によって自己の不十分な点を認識したり，優れた点をもつ仲間の模倣によって技能が高められる時期でもある。例えば，各自の家庭での仕事の実践状況を話し合わせ，自己の日常生活における態度を反省し，改善していこうとしたり，被服製作で技術的に優れた子どもの模倣をして理解できたり，仲間同士の競争により向上していこうとする。

　また，性役割を認識する時期でもあるので，家庭科では固定的・伝統的な性別役割を押しつけるのではなく，健全な異性観や役割意識をもつように指導には配慮しなければならない。

　幼児や小学生は，新しい事柄を知識として記憶する段階，中・高校生はすでに記憶している知識に基づいて，新しい事柄を認識し，判断し，評価する段階であり，精神活動の発達段階を考慮して教え方や学び方を工夫する必要がある。ともすれば，学校での学びは，子どもの興味や関心とは無関係に教え込まれるという側面が強調され，学校での学びが子どもたちにとっては自分の生活や身体から乖離した，実際には役立たない学校だけの閉じられた学習活動になっていることがある。そこで，学校をある程度，日常生活に近づけることが必要になる。生活上の必要性から能動的に学びとられる日常知を重視し，絶えず家庭生活を見つめさせ，体験を通して問題解決学習を取り入れていかなければならない。細切れの疑似的な体験学習により「活動あって学習なし」の這いまわる経験主義に陥るのであってはならない。子どもの主体性や実践的な学習活動を生かしつつ，子どもたちの知の総合化を深めていく指導の力量が問われる。

(2)　身体的発達

　2020（令和2）年の学校保健統計調査によると男子の身長は6歳で117.5cm，10歳で140.5cm，12歳で154.3cm，15歳で168.8cm，女子の身長は6歳で116.7cm，10歳で141.5cm，12歳で152.6cm，15歳で157.3cmである。各年齢間の身長差は，男子では11歳と12歳の間（7.7cm）が最も大きく，女子では9歳と10歳の間（6.7cm）が最も大きい。

　男子の体重は6歳で22.0kg，10歳で35.9kg，12歳で45.8kg，15歳で58.9kg，女子の体重は6歳で21.5kg，10歳で35.4kg，12歳で44.5kg，15歳で51.2kgである。各年齢間の体重差は男子では11歳と12歳の間（5.4kg）が最も大きく，女子では10歳と11歳の間（4.9kg）が最も大きい。経年変化をみても，男女の体格は良くなっていることが明らかである。

　また栄養状態の改善と生活様式の変化により，体格の向上だけでなく，第二次性徴の時期も1～2歳早く発育が進んでいるという発育の加速化現象が生じている。

　健康状態では虫歯（う歯）のある者の割合が小学校40.2％（小数点第2位以下四捨五入，以下同様），中学校32.2％，高等学校41.7％である。ここ数年では，虫歯予防の普及によりやや減少傾向にある。虫歯は甘い間食を摂りすぎたり，食生活の偏りが原因であるため，子どもに食事献立や調味について注意することをうながす必要がある。また裸眼視力が1.0未満の者は，小学校37.5％，中学校58.3％，高等学校63.2％と，学校段階が進むにつれて視力の低下が顕著に表れている。また，経年変化をみると，どの学校段階でも視力の悪い子どもが次第に増加していることが明らかである。

　肥満傾向児と判定された割合は，男子11歳13.3％，14歳10.9％，17歳12.5％，女子11歳9.4％，14歳8.3％，17歳7.6％であり発達段階により肥満傾向児の減少傾向が見られるが，経年変化では高校生女子を除いて増加していた。肥満傾向の子どもたちの食事は高エネルギー，高タンパク質，脂質過剰，間食の食べ過ぎ傾向にあることや運動不足が原因とされている。

　以上のような身体の発達的特徴をふまえた上で，食生活教育や衣生活教育な

どを重視することは家庭科に課された役割といえる。例えば健康的な体を維持するためには，栄養や食品に関する知識を習得し，運動量を考えた食物摂取を心掛けること，被服製作の面では身体の発育や運動量の増加に伴い，体型の変化や衣服のゆるみ，被服衛生などについて学習することなどである。

　運動機能の発達では，2021（令和3）年の体力運動能力調査により，走・跳・投の基礎的運動能力および握力の年次推移の傾向をみると，体力合計点が男女とも低下していること，また50m走，立ち幅跳びについては，中学生男子以外は低下傾向がみられた。このことは子どもたちの体の運動能力を向上させるための手立てを考えていかなければならないことを示している。特に家庭科では手指の巧緻性について問題視されることもある。国立教育政策研究所は2007（平成19）年10月〜11月にかけて，全国の国公私立中学校第3学年を対象に技術分野と家庭分野におけるペーパーテストと実技調査を実施した。その結果の中で調理の基礎的・基本的な技能として，いちょう切りができた生徒は93.5％であったが，望ましい切り方である「縦4等分にしてから切る」は33.2％であるのに対して，「輪切りしてから4等分」した生徒（54.2％）が最も多く，「半月切りしてから2等分」した生徒は6.2％であった。このことから，いちょう切りはできるが，効率的で安全に切ることや，料理に適した切り方を考えることが課題として提言された。また，まつり縫いの正しい縫い方を選ぶ問題の正答率は77.7％であったが，まつり縫いが正しくできた生徒は46.0％であった。このことは衣服の補修・製作の基礎的技能として，まつり縫いを適切に縫えるような技能を確実に身に付けることが課題とされた。

　小学生のひも結びや布しぼりの調査によると，現在の児童には正常なひも結びができるものが少なく，布しぼりでは，小学校低学年から中学年への移行時期の方が発達が著しいといわれている。このことから低学年の生活科との関わり，あるいは低・中学年の家庭科の構想も考える余地がある。子どもたちが家庭生活に関する知識や技術に興味をもてば，意欲的に取り組み，家庭生活の中で実践していくことが期待できる。また，小学校高学年頃になると手指の運動が巧みになり一層発達していく。この時期に調理や被服製作の基礎技術を習得

させ，反復練習させることにより技能の習熟を図ることができる。

　中学生の被服製作に関する糸結び，糸通し，まつり縫いの３種類の手技能に関する調査では，一定時間の作業量は女子の方が多いが，糸結びの解け率では差がみられないこと，正しい手法や表裏の認識などを理解させることによって，手技能が向上する可能性があること，加齢に伴う発達傾向が認められることなどが報告されている。したがって，子どもの持つ発達の可能性を十分考慮して指導する必要がある。体の各機能が発達する時期に手指を使わず，身体を十分動かさずに生活することは，機能の退化につながるので，子どもの発達を考えて家庭科の指導を工夫していくことが必要となってくる。

引用・参考文献

蛭子真由美・太田昌子・広瀬月江（1990）「中学生の被服製作に関する実態及び意識（第一報）―手技能の男女比較及び学年比較―」『日本家庭科教育学会誌』33 巻 3 号

教員養成大学・学部教官研究集会家庭科教育部会（1988）『家庭科教育の研究』

国立教育政策研究所教育課程センター（2009）特定の課題に関する調査（技術・家庭）

近藤邦夫・西林克彦・村瀬嘉代子・三浦香苗編（2000）『児童期の課題と支援（教員養成のためのテキストシリーズ 4）』新曜社

佐藤賢一（1991）『児童・生徒の学習特性の発見とその指導法』ぎょうせい

清水歌・森博美（1991）「小学生の手指の巧緻性の発達について（第一報）―紐結びについて―」『日本家庭科教育学会誌』34 巻 1 号

清水歌・森博美（1991）「小学生の手指の巧緻性の発達について（第二報）―布絞りについて―」『日本家庭科教育学会誌』34 巻 1 号

内閣府政策統括官（2021）「令和 3 年子供の生活状況調査の分析　報告書」https//www8.cao.go.jp/kodomonohinkon/r03　（2022 年 4 月 25 日アクセス）

（社）日本家政学会編（1984）『家政学将来構想　1984』光生館　p. 32

平山諭・鈴木隆男（1994）『発達心理学の基礎Ⅱ機能の発達』ミネルヴァ書房

文部科学省（2021）「令和 2 年度学校保健統計」

文部科学省（2017）「中学校技術・家庭（平成 29 年告示）解説」

文部科学省（2018）「高等学校学習指導要領（平成 30 年告示）解説」

文部科学省「令和 2 年度学校保健統計【R2 保健】確報値の公表について」https://www.mext.go.jp（2022 年 4 月 25 日アクセス）

第2章　家庭科教育の目標

第1節　目標設定の諸要因

1　教育の目的・目標との関連

　教科の目標設定には，教育の目的，学校教育の目的が大前提となる。教育の目的は教育基本法第1条「教育は，人格の完成を目指し，平和で民主的な国家及び社会の形成者として必要な資質を備えた心身ともに健康な国民の育成を期して行わなければならない」と述べられている。これをうけて，学校教育法には学校段階ごとの教育の目的・目標が示されている。そして，学習指導要領には学校段階別・学年別・領域別の教科や科目の目標が示されている。これらをふまえて，教師や学習者の目標が設定される。上位目標である教育の目的と下位目標である学習者の目標は相互関連しており，1単位時間の授業の目標は教育の目的をふまえていなければならない。

2　他教科との関連

　学校教育の1教科として家庭科は，社会，理科，保健体育，図画工作・美術，生活などの各教科や特別の教科である道徳，総合的な学習の時間，特別活動などと関連が深い。しかし，生活を科学的にとらえ，実践的態度の育成を目指すという家庭科の性格をふまえて，独自の教育目標を設定するところに家庭科教育の特質が見いだされる。

3　家庭・地域社会との関連

　家庭科は家庭生活を対象とすることから，児童・生徒の生活環境としての家庭・地域社会の実態を把握する必要がある。また，家庭科学習は日常の家庭生活における経験の有無や程度に大きく影響される。家庭での実践が行われてこそ究極的な目標である実践的な態度が育成されるので，児童・生徒を取り巻く

環境を熟知したうえで目標設定を行う。

　また，家庭科教育に対し国民一般がどのような要求や期待をしているか，知っておくことも必要である。社会的要請を考慮することは，学校教育における教科の存在意義を強調するためには必要不可欠である。

　高等学校では男女が家庭科をともに学ぶようになってから四半世紀以上が経過している。それまで女子のみが家庭科を学んでいた時代と比べて男女ともに家庭科を学んで卒業した社会人はどのように家庭科をとらえているか，日本家庭科教育学会が2016〜2017（平成28〜29）年にかけて調査をした。その結果，次のような実態が明らかになった。高等学校で家庭科を学んだ社会人は，家庭科を「学んでよかった」と考える人は52.6％，「どちらかというと学んでよかった」と考える人は42.7％であり，家庭科の有用性を認識していた人は約95％と非常に高かった。また家庭科の有用性には男女差がなく，男女とも家庭科を学んでよかったと思っていることが分かった。

　また，家庭科をどのような教科（教科観）と思っているかについては，「①料理や裁縫などの家事や身辺整理の仕方について学ぶ教科」が最も多く，生活に必要な能力を獲得する教科として認識されていることが分かった。次いで，「②家庭生活を中心とした人間の生活について総合的・実践的に学ぶ教科」が多く，生活を多面的に捉える総合的・実践的教科という認識も持ち合わせてい

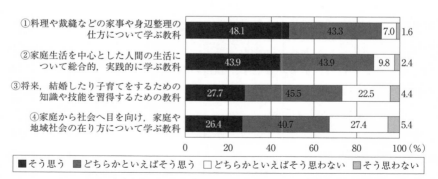

日本家庭科教育学会編『未来の生活をつくる　家庭科で育む生活リテラシー』より。

図 2.1　家庭科はどのような教科か（n＝827）

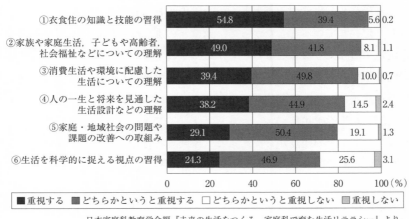

日本家庭科教育学会編『未来の生活をつくる　家庭科で育む生活リテラシー』より。

図 2.2　家庭科で重視したい学び（n＝827）

ることが分かった（図 2.1）。

　また，社会人はどのような学びを重視したらよいと思っているかをみると，「①衣食住の知識と技能の習得」という生活に関する知識・技能や「②家族や家庭生活，子どもや高齢者，社会福祉などについての理解」というヒトにかかわる理解の割合が高かった（図 2.2）。

4　児童・生徒の発達との関連

　児童・生徒が興味・関心を強く持ち，学習の必要性を認識し，学習者の能力に適応しているならば，主体的な学習が行われ，学習効果が上がることは当然である。学習は児童・生徒のレディネスに適合した時，最も効果的となる。そのため，教師は児童・生徒の心身の成長や運動機能や思考などの発達状況を把握しておかなければならない。また，個人差も考慮しながら指導できるよう目標や内容選定の段階で配慮することも望まれる。

5　家政学との関係

　家庭科は家政学を基礎科学としている。1984（昭和 59）年の家政学将来構想特別委員会は，家政学を「家庭生活を中心とした人間生活における人間と環境との相互作用について，人的・物的の両面から自然・社会・人文の諸科学を基

盤として研究し，生活の向上とともに人類の福祉に貢献する実践的総合科学である」と定義している。したがって，家政学の理念や目標が，家庭科教育の目標を決定するうえで参考となる。しかし，家政学の学問体系や諸分野における研究成果をそのまま児童・生徒に学習させるのではなく，先に述べた児童・生徒の発達段階に応じた教育的配慮を行わなければならない。

6　生涯学習との関連

　教育を生涯学習の観点から捉えると，家庭科教育は家庭教育，社会教育とも関連が深い。無意図的な家庭教育との相違点を明らかにするとともに，家庭との連携を保ちつつ教科の目標を達成することが望まれる。変動する家庭や社会の中で生活環境に適応するため，学校教育でどのような知識や技術や能力を身に付けたらよいかを考える必要がある。

7　家庭科教育の歴史ならびに諸外国の家庭科教育との関連

　家庭科教育の歴史を辿ることにより，時代や社会情勢の変化に対応した家庭科教育の変遷を理解することができる。それらをふまえて，将来を見通した家庭科教育の目標を設定することが必要である。また，海外における家庭科教育の実態を把握することは世界的趨勢を知り，わが国の今後の家庭科教育を模索するための有用な資料となるであろう。

第2節　家庭科教育の目標

　家庭科教育の目標については，学会や研究団体および研究者らにより提案されている。次に，家庭科教育の目標についての見解を数例挙げる。

　日本家庭科教育学会の家庭科教育構想委員会では，「家庭生活を中心とした人間の生活を，追求創造する実践的能力をもつ人間の育成」を目的としている。そして，「家庭生活について認識を深め，家庭を中心とする人間の生活の充実向上と，その福祉を図る実践的能力を養う」という中心目標を示している。さらに，具体的目標として次の4点を挙げている。

　①　家庭を中心とする生活を健康的に営むための知識・技能を養う

② 人と環境の相互作用の中で，人的，物的資源を活用し，生活を計画的，
　合理的に運営する能力を養う

③ 豊かな家庭生活文化を創造する能力を養う

④ 家庭を中心とする生活の課題を追求し，よりよい生活を創造する問題解
　決能力を養う

　日本家庭科教育学会関東地区会では「自立した生活者として，家庭生活につ
いて科学的認識を深め，生命を尊重し，健康で文化的な生活の実現をめざすと
ともに，社会や家庭の変化に主体的に対応できる実践的，創造的能力を育てる」
という見解を出している。また，日本家庭科教育学会では，『家庭科の 21 世紀
プラン』で，生活環境・文化の創造者としての「共に生きる力」に重点を置き，
家族をはじめとする異性や友人との人間環境，生命を持つ生き物や生活資源と
の共生を考える自然環境，生活習慣や伝統文化や異文化との共生を考える社会
文化環境，等に共通する「共に」を強調した。要するに，家庭科は 21 世紀の
生活環境や文化を創造する力を育てる教育として，時代の要請に応えるために
大きな役割を果たすであろう。

　以上述べてきた家庭科教育に関する見解を参考にして，家庭科教育の目標を
次のようにまとめることができよう。すなわち，家庭生活の本質を理解し，家
庭生活事象における基本的知識や技術および人間関係を有機的に関連させ，よ
り望ましい生活を創造する実践的能力の育成とともに，明るく平和な人間社会
の建設を目指すことを目標とする。また，家族や家庭生活を重視し，男女共同
参画社会を推進する教科として，家庭の在り方や親としての在り方を学習し，
男女が協力して家庭を築いていくことの必要性を認識させ，豊かな人間性の育
成を目指すことを強調したい。さらに消費社会や生活の情報化の進展や持続可
能な社会の構築に際し，消費者・生活者としての自覚を培うことや，高齢社会
に伴い生活福祉に対する配慮も家庭科教育に要請される目標ともいえる。

第3節　小・中・高等学校の家庭科の目標

1　生活の営みに係る見方・考え方

　2014（平成26）年，文部科学大臣は新しい時代にふさわしい学習指導要領等の在り方について中央教育審議会に諮問を行い，中央教育審議会は，2016（平成28）年12月に「幼稚園，小学校，中学校，高等学校及び特別支援学校の学習指導要領等の改善及び必要な方策等について（答申）」を示した。子供たちの知識・理解の質を高めるための3つのポイントとして，1．各教科等で育成する資質・能力を①知識及び技能，②思考力・判断力，表現力等，③学びに向かう力，人間性等とする。2．「主体的・対話的で深い学び」の実現のための授業改善を推進する。3．各学校におけるカリキュラム・マネジメントを推進するを挙げた。それをふまえ，小学校と中学校学習指導要領が2017（平成29）年に，高等学校学習指導要領が2018（平成30）年に告示された。

　生活の営みに係る見方・考え方を働かせるとは，家庭科が学習対象としている家族や家庭，衣食住，消費や環境などに係る生活事象を，協力・協働，健康・快適・安全，生活文化の継承・創造，持続可能な社会の構築等の視点で捉え，生涯にわたって，自立し共に生きる生活を創造できるよう，よりよい生活

自立し共に生きる生活の創造

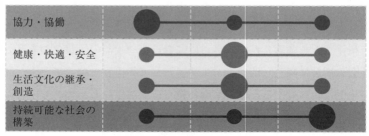

平成28年4月13日中央教育審議会教育課程部会　家庭，技術・家庭ワーキンググループ　資料10より。
図2.3　家庭科，技術・家庭科（家庭分野）における見方や考え方

を営むために工夫することを示したものである。

　家庭科の学習内容を領域横断的に 4 つの視点「協力・協働」「健康・快適・安全」「生活文化の継承・創造」「持続可能な社会の構築」で構造化している。

　図 2.3 は学習内容と 4 つの視点との関係を示したものである。

　小・中・高等学校の学習内容をヨコに，視点をタテに示している。この 4 つの視点は，各学習内容を横断的に貫くもので，どの学習内容とも関わりがあるが，関わりの程度が異なる。それぞれの関わりの強弱はあっても，いずれの内容とも関わるという捉え方は，生活の各部分を個別に学習するのではなく，生活を包括的に捉え，知識や技術を使用して将来を見据えながら活用していく力を身に付けていくことになる。

2　小学校家庭科の目標

　小学校家庭科では，学習対象としている家族や家庭，衣食住，消費や環境などに係る生活事象を，協力・協働，健康・快適・安全，生活文化の継承・創造，持続可能な社会の構築の視点で捉え，実践的・体験的学習を通して，生活をより良くしていこうとする実践的態度を育成することを目指している。家族・家庭生活に関する内容においては，主に「協力・協働」，衣食住の生活に関する内容においては，主に「健康・快適・安全」や「生活文化の継承・創造」，さらに，消費生活・環境に関する内容においては，主に「持続可能な社会の構築」の視点から物事をとらえ，考察することなどが考えられる。

　表 2.1 にあるように(1)の目標は，学習内容として主に家庭生活に焦点を当て，家族や家庭，衣食住，消費や環境などに関する内容を取り上げ，日常生活に必要な基礎的な理解を図るとともに，それらに係る技能を身に付け，生活における自立の基礎を培うという「知識及び技能」について示している。

　(2)の目標は，習得した「知識及び技能」を活用し，「思考力，判断力，表現力等」を育成することにより，課題を解決する力を養うことを明確にしたものである。

　(3)の目標は，(1)及び(2)で身に付けた資質・能力を活用し，家庭生活を大切にする心情を育むとともに，家族や地域の人々と関わり，家庭生活をよりよくし

表2.1 小学校家庭科の目標

生活の営みに係る見方・考え方を働かせ，衣食住などに関する実践的・体験的な活動を通して，生活をよりよくしようと工夫する資質・能力を次のとおり育成することを目指す。
(1) 家族や家庭，衣食住，消費や環境などについて，日常生活に必要な基礎的な理解を図るとともに，それらに係る技能を身に付けるようにする。
(2) 日常生活の中から問題を見いだして課題を設定し，様々な解決方法を考え，実践を評価・改善し，考えたことを表現するなど，課題を解決する力を養う。
(3) 家庭生活を大切にする心情を育み，家族や地域の人々との関わりを考え，家族の一員として，生活をよりよくしようと工夫する実践的な態度を養う。

小学校学習指導要領（平成29年告示）(2017) より。

ようと工夫する実践的な態度を養う「学びに向かう力，人間性等」について明確にしたものである。

3 中学校家庭科の目標

技術・家庭分野の目標は，生活の営みに係る見方・考え方や技術の見方・考え方を働かせ，製作，制作，育成，調理等の実習や，観察・実験，見学，調査・研究などの実践的・体験的な活動を通して資質・能力を育成することを求めている。そして，よりよい生活の実現や持続可能な社会の構築に向けて，生活と技術についての基礎的な理解を図るとともに，それらに係る技能を身に付け，生徒が自立して主体的な生活を営むために必要とされる基礎的・基本的な知識と技能の習得の重要性を示している。生活や社会の中から問題を見いだして課題を設定し，解決策を構想し，実践を評価・改善し，表現するなど，課題を解決する力を育成することを重視している。そして，安心，安全で豊かな生活や，環境保全と利便性が両立した持続可能な社会の構築を目指し，将来にわたり生活を工夫したり創造したりしようとする実践的な態度を養うことをねらいとしている。

家庭分野が学習対象としている家族や家庭，衣食住，消費や環境などに係る生活事象を，協力・協働，健康・快適・安全，生活文化の継承・創造，持続可能な社会の構築等の視点で捉えることを求めている。そして，生涯にわたって，自立し共に生きる生活を創造できるよう，よりよい生活を営むために工夫し，健康で豊かな生活を送るための自立に必要な資質・能力を育成することを示している。

表 2.2　中学校技術・家庭の目標

生活の営みに係る見方・考え方や技術の見方・考え方を働かせ，生活や技術に関する実践的・体験的な活動を通して，よりよい生活の実現や持続可能な社会の構築に向けて，生活を工夫し創造する資質・能力を次のとおり育成することを目指す。
　(1) 生活と技術についての基礎的な理解を図るとともに，それらに係る技能を身に付けるようにする。
　(2) 生活や社会の中から問題を見いだして課題を設定し，解決策を構想し，実践を評価・改善し，表現するなど，課題を解決する力を養う。
　(3) よりよい生活の実現や持続可能な社会の構築に向けて，生活を工夫し創造しようとする実践的な態度を養う。

中学校学習指導要領（平成 29 年告示）(2017) より。

表 2.3　中学校技術・家庭の目標（家庭分野）

家庭分野の目標
生活の営みに係る見方・考え方を働かせ，衣食住などに関する実践的・体験的な活動を通して，よりよい生活の実現に向けて，生活を工夫し創造する資質・能力を次のとおり育成することを目指す。
　(1) 家族・家庭の機能について理解を深め，家族・家庭，衣食住，消費や環境などについて，生活の自立に必要な基礎的な理解を図るとともに，それらに係る技能を身に付けるようにする。
　(2) 家族・家庭や地域における生活の中から問題を見いだして課題を設定し，解決策を構想し，実践を評価・改善し，考察したことを論理的に表現するなど，これからの生活を展望して課題を解決する力を養う。
　(3) 自分と家族，家庭生活と地域との関わりを考え，家族や地域の人々と協働し，よりよい生活の実現に向けて，生活を工夫し創造しようとする実践的な態度を養う。

中学校学習指導要領（平成 29 年告示）(2017) より。

　(1)の目標は，学習内容として家族・家庭，衣食住，消費や環境などに関する「知識及び技能」を取り上げ，生活の自立に必要な基礎的な理解を図るとともに，それらに係る技能を身に付けることを示している。

　(2)の目標は，習得した「知識及び技能」を活用し，「思考力，判断力，表現力等」を育成することにより，課題を解決する力を養うことを明確にしたものである。

　(3)の目標では，(1)及び(2)で身に付けた資質・能力を活用し，自分と家族，家庭生活と地域との関わりを見つめ直し，家族や地域の人々と協働して生活を工夫し創造しようとする実践的な態度を養う「学びに向かう力，人間性等」について明確にしたものである。

4　高等学校家庭科の目標

　共通教科としての目標と専門学科において開設する教科としての目標を分け

て示している。ここでは共通教科としての家庭科の目標について概説する。今回の改訂においては，従前の家庭科の目標の趣旨を継承するとともに，少子高齢化等の社会の変化や持続可能な社会の構築，食育の推進，男女共同参画社会の推進，成人年齢の引下げ等への対応を一層重視し，生活を主体的に営むために必要な理解と技能を身に付け，課題を解決する力を養い，生活を主体的に創造しようとする実践的な態度を養うことにより，家庭や地域の生活を創造する資質・能力を育成することを目指し，家庭科の目標を示した（表2.4）。

　教科目標については，今回の改訂の基本方針を踏まえ，育成を目指す資質・能力を3つの柱により明確にし，全体に関わる目標を柱書として示すとともに，⑴として「知識及び技能」を，⑵として「思考力，判断力，表現力等」を，⑶として「学びに向かう力，人間性等」の目標を示した。また，⑴から⑶までに示す資質・能力の育成を目指すに当たり，質の高い学びを実現するために，家庭科の特質に応じた物事を捉える視点や考え方（見方・考え方）を働かせることを示している。

　次に，すべての生徒が選択して履修する科目として「家庭基礎」（2単位），「家庭総合」（4単位）の2科目を設け，生徒の多様な能力・適性，興味・関心等に応じて1科目を選択的に履修できるようにした。

　各科目の目標について概説する。

　「家庭基礎」では，家族や生活の営みを人の一生との関わりの中で捉え，生涯の生活設計，家族や家庭生活の在り方，子供と高齢者の生活と福祉，生活の自立と健康のための衣食住，消費生活・環境などに関する基礎的・基本的な知識と技能を習得し，男女が協力して家庭や地域の生活の充実向上を図る能力と実践的な態度を養うことをねらいとしている。

　「家庭総合」では，家族や生活の営みを人の一生との関わりの中で捉え，生涯の生活設計，人の一生と家族・家庭及び福祉，衣食住の生活の科学と文化，消費生活・環境などに関する知識と技能を，断片的に習得するのではなく，生涯を見通しながら，実際の生活の場で生きて働く力となるよう総合的に習得できるよう，男女が協力して家庭や地域の生活の充実向上を図る能力と実践的な

表 2.4　高等学校家庭の目標

家庭科（共通教科）

生活の営みに係る見方・考え方を働かせ，実践的・体験的な学習活動を通して，様々な人々と協働し，よりよい社会の構築に向けて，男女が協力して主体的に家庭や地域の生活を創造する資質・能力を次のとおり育成することを目指す。

　(1)　人間の生涯にわたる発達と生活の営みを総合的に捉え，家族・家庭の意義，家族・家庭と社会との関わりについて理解を深め，家族・家庭，衣食住，消費や環境などについて，生活を主体的に営むために必要な理解を図るとともに，それらに係る技能を身に付けるようにする。

　(2)　家庭や地域及び社会における生活の中から問題を見いだして課題を設定し，解決策を構想し，実践を評価・改善し，考察したことを根拠に基づいて論理的に表現するなど，生涯を見通して生活の課題を解決する力を養う。

　(3)　様々な人々と協働し，よりよい社会の構築に向けて，地域社会に参画しようとするとともに，自分や家庭，地域の生活を主体的に創造しようとする実践的な態度を養う。

家庭に関する科目

家庭基礎

生活の営みに係る見方・考え方を働かせ，実践的・体験的な学習活動を通して，様々な人々と協働し，よりよい社会の構築に向けて，男女が協力して主体的に家庭や地域の生活を創造する資質・能力を次のとおり育成することを目指す。

　(1)　人の一生と家族・家庭及び福祉，衣食住，消費生活・環境などについて，生活を主体的に営むために必要な基礎的な理解を図るとともに，それらに係る技能を身に付けるようにする。

　(2)　家庭や地域及び社会における生活の中から問題を見いだして課題を設定し，解決策を構想し，実践を評価・改善し，考察したことを根拠に基づいて論理的に表現するなど，生涯を見通して課題を解決する力を養う。

　(3)　様々な人々と協働し，よりよい社会の構築に向けて，地域社会に参画しようとするとともに，自分や家庭，地域の生活の充実向上を図ろうとする実践的な態度を養う。

家庭総合

生活の営みに係る見方・考え方を働かせ，実践的・体験的な学習活動を通して，様々な人々と協働し，よりよい社会の構築に向けて，男女が協力して主体的に家庭や地域の生活を創造する資質・能力を次のとおり育成することを目指す。

　(1)　人の一生と家族・家庭及び福祉，衣食住，消費生活・環境などについて，生活を主体的に営むために必要な科学的な理解を図るとともに，それらに係る技能を体験的・総合的に身に付けるようにする。

　(2)　家庭や地域及び社会における生活の中から問題を見いだして課題を設定し，解決策を構想し，実践を評価・改善し，考察したことを科学的な根拠に基づいて論理的に表現するなど，生涯を見通して課題を解決する力を養う。

　(3)　様々な人々と協働し，よりよい社会の構築に向けて，地域社会に参画しようとするとともに，生活文化を継承し，自分や家庭，地域の生活の充実向上を図ろうとする実践的な態度を養う。

高等学校学習指導要領（平成 30 年告示）（2018）より。

態度を養うことをねらいとしている。

引用・参考文献

教員養成大学学部教官研究集会家庭科教育部会（1978）『家庭科教育の研究』学芸図書

日本家政学会（1988）『新時代への家庭科教育』東京書籍

日本家政学会（1984）『家政学将来構想　1984』光生館

日本家庭科教育学会（1977）『家庭科教育の構想研究』

日本家庭科教育学会編著（1997）『家庭科の 21 世紀プラン』家政教育社，p.13

日本家庭科教育学会編（2019）『未来の生活をつくる　家庭科で育む生活リテラシー』明治図書，pp. 31-34

文部科学省（2017）『小学校学習指導要領（平成 29 年告示）解説　家庭編』東洋館出版社

文部科学省（2017）『中学校学習指導要領（平成 29 年告示）解説　技術・家庭編』開隆堂

文部科学省（2018）『高等学校学習指導要領（平成 30 年告示）解説家庭編』教育図書

第3章　家庭科教育の内容

第1節　内容選択の基本的事項

　小・中・高等学校における家庭科では，すべての児童・生徒を対象として，家庭生活に関する基礎的・基本的な知識と技術を習得させるとともに，家庭生活の意義と重要性を認識させ，主体的に家庭生活の充実向上を図ろうとする実践的な態度を育成することをねらいとしている。したがって，家庭科の内容をどのような範囲から選択し，また系統性，発展性を考慮してどのように配列して構成するかということが重要な問題となる。

　ここでは，家庭科の内容を選択する場合の基本的な考え方を述べる。

（1）　家庭科の目標の達成

　家庭科の目標を達成するために，家族・家庭経営，被服，食物，住居，保育，消費，環境などに関する基礎的・基本的な知識と技術を総合的に習得することができる内容であること。また，家庭科の学習を実践的・体験的に行うための実験，実習，観察，調査などの活動を含み，これらの学習成果を意識的に家庭生活に活用しようとする能力と実践的な態度の育成を考慮した内容であること。

（2）　児童・生徒の心身の発達と適時性

　児童・生徒は一人一人心身の発達の度合いが異なるように，学習に対する興味・関心，学習のしかたや速度，生活経験，生活環境などに違いがあり，多様な能力と適性をもっている。したがって，内容の選択には，児童・生徒の心身の発達と能力，適性にあった内容，すなわち適時性を考慮した内容であること。また，小・中・高等学校間においては，適時性をふまえて一貫性のある内容であること。さらに，児童・生徒の家庭生活に関する知識や技術には個人差があ

るので，適時性を考慮し，しかも個性を生かすことができる内容であること。

(3) 児童・生徒の課題解決能力と創造性の育成

児童・生徒が現在および将来，家庭生活を経営していくうえで生じる諸問題に対して，主体的にその解決を図ることができる能力を育成する必要がある。そのため，基礎的・基本的な事項を身に付けさせるとともに，日常生活において問題意識をもち，見いだした課題を解決するための原理や方法および技術を学習させる必要がある。したがって，このような新しい事態に対して，それを解決していくための創造性の開発および実践的態度の育成を考慮した内容であること。

(4) 他教科，特別の教科である道徳，特別活動等との関連

学校教育は，各教科，特別の教科である道徳，総合的な学習の時間，特別活動などを通して，総合的に児童・生徒の心身の発達を助長している。家庭科は家庭生活を対象とした教科であるが，特に内容的に，小・中・高等学校の社会科，公民科，理科，生活科，図画工作科，美術科，芸術科，体育科，保健体育科などと密接な関連がある。したがって，他教科の内容との重複や欠落がないように考慮した内容であること。

(5) 家庭および社会の変化に対応

科学技術の進歩と経済の発展は，情報化，国際化，価値観の多様化，核家族化，高齢化など家庭や社会に急激な変化をもたらしている。このような状況に直面して，柔軟に対応できる基礎的・基本的な知識や技術を身に付けさせることができる内容であること。また，地域社会の自然的，社会的環境，さらには文化的，教育的環境などを総合的に把握し，これからの家庭および社会の変化に対応して，生活の向上発展に貢献できる内容であること。

(6) 家政学および家庭科教育学との関連

家政学は，実践的総合科学の立場から，家庭生活を中心とした人間生活における人間と環境との相互作用について，人的，物的両面から研究し，生活の向上，人類の福祉に貢献する学問である。また，家庭科教育学は，家政学と教育科学とをふまえて，家庭科の目標・内容および方法を明らかにし，教授・学習

過程の理論的実践的研究を行う学問である。したがって，家庭科教育の内容は，家政学と家庭科教育学の研究成果をふまえ，科学的・教育的視点からの配慮がなされた内容であること。

第2節　小・中・高等学校における内容

1　小 学 校

　2017（平成29）年に告示された学習指導要領では，小・中学校の内容の系統性が図られ，「家族・家庭生活」，「衣食住の生活」，「消費生活・環境」の3つの枠組みに整理された。また，空間軸と時間軸の視点からの小・中・高等学校における学習対象の明確化がなされた。小学校における空間軸の視点では，主に自己と家庭，時間軸の視点は，現在及びこれまでの生活である。

　調理や製作における一部の題材が指定され，例えば，B(2)「調理の基礎」では，加熱操作が適切にできるように，ゆでる材料として青菜やじゃがいもなどを扱うこと，(5)「生活を豊かにするための布を用いた製作」では，ゆとりや縫いしろの必要性を理解するために，日常生活で使用する物を入れるための袋などの製作を扱うことを例示している。

　生活の科学的な理解を深め，自立の基礎を培う基礎的・基本的な知識及び技能の確実な習得を図るために，A(4)「家族・家庭生活についての課題と実践」を設定し，生活の中から問題を見いだし，課題を設定し，解決方法を検討し，計画，実践，評価・改善するという一連の学習過程を重視している。また，A(1)「自分の成長と家族・家庭生活」で，幼児又は低学年の児童，高齢者など異なる世代の人々との関わりについても扱うこととしている。

　「B 衣食住の生活」においては，食育を一層推進するとともに，グローバル化に対応して，日本の生活文化の大切さに気付くことができるよう，和食の基本となるだしの役割や季節に合わせた着方や住まい方など，日本の伝統的な生活について扱うこととしている。

(1) 内容の概要

① A 家族・家庭生活

(1)「自分の成長と家族・家庭生活」，(2)「家庭生活と仕事」，(3)「家族や地域の人々との関わり」，(4)「家族・家庭生活についての課題と実践」の 4 項目で構成されている。家族や地域の人々と協力し，生活の営みの大切さに気付くとともに，自分の成長を自覚する。そして，家族・家庭生活に関する知識及び技能を身に付け，日常生活の課題を解決する力を養い，家庭生活をよりよくしようと工夫する実践的な態度を育成することをねらいとしている。少子高齢社会の進展に対応して，家族や地域の人々との関わりとして，幼児又は低学年の児童や高齢者など異なる世代の人々との関わりについても扱い，中学校における幼児・高齢者に関する学習につなげるよう意図している。また，(4)「家族・家庭生活についての課題と実践」を新設し，課題解決能力の育成と生活をよりよくしようと工夫する実践的な態度を育てることを重視している。

② B 衣食住の生活

(1)「食事の役割」，(2)「調理の基礎」，(3)「栄養を考えた食事」，(4)「衣服の着用と手入れ」，(5)「生活を豊かにするための布を用いた製作」，(6)「快適な住まい方」の 6 項目で構成されている。このうち，(1)から(3)までは食生活，(4)及び(5)は衣生活，(6)は住生活に関する項目である。

健康・快適・安全で豊かな食生活，衣生活，住生活に向けて，これらに関する知識及び技能を身に付けるとともに，食生活，衣生活，住生活の課題を解決する力を養い，生活をよりよくしようと工夫する実践的な態度を育成することをねらいとしている。

③ C 消費生活・環境

(1)「物や金銭の使い方と買物」，(2)「環境に配慮した生活」の 2 項目で構成されている。

持続可能な社会の構築に向けて身近な消費生活と環境を考え，工夫する活動を通して，消費生活・環境に関する知識及び技能を身に付けるとともに，それらの課題を解決する力を養い，身近な消費生活と環境をよりよくしようと工夫

する実践的な態度を育成することをねらいとしている。「買物の仕組みや消費者の役割」が新設され，小学校と中学校の内容の系統性が図られ，自立した消費者を育成するために，消費者教育に関する内容の一層の充実が図られている。

(2)　指導の要点

①　A 家族・家庭生活

家庭生活と家族の大切さや，家庭生活が家族の協力によって工夫して営まれていることに気付くことをねらいとしていることから，課題をもって，家庭の仕事と生活時間に関する基礎的・基本的な知識を身に付け，家族の一員として生活時間の使い方を考え，家庭の仕事の計画を工夫することができるようにすることが重要である。

また，家族や地域の人々との関わりについて，課題をもって，家族との触れ合いや団らん及び地域の人々との協力の大切さを理解し，家族や地域の人々と関わることができるようにする。この学習は「B 衣食住の生活」，「C 消費生活・環境」で学習した内容との関連を図り，課題を解決する力と生活をよりよくしようと工夫する実践的な態度を育成していくようにする。「家族・家庭生活についての課題と実践」は，2 学年間で 1 つ又は 2 つの課題を設定して履修させるようにし，実践的な活動を家庭や地域などで行うことができるよう，学校や地域の行事等と関連付けて学期中のある時期に実施したり，長期休業などを活用して実施したりするなどの方法が考えられる。

②　B 衣食住の生活

「食生活」の内容は，(1)「食事の役割」，(2)「調理の基礎」，(3)「栄養を考えた食事」の 3 項目で構成されている。健康・安全で豊かな食生活に向けて食事の役割，調理の基礎，栄養を考えた食事に関する知識及び技能を身に付け，食生活の課題を解決し，食生活をよりよくしようと工夫する実践的な態度を育成することが求められている。2017 年改訂で，(2)「調理の基礎」，(3)「栄養を考えた食事」となった。これは，調理を通して食品を扱った後に，料理や食品をどのように組み合わせて食べるのかを学習することにより，栄養・献立の基礎を確実に習得できるようにすることを意図したためである。日常の食事の大切

さを理解し，食事の役割や食事の仕方に関する知識を身に付け，楽しく食べるために日常の食事の仕方を工夫できるようにさせたい。ゆでたり，いためたりする調理や米飯及びみそ汁の調理に関する基礎的・基本的な知識及び技能を身に付け，おいしく食べるために調理計画を考え，調理の仕方を工夫することができる能力を習得させる。

　また，栄養素の種類と主な働き，食品の栄養的特徴及び1食分の献立作成に関する基礎的・基本的な知識を身に付け，栄養のバランスを考えた1食分の献立を作成することを発展的学習として扱っていく。調理実習を指導するときには，食物アレルギーを有する児童についての配慮が明記されたことに留意したい。

　「衣生活」の内容は，(4)「衣服の着用と手入れ」，(5)「生活を豊かにするための布を用いた製作」の2項目で構成されている。健康・快適・安全で豊かな衣生活に向けて，衣服の着用と手入れ，生活を豊かにするための布を用いた製作に関する知識及び技能を身に付け，衣生活をよりよくしようと工夫する実践的な態度を育成することをねらいとしている。これまでの「生活に役立つ物の製作」を中学校と同様の「生活を豊かにするための布を用いた製作」とし，袋などの題材が指定されている。生活を豊かにするための布を用いた製作について，課題をもって，製作に必要な材料や手順，製作計画，手縫いやミシン縫い及び用具の安全な取扱いに関する基礎的・基本的な知識及び技能を身に付け，製作計画を考え，製作を工夫することができるようにする。

　「住生活」の内容は，(6)「快適な住まい方」の1項目で構成されている。健康，快適，安全で豊かな住生活に向けて，快適な住まい方に関する知識及び技能を習得させ，住生活をよりよくしようと工夫する実践的な態度を育成することをねらいとしている。住まいの主な働きや季節の変化に合わせた住まい方，住まいの整理・整頓や清掃の仕方に関する基礎的・基本的な知識及び技能を身に付け，快適な住まい方を工夫することができるようにしたい。中学校で扱う「住居の基本的な機能」のうち，「風雨，寒暑などの自然から保護する働き」を小学校の「住まいの主な働き」として扱うこととしている。この学習を通して，

「A 家族・家庭生活」の健康・快適・安全などの視点と関連させて，住生活の大切さに気付かせたい。ただし，住生活の学習においては，児童の住まいに係るプライバシーに十分配慮しなければならない。

③　C 消費生活・環境

(1)「物や金銭の使い方と買物」，(2)「環境に配慮した生活」の 2 項目で構成されている。持続可能な社会の構築に向けて身近な消費生活と環境に関する知識及び技能を身に付けるとともに，それらの課題を解決する力を養い，よりよくしようと工夫する実践的な態度を育成することをねらいとしている。物や金銭の大切さについて理解し，買物の仕組みや消費者の役割，物や金銭の計画的な使い方，身近な物の選び方，買い方，情報の収集・整理に関する基礎的・基本的な知識及び技能を身に付け，身近な物の選び方，買い方を工夫することができるようにする。

環境に配慮した生活については，課題をもって，自分の生活と身近な環境との関わりについて理解し，物の使い方などに関する基礎的・基本的な知識を身に付け，環境に配慮した生活の仕方を工夫することができるようにし実践的な態度の育成を図る指導を工夫する。

2　中　学　校

2017（平成 29 年）告示の学習指導要領では，中学校技術・家庭科については，家族・家庭生活の多様化や消費生活の変化等に加えて，グローバル化や少子高齢社会の進展，持続可能な社会の構築等，今後の社会の急激な変化に主体的に対応することや，技術の発達を主体的に支え，技術革新を牽引することができる資質・能力の育成を目指して，目標及び内容について，改善が図られた。

家庭分野では，分野全体に関わる目標として，「生活の営みに係る見方・考え方を働かせ，衣食住などに関する実践的・体験的な活動を通して，よりよい生活の実現に向けて，生活を工夫し創造する資質・能力を次のとおり育成することを目指す」と示されている。

そして育成する資質・能力の目標が，次の 3 つの柱で示されている。

(1)　知識及び技能：家族・家庭の機能について理解を深め，家族・家庭，衣食住，消費や環境などについて，生活の自立に必要な基礎的な理解を図るとともに，それらに係る技能を身に付けるようにする。

(2)　思考力，判断力，表現力等：家族・家庭や地域における生活の中から問題を見いだして課題を設定し，解決策を構想し，実践を評価・改善し，考察したことを論理的に表現するなど，これからの生活を展望して課題を解決する力を養う。

(3)　学びに向かう力，人間性等：自分と家族，家庭生活と地域との関わりを考え，家族や地域の人々と協働し，よりよい生活の実現に向けて，生活を工夫し創造しようとする実践的な態度を養う。

　また，質の高い深い学びを実現するために，技術・家庭科家庭分野の特質に応じた物事を捉える視点や考え方（見方・考え方）を「生活の営みに係る見方・考え方」として，家族や家庭，衣食住，消費や環境などに係る生活事象を，「協力・協働，健康・快適・安全，生活文化の継承・創造，持続可能な社会の構築等の視点」で捉え，よりよい生活を営むために工夫することと整理されている。

　内容構成は，小・中・高等学校の内容の系統性を明確にし，各内容の接続が見えるように，小・中学校では，「A 家族・家庭生活」，「B 衣食住の生活」，「C 消費生活・環境」の３つとし，中学校の学習対象は，空間軸の視点は主に家庭と地域，時間軸の視点は，主にこれからの生活を展望した現在の生活である。

　さらに資質・能力を育成する学習過程を踏まえ，各項目は「知識及び技能」の習得に係る事項，それを活用して「思考力・判断力・表現力等」を育成することに係る事項で示されている。生活の中から問題を見いだし，課題を設定し，解決方法を検討し，計画，実践，評価・改善するという一連の学習過程を重視し，この過程を踏まえて「知識及び技能」の習得に係る内容や，それらを活用して「思考力，判断力，表現力等」の育成に係る内容について整理している。

　履修方法としては，中学校における学習のガイダンスとして第１学年の最初に履修させる内容を設け，「生活の課題と実践」に係る内容は A，B，C から１以上を選択して履修させ，他の内容と関連を図り扱うこととしている。

　社会の変化への対応として，幼児とのふれあい体験などを一層重視するとともに，高齢者など地域の人々と協働することに関する内容が設けられている。食育の一層の推進ために，献立，調理に関する内容を充実するとともに，グローバル化に対応して和食，和服など日本の生活文化の継承に関わる内容を扱う。また，持続可能な社会の構築に対応して自立した消費を育成するための内容も充実されている。

(1)　内容の概要

①　A家族・家庭生活

　(1)「自分の成長と家族・家庭生活」，(2)「幼児の生活と家族」，(3)「家族・家庭や地域との関わり」と，生徒の興味・関心や学校，地域の実態等に応じて選択して履修させる(4)「家族・家庭生活についての課題と実践」の4項目で構成されている。

　家族・家庭の基本的な機能については，(1)「自分の成長と家族・家庭生活」に位置づけ，家庭分野の各内容と関連を図るとともに，家族・家庭や地域におけるさまざまな問題を，「生活の営みに係る見方・考え方」（協力・協働，健康・快適・安全，生活文化の継承，持続可能な社会の構築等）の視点から捉え，解決に向けて考え，工夫することと関連付けて扱う。

②　B衣食住の生活

　(1)「食事の役割と中学生の栄養の特徴」，(2)「中学生に必要な栄養を満たす食事」，(3)「日常食の調理と地域の食文化」，(4)「衣服の選択と手入れ」，(5)「生活を豊かにするための布を用いた製作」，(6)「住居の機能と安全な住まい方」と(7)「衣食住の生活についての課題と実践」の7項目で構成されている。

③　C消費生活・環境

　(1)「金銭の管理と購入」，(2)「消費者の権利と責任」と，生徒の興味・関心や学校，地域の実態等に応じて選択して履修させる(3)「消費生活・環境についての課題と実践」の3項目で構成されている。持続可能な社会の構築に対応して，計画的な金銭管理，消費者被害への対応について扱うとともに，資源や環境に配慮したライフスタイルの確立の基礎となる内容を扱う。

(2) 指導の要点

　家庭分野の学習は，小学校家庭科の学習を基盤として発展させるものであり，学習指導要領に示されている連続性と系統性を重視しながら指導することが大切である。小学校家庭科における「A家族・家庭生活」，「B衣食住の生活」，「C消費生活・環境」の学習を踏まえ，他教科等との関連を明確にして，系統的な指導ができるよう配慮する。また，各項目及び各項目に示す事項については，相互に有機的な関連を図り，適切な題材を設定して総合的に展開されるよう配慮することも大切である。

　学習指導においては，製作，調理などの実習や，観察・実験，見学，調査・研究などの実践的・体験的な学習活動を通して，生徒が自立して主体的な生活を営むために必要とされる基礎的・基本的な知識と技術を習得させることを重視しており，生徒の発達の段階を踏まえるなど学習の適時性を考慮するとともに，生徒の生活とも関わらせて具体的な題材を工夫することが重要である。

　変化の激しい社会において心身ともに健康で豊かに生きるためには，生活上のさまざまな問題解決に当たって，学んだ知識と技術を応用した解決方法を探究したり，組み合わせて活用したりすること，自分なりの新しい方法を創造したりすることなど，実生活に生かす能力と態度を育てることも重要である。

　2017年の学習指導要領改訂においては，家庭分野が学習対象としている家族や家庭，衣食住，消費や環境などに係る生活事象を，「生活の営みに係る見方・考え方」すなわち協力・協働，健康・快適・安全，生活文化の継承・創造，持続可能な社会の構築等の視点で捉え，生涯にわたって，自立し共に生きる生活を創造できるよう，よりよい生活を営むために工夫することが示されている。これら視点は，家庭分野で扱うすべての内容に共通する視点であり，相互に関わり合うものである。したがって，生徒の発達の段階を踏まえるとともに，取り上げる内容や題材構成などによって，いずれの視点を重視するのかを適切に定めることが大切である。

　例えば，家族・家庭生活に関する内容においては，主に「協力・協働」，衣食住の生活に関する内容においては，主に「健康・快適・安全」や「生活文化

の継承・創造」，さらに，消費生活・環境に関する内容においては，主に「持続可能な社会の構築」の視点から物事を捉え，考察することなどが考えられる。

　各項目ごとに，「知識及び技能」の習得に係る内容，それらを活用して「思考力，判断力，表現力等」の育成に係る内容の指導の要点は下記のとおりである。

　①　A家族・家庭生活

　1)　自分の成長と家族・家庭生活

　自分の成長を振り返ることを通して，自分の成長と家族や家庭生活との関わりが分かり，家族・家庭の基本的な機能について理解するとともに，家族や地域の人々と協力・協働して家庭生活を営む必要があることに気付くことをねらいとしている。この内容については，家庭分野のガイダンスとしての扱いと，A(2)「幼児の生活と家族」や(3)「家族・家庭や地域との関わり」との関連を図り学習を進める扱いの2つがある。

　2)　「幼児の生活と家族」

　幼児の心身の発達とそれを支える生活や，幼児期における周囲の人との基本的な信頼関係や生活習慣の形成の重要性が分かり，幼児にふさわしい生活を整える家族の役割について理解できるようにする。

　指導に当たっては，身近な幼児と幼児に関わる人々の観察や視聴覚教材の活用，ロールプレイングなどの学習活動を通して具体的に扱うよう配慮する。幼児と触れ合う活動においては，幼児との関わり方についての課題解決のために，基礎的・基本的な知識を活用し，よりよい関わり方を考え，工夫することができるようにする。

　3)　家族・家庭や地域との関わり

　家族の互いの立場や役割が分かり，それらを踏まえて家族が協力することによって家族関係をよりよくできることについて理解できるようにする。また，自分の生活を支える家庭生活が地域との相互の関わりで成り立っていることが分かり，高齢者など地域の人々と協働する必要があることや，高齢者の身体の特徴を踏まえた関わり方について理解できるようにする。

　家族関係をよりよくする方法や，高齢者など地域の人々と関わり協働する方法についての課題を解決するために，身に付けた基礎的・基本的な知識を活用し，協力・協働などの視点から，家族や地域の人々との関わりについて考え，工夫することができるようにする。

　4)　家族・家庭生活についての課題と実践

　ここでは，(1)から(3)の学習を基礎とし，「B衣食住の生活」や「C消費生活・環境」との関連を図り，家族，幼児の生活又は地域の生活の中から問題を見いだして課題を設定し，さまざまな解決方法を考え，計画を立てて実践した結果を評価・改善し，考察したことを論理的に表現するなどの学習を通して，課題を解決する力と生活を工夫し創造しようとする実践的な態度を養う。

　②　B衣食住の生活

　[食生活]　「食生活」の内容は，(1)「食事の役割と中学生の栄養の特徴」，(2)「中学生に必要な栄養を満たす食事」，(3)「日常食の調理と地域の食文化」の3項目で構成されている。

　1)　食事の役割と中学生の栄養の特徴

　食事の役割と中学生の栄養の特徴について，課題をもって，食事が果たす役割や中学生に必要な栄養の特徴，健康によい食習慣に関する基礎的・基本的な知識を身に付け健康のために食習慣を工夫できるようにすることがねらいである。

　2)　中学生に必要な栄養を満たす食事

　中学生に必要な栄養を満たす食事について，課題をもって，栄養素や食品の栄養的な特質，中学生の1日に必要な食品の種類と概量，1日分の献立作成に関する基礎的・基本的な知識を身に付け，中学生の1日分の献立を工夫することができるようにすることをねらいとしている。この学習では，(3)「日常食の調理と地域の食文化」における調理実習との関連を図るよう配慮する。

　3)　日常食の調理と地域の食文化

　日常食の調理と地域の食文化について，課題をもって，食品の選択と調理，地域の食文化に関する基礎的・基本的な知識及び技能を身に付け，日常食又は

地域の食材などを生かした調理を工夫することができるようにすることをねらいとしている。そのために，特に調理については，小学校での学習を踏まえ，1食分の献立を手順を考えながら調理することができるよう配慮するとともに，安全と衛生に留意して食品や調理用具等の適切な管理ができるようにする。

　[**衣生活**]　「衣生活」の内容は，(4)「衣服の選択と手入れ」，(5)「生活を豊かにするための布を用いた製作」の2項目で構成されている。

　4)　衣服の選択と手入れ

　衣服の選択と手入れについて，課題をもって，衣服と社会生活との関わりについて理解し，衣服の選択，着用及び手入れに関する基礎的・基本的な知識及び技能を身に付け，衣服の選択，日常着の手入れの仕方を工夫できるようにすることをねらいとしている。この学習では，「C消費生活・環境」の(1)「金銭の管理と購入」における物資・サービスの選択の学習や，(2)「消費者の権利と責任」における自分や家族の消費生活が環境や社会に及ぼす影響の学習との関連を図って扱うことが考えられる。

　5)　生活を豊かにするための布を用いた製作

　生活を豊かにするための布を用いた製作について，課題をもって，製作する物に適した材料や縫い方，用具の安全な取り扱いに関する基礎的・基本的な知識及び技能を身に付け，資源や環境に配慮して製作計画を考え，製作を工夫することができるようにすることをねらいとしている。布を用いた物の製作については，着用されなくなった衣服を他の衣服に作り直す，別の用途の物に作り替えるなどの再利用の仕方を考えたり，色や柄の異なる複数の布を組み合わせて布の無駄のない使い方を考えたり，製作を工夫する活動などが考えられる。

　[**住生活**]　「住生活」の内容は，(6)「住居の機能と安全な住まい方」の1項目で構成されている。

　6)　住居の機能と安全な住まい方

　住居の機能と安全な住まい方について，課題をもって，住居の基本的な機能について理解し，家庭内の事故を防ぎ，自然災害に備えるための住空間の整え方に関する基礎的・基本的な知識を身に付け，家族の安全を考えた住空間の整

え方を工夫することができるようにすることをねらいとしている。この学習では，「A 家族・家庭生活」の(2)「幼児の生活と家族」の幼児の発達や，(3)「家族・家庭や地域との関わり」の高齢者の身体の特徴との関連を図り，幼児や高齢者の家庭内の事故の防ぎ方について考えることができるようにする。

　7)　衣食住の生活についての課題と実践

　ここでは(1)から(6)の学習を基礎とし，「A 家族・家庭生活」や「C 消費生活・環境」との関連を図り，食生活，衣生活，住生活の中から問題を見いだして課題を設定し，さまざまな解決方法を考え，計画を立てて実践した結果を評価・改善し考察したことを論理的に表現するなどの学習を通して，課題を解決する力と生活を工夫し創造しようとする実践的な態度を養うことをねらいとしている。

　③　C 消費生活・環境

　「消費生活・環境」の内容は，すべての生徒に履修させる(1)「金銭の管理と購入」，(2)「消費者の権利と責任」と，生徒の興味・関心や学校，地域の実態等に応じて選択して履修させる(3)「消費生活・環境についての課題と実践」の3項目で構成されている。

　1)　金銭の管理と購入

　金銭の管理と購入について，課題をもって，計画的な金銭管理の必要性について理解し，購入方法や支払い方法の特徴，売買契約の仕組み，消費者被害の背景とその対応及び物資・サービスの選択に関する基礎的・基本的な知識及び技能を身に付け，物資・サービスの選択に必要な情報を活用して購入について工夫することができるようにすることをねらいとしている。

　2)　消費者の権利と責任

　消費者の権利と責任について，課題をもって，消費者の基本的な権利と責任に関する基礎的・基本的な知識を身に付け，消費生活が環境や社会に及ぼす影響についての理解を深め，自立した消費者としての責任ある消費行動を工夫することができるようにすることをねらいとしている。また，こうした学習を通して，身近な消費生活を工夫し創造しようとする実践的な態度の育成を図るこ

とが考えられる。

3)　消費生活・環境についての課題と実践

ここでは，1) 及び 2) の学習を基礎とし，「A 家族・家庭生活」や「B 衣食住の生活」との関連を図り，自分や家族の消費生活の中から問題を見いだして課題を設定し，さまざまな解決方法を考え，計画を立てて実践した結果を評価・改善し，考察したことを論理的に表現するなどの活動を通して，課題を解決する力と生活を工夫し創造しようとする実践的な態度を養うことをねらいとしている。

この内容の学習では，消費者被害や，自分や家族の消費生活が環境や社会に及ぼす影響などについて科学的な理解を深めるために，調査や実験などの実践的・体験的な活動を充実することが大切である。例えば，消費者被害の背景に関するデータを調査してまとめたり，生活排水や消費電力等に関する実験をしたりする活動などが考えられる。

3　高等学校

2018（平成 30）年告示の学習指導要領では，すべての高校生が共通に履修する教科「家庭」の科目として「家庭基礎」（2 単位）と「家庭総合」（4 単位）の 2 科目が設定された。自立した生活者に必要な科学的な理解や生活課題を解決する力を育成するために，生徒の能力・適性，興味・関心に応じて 1 科目を選択して履修することになった。

家庭科は実践的・体験的な学習活動を通して，よりよい社会の構築に向けて，主体的に家庭や地域の生活を創造する資質・能力を育成することを目指して，目標や内容の改善が図られた。目指す資質・能力として「知識及び技能」「思考力・判断力・表現力等」「学びに向かう力・人間性等」の 3 つの柱に再整理された。

目標の達成に向けて家庭科の特質を生かした学びを実現するために，学習内容は小・中・高等学校の系統性を重視し，生活事象は「家族・家庭生活」「衣食住の生活」「消費生活・環境」の 3 つの枠組みに整理された。こうした生活

事象には「協力・協働」「健康・快適・安全」「生活文化の継承・創造」「持続可能な社会の構築」等の「生活の営みに係る見方・考え方」からアプローチすることが期待されている。高等学校では3つ内容枠組みに加え「ホームプロジェクトと学校家庭クラブ活動」を加えた4つの内容で構成されることとなった。

　また，学習対象である生活については，時間軸の視点（過去・現在・未来の生活）と空間軸の視点（家庭・地域・社会）から学校段階に応じて対象が明確化された。さらに，今改訂の基本方針でもある「主体的・対話的で深い学び」の実現に向けた授業改善を推進するために，問題解決的な学習の充実が謳われている。家庭科の特徴を生かした問題解決学習の学習過程を踏まえ，生活課題の設定―解決方法の検討・計画―実践活動―評価・改善―実生活への適用という一連の学習過程を重視し，育成する資質・能力との関係を明確化できるよう整理された。

　特にグローバル化，少子高齢化，持続可能な社会の構築等の現代的な諸課題を解決するために，「生きて働く力」としての実践的な態度の育成が重視されており，学習効果の最大化を図るためにカリキュラム・マネジメントの効果的な運用も強調されている。

　「家庭基礎」は，自立した生活者として必要な実践力の育成を重視した基礎的な内容で構成されている。「家庭総合」は，生涯を見通したライフステージごとの生活を科学的に理解させ，主体的に生活設計を試み，生活文化の継承・創造など生活の価値や質を高め，豊かな生活を創造することを重視した内容で構成されている。科目により重点の置き方は異なるが，男女共同参画社会の推進，成年年齢の引下げや少子高齢社会への対応，持続可能な社会の構築等を目指し，「主体的・対話的で深い学び」の実現による学習活動を通して，生活事象に関する原理・原則の科学的・客観的な知識の理解や技能の習熟・定着を図り，生活の主体として生涯にわたって自立し，共に生きる生活を創造していくことのできる資質・能力の育成を目指していることは共通している。

　一方，専門教科「家庭」では，衣食住，保育等のヒューマンサービスに係る生活産業に関する事象を，「協力・協働」「健康・快適・安全」「生活文化の継

承・創造」「持続可能な社会の構築」等の視点で捉え，生活の質の向上と社会の発展を担う産業人を育成することが教科の特質として示された。そのため専門科目は21科目に整理統合され，生活産業の各分野の体系的・系統的な理解を促し，職業人に求められる倫理観，合理的・創造的な課題解決力，主体的・協働的な実践的態度を育成することを目標としている。

　生活産業に関する学習の見方・考え方も共通教科と同じ視点であり，習得・活用・探究という実践的・体験的な学びのプロセスにおいて視点を働かせることで，より質の高い深い学びにつなげることが重視されている。そのため，地域や産業界との連携や協力関係が重視され，社会人講師の活用も積極的に推進されている。こうした実践的な学習活動や就業体験活動を通して，職業人としての勤労観・職業観，コミュニケーション能力の育成が期待されている。さらにコンピュータや情報通信ネットワークの活用により，生徒の情報活用能力の育成とともに学習効果の向上が企図されている。

　科学技術の高度化，情報化のグローバル化とスピードの加速化は，産業構造とそれに伴う人的・物的資源の大きな動態変化を促した。また，近年の新型コロナ感染症のパンデミックにより働き方改革も積極的に推奨されている。少子高齢社会の進展や持続可能な社会の構築，ライフスタイルの多様化などに応じて衣食住や保育・家庭看護や介護などヒューマンサービスに関わる生活産業への需要がますます高まるなか，消費者ニーズの的確な把握と必要なサービスを提供する企画力・マネジメント力の育成とともに，生活文化の伝承と創造を図りつつ，生活の質の向上に寄与する職業人としての能力と実践的態度が求められている。

　以上，高等学校の改訂の要点を述べた。本書では共通教科の科目「家庭総合」に照準を合わせてその概要と指導の要点を述べる。

(1)　内容の概要

①　A　人の一生と家族・家庭及び福祉

「人の一生と家族・家庭及び福祉」は，(1)生涯の生活設計，(2)青年期の自立と家族・家庭及び社会，(3)子供との関わりと保育・福祉，(4)高齢者との関わり

と福祉，(5)共生社会と福祉の5項目より構成されている。

1）　生涯の生活設計では，多様な生き方を理解するとともに，自立した生活を営むために生涯を見通して生活課題に対応した意思決定の重要性について理解を深めさせる。さらに金銭，生活時間などの生活資源とその活用について理解し，生活設計を工夫することができる力の育成が目指されている。

2）　青年期の自立と家族・家庭及び社会では，人の一生を生涯発達の視点に立って，青年期の課題，家庭の機能と家族関係，家族・家庭と法律，家庭生活と福祉などの学習を通して，青年期の生き方や家族・家庭を取り巻く社会環境の変化や課題を考える。特に，成年年齢の引下げとも関連して社会の一員として責任ある役割を果たし，男女共同参画社会の構築等に向けて適切な意思決定ができるようにすることが重要である。

3）　子供との関わりと保育・福祉では，乳幼児から小学校低学年までの子供を中心に扱い，乳幼児期の心身の発達と生活，子供の遊びと文化，子供が育つ環境と福祉，子育て支援，子供との関わり方について学習し，子供を生み育てることの意義，親や家族及び地域や社会の役割，子供との適切な関わり方を理解させる。

4）　高齢者との関わりと福祉では，高齢者の心身の特徴，社会環境，高齢者の尊厳や自立した生活への関わり方などについて理解させ，心身の状況や生活の質の向上に見合った生活支援の技能を習得するとともに，高齢者を取り巻く課題と家族や地域及び社会の果たす役割の重要性について理解する。

5）　共生社会と福祉では，乳幼児から高齢者まで人の一生を見通して，年齢や障害の有無にかかわらず，生活課題を主体的に解決していく共に支え合う社会を実現するための支援について理解を深める。

②　B衣食住の生活の科学と文化

「衣食住の生活の科学と文化」は，(1)食生活の科学と文化，(2)衣生活の科学と文化，(3)住生活の科学と文化の3項目より構成されている。

1）　食生活の科学と文化では，食事と健康の関わりを中心に，生涯を通して環境に配慮した健康で安全な食生活を営むための知識と技能を習得する。

2)　衣生活の科学と文化では，健康で快適な衣生活を目指し，被服の機能，被服管理や目的に応じた着装を工夫し，主体的に衣生活を営む力を育成する。さらに衣の伝統文化への関心を高め，蓄積された知識や技を現代の生活へ生かそうとする態度を養う。

3)　住生活の科学と文化では，防災など安全でしかも環境に配慮した住居と住生活を目指し，住居の機能，住居と地域社会との関わりを理解し，生活の計画・管理に必要な技能を習得する。

③　C持続可能な消費生活・環境

「持続可能な消費生活・環境」は，成年年齢が18歳に引き下げられたことにより自立した消費者の育成を目指してより一層の指導の充実が図られた分野であり，内容は(1)生活における経済の計画，(2)消費行動と意思決定，(3)持続可能なライフスタイルと環境の3項目より構成されている。

1)　生活における経済の計画では，生活と経済のつながりについて，家計の構造や経済全体の仕組みとの関わりを理解し，ライフテージに応じた主体的な資金管理の在り方やリスク管理の考え方を踏まえた経済計画について考える。

2)　消費行動と意思決定では，消費者問題や消費者の権利と責任について理解し，自立した消費者として適切な意思決定に基づいて行動することができる力を育成する。

3)　持続可能なライフスタイルと環境では，日常の生活が地球環境問題やグローバル社会の諸問題と密接な関わりがあることを理解し，持続可能な社会の構築に向けて自らの消費生活を通して参画できるようにすることを目指している。

④　Dホームプロジェクトと学校家庭クラブ活動

ホームプロジェクトも学校家庭クラブ活動も，家庭や学校・地域の生活上の課題を見つけ，解決に向けた計画を立てて実践し，具体的に生活課題を解決する問題解決的な学習である。家庭科の上記A～Cまでの学習で習得した知識・技能を活用し生活課題を解決することで，知識・技能の定着を促進するとともに「生きて働く力」として生活の改善・向上につなげることが目指されている。

(2) 指導の要点

「生活の営みに係る見方・考え方」は，各分野に共通する視点であるが，主体的・対話的で深い学びの実現に向けて重点の置き方は適切に定めることになっている。また，主体的・対話的で深い学びを実現するために，家庭や地域，社会の実態を把握し，仲間との協働学習により多様な意見や価値観を共有しつつ，問題解決に向けて計画―実行―評価・改善という学習過程を重視した学習活動を展開する。学習活動は，授業時数の10分の5以上を実験・実習に配当するものとし，実験・実習には調査・研究，観察・見学，就業体験活動，乳幼児や高齢者との触れ合いや交流活動，消費生活演習などさまざまな実践的・体験的活動が含まれる。そのためには，生徒に学習内容を「自分ごと」として捉えさせることが極めて大切である。

① A 人の一生と家族・家庭及び福祉

この分野では主に「生活の営みに係る見方・考え方」の「協力・協働」の視点に重点を置いた授業改善が推奨されている。ここでは自らの生き方を見つめ，将来の生活に向けて目標を立て，展望を持って生活することの重要性を理解し，自分の目指すライフスタイルを実現するための生活を設計することがねらいである。そのために，人の一生を生涯発達の視点で捉え，各ライフステージの特徴と課題について理解させる。特に青年期の課題である自立や男女の平等と協力，意思決定の重要性について，就職や結婚などのライフイベントと関連付けながら職業選択や仕事と生活の調和（ワーク・ライフ・バランス）などについて具体的に考えさせる。例えば，合計特殊出生率に関する新聞記事を手がかりに，少子化の要因と背景，多様な家族形態，男女の役割分業や雇用慣行，人口減少の影響と解決策など，諸外国の取り組み例なども含めて探究活動による多面的な分析を試みる。こうした実態把握に基づく探究の深まりは，"I"（アイ）で語ることのできる自分ごとの人生設計に結実することを予測させる学習過程であり，家庭を築くことの意味や社会の一員としての役割遂行についての理解も深まると考えられる。ジェンダー・ギャップ指数，雇用形態による賃金格差，結婚と姓の選択などさまざまな切り口からその実態と原因や構造を把握し，理解

を深めていくことができる。また，人の一生はさまざまなリスクと背中合わせ
にあり，生活を支える社会保障制度や社会福祉についても具体的事例を挙げて
基本的内容を理解させる。

　我が国では少子化の傾向は緩やかに続いており，児童虐待は増加傾向にある。
「命」ある子どもの権利として健やかな成長・発達を保障する義務が親や社会
にはあり，人権意識を育むとともに親としての責任と義務を認識させたい。「子
どもは社会が育てる」とは子どもを生み育てることは私的な営みであるが，次
代を担う人間を育てる社会的機能も併せ持っていることを意味している。この
分野は高校生にとって生育家族との関係を振り返りながら自分自身の成長・発
達を跡付ける一方，将来の創設家族を思い描き子どもの成長・発達を想像しな
がら学ぶという，過去・現在そして未来をつなぐ学びである。

　子どもと接する機会の少ない高校生にとって，近隣の保育所・幼稚園や認定
こども園，児童館，小学校などの訪問や保護者を招いての観察やインタビュー
など子どもと直に接することの意義は大きい。童心に返って過ごす体験を通し
て，発達段階による子どもの成長や特徴，子どもの個性，親や保育者の養育姿
勢と信頼関係など，保育の意義と役割の重要性，保育を取り巻く環境と支援の
在り方などについて理解させたい。「人にする」（人間を形成する）ための大人
と子ども，そして社会の懸命な取り組みや葛藤の中から「人になる」（社会的
に自立する）意味を等身大の自分に重ね合わせながら理解させたい。人の一生
に占めるこの時期の重要性について理解させ，人として享有できる権利につい
て実感させることができるよう授業を組み立てたい。

　わが国では，高齢者人口が29.1％（総務省統計局「人口推計」2021.9）を占め，
超高齢社会である。人生のライフステージの終章に位置づく高齢期において，
健康寿命を延ばすための高齢者の自立生活支援について理解することは重要で
ある。同時に介護が必要な高齢者にはその尊厳を保持しながら症状や場面に応
じた適切な支援が必要である。指導に当たっては，高齢者の活動や社会参加の
様子，生きがいなどを調査・見学し，在宅であるか施設居住者であるかを問わ
ず高齢者の生活実態を理解する実践的・体験的学習は重要である。こうした学

習によるコミュニケーションのもつ意味の大きさについても考えさせたい。高齢者を取り巻く社会の課題については「依存から自立へ」の考え方を基本に，介護保険制度や地域包括ケアなどを取り上げながら自助・共助・公助のあり方を理解させ，住み慣れた場所で最期まで自分らしい生活ができるよう，自分や親に引き寄せながら人生設計の学習につなげたい。また身近なボランティア活動などの調査を通して，ノーマライゼーションの理念を土台に共に支え合う社会を目指そうとする態度を養いたい。

② 　B 衣食住の生活の科学と文化

衣食住の生活の分野では，主に「生活の営みに係る見方・考え方」の「健康・快適・安全」「生活文化の継承・創造」の視点に重点を置いた授業改善が推奨されている。

世界中から集められた豊富な食材，特色ある調理法，多彩なメニューやテーブルコーディネートなどわが国の食卓には多くの国の食材と食文化が凝縮されている。しかし，グローバルな視点から食料資源や流通・販売の多様化，輸入食品の増大，食料自給率の低下や加工食品，さらに外食・中食への依存など食を取り巻く環境の変化に目を転じた時，人の健康や持続可能な社会の構築に向けた課題に着目させ，生徒に揺さぶりをかけながら意思決定を促す学習展開は「生きて働く力」の育成に効果的である。そうした基本的課題を理解した上で，和食や地域の食文化を大切にした食生活の自立に必要な知識と技能を習得させ，持続可能な社会の構築の視点から食生活の管理ができる力を育みたい。

衣生活分野では，ライフステージによる身体特性や運動特性に配慮した被服の機能や着装について理解させ，資源・エネルギー問題や環境保全に配慮した衣生活の適切な管理ができるようにしたい。被服材料，被服衛生や被服管理については実験やデータ，デジタル教材を活用するなど科学的な理解を深め，目的に応じた衣服の計画と管理ができる力を養う。またその知識を踏まえ，衣生活の自立に必要な基本的な技能を習得する。さらに和服をはじめ日本の衣文化の知恵や経験を継承するとともに，資源保護の観点から衣服の購入，活用，手入れ，保管，再利用，廃棄までを含めた循環型の被服計画を実践できるグリー

ンコンシューマの育成を目指したい。

　住生活の基本は，ライフスタイルにあった生活空間の創造である。ライフステージの特徴や課題に着目し，自然災害，防火，防犯，家庭内の事故など安全な住居について科学的に理解させたい。そのため地方自治体の施設と連携を図り，情報の収集と活用など災害対策に必要な自助・共助・公助の在り方を理解し，それらを実現するための方策について考えさせる。また住居の機能性を生かした見取り図の作成ができる技能を習得させる。持続可能な住居の計画や管理については，調査・見学やデジタル教材を活用し，コミュニティや住文化，経済計画との関連も踏まえて，生涯を通して安全で快適な住環境に配慮した住生活を主体的に営む長期的視点に立った住環境の創造への意欲と態度を育成したい。

　生活文化は衣食住に代表される暮らしの営みそのものである。それは民族や地域により特徴があり，生活を彩る知恵や伝統が日々の暮らしの中に息づいている。地域や学校，生徒の実態によって教材選定の弾力化が図られて久しく，地域に密着した教材で先人の暮らしとその知恵を学び，現代の生活様式に受け継がれているものを再認識し，そこに込められた願いや秘められた英知を学びながら現在の生活課題に真摯に向き合い，具体的な問題を解決していく力を育成する契機としたい。持続可能な社会の構築は，環境への適応から自律的な環境再生を目指した生活文化の創造と関連している。環境の醸成を担うライフスタイルを確立していく生活主体は，生活文化を創造する主体でもある。

③　C 持続可能な消費生活・環境

　この分野では，主に「生活の営みに係る見方・考え方」の「持続可能な社会の構築」の視点に重点を置いた授業改善が推奨されている。

　私たちの生活の営みは，時間や空間，物資，金銭，人間関係，制度，情報，文化などさまざまな要因の制約の中で行われている。生涯の生活に必要なお金はライフスタイルや生活設計によって異なる。しかも人生は平坦な道ばかりでなく，不測の事態に備えたリスク管理も必要である。生涯を見通した経済計画を立てるには，ライフステージに応じた短期・中期・長期的な経済の計画と管

理が必要である。とりわけ預貯金，保険，株式，債券，投資信託などの基本的な金融商品の特徴を理解するとともに，キャッシュレス時代の家計の管理にも慎重な意思決定と対応が求められる。統計資料やICT，具体的な事例によるシミュレーションを通して家計への理解を深め，社会保障制度とも関連付けて自らの生涯にわたる経済計画や管理について対応できる能力を育成したい。

　また，急速な社会のデジタル化に伴う消費生活の多様化により消費者被害も多発しており，各種商法やインターネットを介した通信販売などを具体的に取り上げ，契約や消費者信用，多重債務などにより引き起こされる課題について多面的・多角的な視点から意思決定ができるようにしたい。消費者問題は，財・サービスの購入における意思決定と関連している。成年年齢の18歳への引き下げは，親の同意なくして契約をすることができ，高校生には消費者としての権利と責任をより一層自覚した適切な行動が求められる。生活スタイルは，持続可能な社会の構築に向けた私たちの生活意識や価値観の表出である。身近な事例を取り上げ，課題の把握，課題解決のための計画，実行，評価・改善のプロセスを生かした主体的で協働的な学習活動を通して，「地球規模で考え，地域で行動する」（Think globally, Act locally）消費者として，持続可能な開発目標（SDGs）を実現する行動に結びつくような生活の創造につながる実効的な指導を展開したい。また，関連機関との連携や外部人材の活用など広く学習の場と機会を確保し，効果的な学習計画を立てたい。

④　Dホームプロジェクトと学校家庭クラブ活動

　この分野では，家庭や学校・地域の生活上の課題に応じて「生活の営みに係る見方・考え方」の視点を複合した生活の総合的な理解と問題解決能力及び実践的態度の育成を目指した活動が期待されている。ホームプロジェクトはわが家の家庭生活を対象に個人で，学校家庭クラブ活動は学校や地域の生活を対象にグループで取り組む活動である。

　A～Cの各分野の学習とも関連を図り，生徒が「自分ごと」として学習内容に取り組むための動機付けとしても有効な活動である。さらに学習成果を踏まえたこれらの活動は，学習内容の定着とともに社会との窓口を広げ，ボランテ

ィア活動などの社会参画や勤労への意欲を高めることにもつながる。地域社会の一員としての自覚を育み，主体的に家庭や地域の生活を創造する「生きて働く力」としての実践的態度の育成を図りたい。そのためにも，これらの活動を年間指導計画の中に位置づけることが大切である。授業時数との関係で十分な時間確保はむずかしくても，デジタル教材を活用するなど生徒の意欲を喚起するよう努めたい。

引用・参考文献

中央教育審議会（2016）「幼稚園，小学校，中学校，高等学校及び特別支援学校の学習指導要領の改善及び必要な方策等について」（答申）平成 28 年

文部科学省（2017）「小学校学習指導要領（平成 29 年告示）解説　家庭編」

文部科学省（2017）「中学校学習指導要領」（平成 29 年告示）

文部科学省（2017）「中学校学習指導要領（平成 29 年告示）解説　技術・家庭編」

文部科学省（2018）「高等学校学習指導要領（平成 30 年告示）解説　家庭編」

白石陽一・望月一枝編（2019）『18 歳を市民にする高校教育実践』大学図書出版

総務省統計局統計（2021）「トピックス No.129」（人口推計 2021.9.15 現在）

https://www.stat.go.jp/（2022 年 2 月 17 日アクセス）

第4章　家庭科教育の学習指導

第1節　教育課程

1　教育課程とカリキュラム

　教育課程とは英語でいうカリキュラム（curriculum）のことである。カリキュラムの語源はラテン語の競馬場や競争路のコースを意味し，その後，学校で教えられる教科目やその内容および時間配当など，学校の教育計画を意味する用語となった。わが国では，教科課程や学科課程といわれていた時期もあるが，戦後，学級活動やクラブ活動，学校行事などの教科外活動の重要性が認められ，教育課程の用語が使われるようになった。

　国が定める教育課程の基準を，学習指導要領という。学校教育法施行規則には，各学校の教育課程はその「基準として文部科学大臣が別に公示する学習指導要領によるものとする」とされている。学習指導要領には，教育の目標や指導すべき内容などが示されている。

　一般的に教育課程は，国家的基準をはじめ地方教育委員会の示す地域レベルおよび学校レベルまでの制度化された公的な教育課程をさす。これに対し，それを通して児童生徒が実際に経験する内容や，それにともなう心情も含めた，より広義の教育課程をカリキュラムとよぶことが多い。

　次では，戦後の教育課程の変遷を，学習指導要領の展開区分（表4.1）に沿ってみてゆこう。

2　教育課程の変遷

（1）　戦後新教育の時代

　戦後はじめて作成された学習指導要領は，教師の手引きとなることが期待され「試案」として，1947年に発行された。その「一般編」では，教育の実際

表 4.1　学習指導要領の展開区分

【第 1 段階】戦後新教育の時代	
1947 年	学習指導要領（試案）
【第 2 段階】系統性重視の時代	
1958・60 年改訂	教育課程の基準としての性格の明確化 道徳の時間の特設，基礎学力の充実，科学技術教育の向上等，系統的な学習を重視
1968・69・70 年改訂	教育内容の一層の向上（教育内容の現代化） 時代の進展に対応した教育内容の導入
【第 3 段階】ゆとり教育の時代	
1977・78 年改訂	ゆとりある充実した学校生活の実現（学習負担の適正化） 各教科等の目標・内容を中核的事項に絞る
1989 年改訂	社会の変化に自ら対応できる心豊かな人間の育成 生活科の新設，道徳教育の充実
1998・99 年改訂	基礎・基本を確実に身に付けさせ，自ら学び自ら考えるなどの生きる力の育成 完全週 5 日制導入，教育内容の厳選，総合的な学習の時間の新設
2003 年一部改訂	学習指導要領のねらいの一層の実現 例：学習指導要領に示していない内容を指導できることを明確化 個に応じた指導の例示に小学校の習熟度別指導や小・中学校の補充・発展学習を追加
【第 4 段階】コンピテンシー重視の時代	
2008・09 年改訂	生きる力の育成，基礎的・基本的な知識・技能の習得，思考力・判断力・表現力等の育成のバランス 授業時数の増，指導内容の充実，小学校外国語活動の導入
2015 年一部改訂	道徳の特別の教科化（小・中のみ）
2017・18 年改訂	新しい時代に必要となる資質・能力の育成と学習評価の充実 社会に開かれた教育課程の実現

中央教育審議会（2016）より筆者作成。

は「児童青年の現実の生活と，その動きとに即して考えなくてはならないものがある」ため，カリキュラムは「それぞれの学校で，その地域の社会生活に即して教育の目標を吟味し，その地域の児童青年の生活を考えて，これを定めるべきものである」（文部省 1947）としている。つまり，生活や実体験との関わりを重視する経験カリキュラムが推進された。

　経験カリキュラムは，子どもの興味，関心，欲求から出発し，現実の問題解決の活動が中心となる。経験カリキュラムの理論的根拠は，ルソーやペスタロッチにも求められるが，なかでもデューイ（Dewey, J., 1859-1952）の経験主義の教育思想に基づいている。デューイは，経験単元による問題解決学習を提唱し，子どもの生活的・実践的な「反省的思考」による問題解決には，問題場面の直面—問題の所在の明確化—問題解決のための暗示（仮説，見通し）の着想

66

―暗示に基づく推論による検討―仮説の検証という学習段階を踏むことを明らかにした。

　デューイの反省的思考によらず，実践的行動による問題解決を目ざしたのがキルパトリック（kilpatrick, W. H., 1871-1965）のプロジェクト・メソッドである。彼は，プロジェクトを「全身全霊を傾けてする目的的活動」と定義づけ，目的設定―計画―実行―評価の4段階を設定した。

　戦後のわが国においては，問題解決学習が主流的地位を占めた。1948年にコア・カリキュラム連盟（以下「コア連」と略称）が発足し，生活経験単元学習をコアとするコア・カリキュラムを堅持しながら，問題解決学習をより機能させるカリキュラムの構造を探究した。コア連のカリキュラム構造論の頂点とされる三層四領域論は，学校での生活経験としての遊び・生産労働を行ってゆく生活実践課程を基底とし，市民形成のための社会科的な問題解決力を育てる問題解決課程を中心にすえ，系統的な文化遺産の学習を行う基礎課程（または系統課程）を上層に乗せた3層と，健康，経済（自然），社会，表現（または文化，教養，娯楽）の4領域から構成された。経験主義の限界の克服を目ざしたコア連の歩みは，問題解決学習の理論と実践の深化を示すものであった（田中2017）。

　しかし，経験カリキュラムは子どもの興味・関心，経験を重んじるあまり，知識の論理的系統性を無視した経験至上主義に陥りやすく，「基礎学力の低下」「はいまわる経験主義」などと厳しく批判された。

(2)　系統性重視の時代

　学習指導要領は1958年の改訂以降，「告示」されることとなり，教育課程の基準としての性格が明確にされた。1958・60年版学習指導要領は，①道徳教育の特設，②基礎学力の充

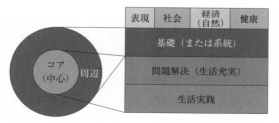

金馬国晴（2018）より。

図4.1　コア・カリキュラムと三層四領域

実，③科学技術教育の向上が図られた。また，子どもの興味，関心，経験を主要な原理としてきた経験主義から，系統主義の教育課程へと転換された。教育内容が多岐にわたり，量的にも多かったため，知識偏重の詰めこみ教育と批判された。

　高度経済成長下におけるわが国の教育政策のよりどころとなったのは，1963年年頭に出された経済審議会人的能力部会の答申「経済発展における人的能力開発の課題と対策」である。「人的能力」とは，経済発展を担う労働力としての人間であり，いかにして最もすぐれた労働力を能率的に養成し，活用するかといった「能力主義の徹底」と「ハイタレント・マンパワーの養成」を打ち出して，教育制度の見直しを急務の課題とした。

　これを受け，1968・69・70年版学習指導要領では，科学技術の急速な発展に対応する教育内容の現代化，とくに算数・数学や理科での現代化が強調された。詰めこみ教育を改め，学習負担の軽減を目ざして教育内容の精選を図ったが，教育の中身は高度な内容となり，量的にも膨らむこととなった。

　しかし，学習指導の方法は，それまでの断片的な知識を暗記したり，結論を教えたりする知識伝達型の授業から，児童・生徒が結論に至るまでのプロセスをたどる探究型の発見学習が進められた。教育内容の現代化は，戦後改革時の経験主義教育課程か，あるいは1958年改訂の系統主義教育課程かという二項対立を止揚して，その両者の長所を統合したものと捉えることができる（水原ほか 2018）。

　このような動向は，アメリカで進んだカリキュラム改造運動からの影響もあった。アメリカでは，ソ連が世界初の人工衛星を1957年に打ち上げたスプートニク・ショックを発端に，科学技術分野でのエリートの育成が喫緊の課題となった。科学者たちは教育に関心をもち始め，それぞれの分野での教育課程を編成し，個々の学問分野の原理を軸にして構造化された学問中心カリキュラムを出現させた。ブルーナー（Brunner, J. S., 1915-2016）は『教育の過程』（*The Process of Education* 1960）のなかで，学問分野のもっとも普遍的な原理を「構造」とし，その「構造」を児童・生徒に獲得させる発見学習の理論を打ち出し

た。そこでは教師が個々の知識や結論を伝達するのではなく，児童・生徒自身
が結論に至る過程が重視された。

(3) ゆとり教育の時代

　1973年のオイルショックを機に，高度経済成長期は終焉を迎えた。経済が
低成長するなかで，人間的なゆとりをもった成熟した社会が期待され，教育の
質的改善が模索されるようになった。教育内容の現代化と高度化を追求した結
果，いわゆる「落ちこぼれ」が社会問題化し，非行・校内暴力などの問題が深
刻化するなか，1977・78年版の学習指導要領では，人間性豊かな児童・生徒
の育成とゆとりのある充実した学校生活を新たな基準として改訂された。授業
時間数を大きく削減し，その時間を「創意工夫の時間（ゆとりの時間）」に充て，
人間性の回復を図った。

　アメリカでも1960年代のカリキュラム改革を反省し，学問中心カリキュラ
ムから人間中心カリキュラムを目ざす動きが高まった。この動向は，日本の教
育政策にも影響を与えた。1974年に文部省（当時）が経済協力開発機構
（OECD）教育研究革新センターと協力して開いた国際セミナーでは，従来の
カリキュラム開発が，大工場の大量生産に似た人間味のない「工学的アプロー
チ」であると批判され，むしろ教授学習活動の創造性と即興性を重んじ，教材
と教師と子どもの出会いを大事にする「羅生門的アプローチ」が望ましいとい
う提案がなされ，注目された（水原ほか 2018）。

　1980年代はいじめや校内暴力の問題が続発し，教育環境が荒廃した。この
ようななか，1984年に臨時教育審議会が設置され，新自由主義・国家主義的
な教育改革の方針を打ち出した。「個性重視の原則」「生涯学習体系への移行」
「国際化，情報化等変化への対応」を前面に出し，画一主義と学校中心主義か
らの脱却を求めた。これに沿って学習指導要領は1989年に改訂され，個性を
尊重し，自ら学ぶ意欲や主体的な学習の仕方を重視し，ゆとりを継承しつつ，
関心・意欲・態度を育成する「新学力観」を標榜した。また，長い間続いてき
た家庭科の女子必修が廃止された。

　1998・99年版学習指導要領はゆとり路線をいっそう深めた。ゆとりのなか

で「生きる力」を育む観点から，完全学校週 5 日制の導入，各教科の内容と授業時数の 3 割削減という「厳選」，そして総合的な学習の時間が新設された。しかし，ゆとり教育政策は，学力低下をもたらすという批判にさらされ，2002年 1 月に文部科学省は緊急アピール「学びのすすめ」を発表し，ゆとり教育政策を転換した。

（4）　コンピテンシー重視の時代

2000 年から，OECD が「生徒の学習到達度調査（PISA：Programme for International Student Assessment）」を実施した。この調査は，義務教育修了段階の 15 歳児を対象として，読解力，数学的リテラシー，科学的リテラシーの各領域で「知識や技能を実生活の場面で活用する力」を捉えようとするものである。2003 年に行われた調査では，わが国 15 歳児の読解と数学の成績が大きく下落し，これからの社会において，学校教育が目ざすべき「学力」について議論された。

2006 年の教育基本法改正を受け，2007 年に大幅に改正された学校教育法では，「生涯にわたり学習する基盤が培われるよう，基礎的な知識及び技能を習得させるとともに，これらを活用して課題を解決するために必要な思考力，判断力，表現力その他の能力をはぐくみ，主体的に学習に取り組む態度を養うことに，特に意を用いなければならない」（第 30 条第 2 項）と，学力の 3 つの要素が法的に規定された。それは，①基礎的な知識及び技能，②思考力，判断力，表現力，③主体的に学習に取り組む態度であり，「習得」「活用」「探究」と対応させられることもある。2008 年版学習指導要領においては，学力の 3要素が目標として掲げられた。

2000 年代は，OECD によるキー・コンピテンシーをはじめ，さまざまな国や国際機関，研究者などによる 21 世紀型スキルの検討がなされた。領域ごとに区分された知識の体系ではなく，知識や技能を活用して，どのような問題解決を成し遂げるかという，従来の学力という用語で語られてきた範疇を超える能力論が盛んに論じられた。その背景には，ICT 技術が広く普及する社会変化のなかで，それまでの伝統的な教育が時代遅れになって通用しないのではな

いか，といった危機感があった。

　2017・18年版学習指導要領では，育成を目ざす資質・能力を「知識・技能」「思考力・判断力・表現力等」「学びに向かう力，人間性等」の「3つの柱」で整理された。また，資質・能力を育成するために，主体的な学び，対話的な学び，深い学びというアクティブ・ラーニングの視点に立った授業改善を図ることが推奨された。さらに，各学校が教育目標を実現するためにカリキュラム・マネジメントに努めることが求められた。

第2節　学習形態

　学習形態とは，一般的に授業における学習の組織形態を示す。授業では必ずある一定の形態をとりながら学習の指導が行われる。この学習の組織形態に着目すると，次の3つの形態に分類される。

1　一斉学習

　一斉学習とは，一人の教師の指導のもとで学習集団全体が同一の教材を同時に学習する方法である。一斉授業，一斉教授，一斉指導などと呼ばれることもある。この学習形態の原型は，19世紀初頭のイギリスで開発されたモニトリアル・システム（助教法）に求められる。日本では，明治期の師範学校に導入され，それ以降，学校教育の基本的な学習形態となっている。

　この学習形態では，一授業で同一の教材を同時に学習するため，学習集団全員を分け隔てなく指導できる。したがって，比較的準備しやすいこと，費用と時間を効率的に使えること，平等に教えられることなどの利点が挙げられる。その一方で，IRE（発問―答え―評価）の順で生起する典型的なコミュニケーションスタイルが中心で，一方的，一面的，一括的な授業になりやすく，児童・生徒が受動的になりやすい。

　一斉学習の有効利用のためには，以下に説明する小集団学習や個別学習の形態を組み合わせながら，学習集団全員が学習に参加できるように工夫する必要がある。

2　小集団学習

　小集団学習とは，学習集団を5名前後のグループとして，グループごとに話し合ったり，実験・調査などの協働作業を行ったりする学習の形態である。班学習，グループ学習もほぼ同じ意味で使用され，ペア学習もこのなかに入る。この学習形態の意義は，一斉学習の形態とは異なり，少人数であるために，児童・生徒が比較的容易に活動に参加し，多様な考え方や価値観にふれて，互いに考えを深めていくことができるということである。

　小集団には，等質小集団と異質小集団とがある。等質小集団は，能力，興味，関心などの観点からみた要素や条件がほぼ均一な者同士で構成された集団である。集団内の差は小さいが，集団間の差は大きくなる。一方，異質小集団は，集団編成において特に条件を設けることをせず，さまざまなメンバーで構成された集団である。集団内の差は大きいが，集団間の差は小さくなる。どのような集団を編成するにしても，メンバーの構成や相互の関係性についての配慮が必要である。

　小集団学習を有効に利用するためには，学習課題・手順を明確にし，小集団学習の前に必ず個別学習を実施し，各自の考えをもって臨めるように工夫することが必要である。さらに，小集団学習の成果を一斉学習の場で，互いに練り挙げていくことも大切である。

3　個別学習

　個別学習とは，学習者の個人差に応じて能力の個別的な伸長を図る学習形態である。個人差に応じた指導を行うことが難しい一斉学習の短所を補い，個別化された学習活動を可能にする。一方で，他者との協働とコミュニケーションを通して養われる力を伸ばしていくことができないため，協働ないし共有するなどのさまざまな学習方法を組み合わせることによって，多様な学習活動を提供できるようにすることが重要である。

　被服製作は基本的に個別学習であるが，学習者の興味・関心，手指の巧緻性などにより，基本型で製作させたり応用させたりと学習者の個人差を活かした指導ができる。また，調理実習のような協働的な小集団学習においても，個々

の技能の習得を図るなど，学習活動は個別的である。

第3節　学習指導の方法

　2017・18年版学習指導要領の基本方針の一つに「主体的・対話的で深い学び」の実現に向けた授業改善（アクティブ・ラーニングの視点に立った授業改善）の推進が挙げられた。2016（平成28）年の中央教育審議会答申では，主体的・対話的で深い学びの実現に向けた授業改善の具体的な内容について，次のように示している。

① 　学ぶことに興味や関心を持ち，自己のキャリア形成の方向性と関連付けながら，見通しをもって粘り強く取り組み，自己の学習活動を振り返って次につなげる「主体的な学び」が実現できるか。

② 　子ども同士の協働，教職員や地域の人との対話，先哲の考え方を手掛かりに考えることなどを通じ，自己の考えを広げ深める「対話的な学び」が実現できているか。

③ 　習得・活用・探究という学びの過程のなかで，各教科等の特質に応じた「見方・考え方」を働かせながら，知識を相互に関連付けてより深く理解したり，情報を精査して考えを形成したり，問題を見いだして解決策を考えたり，思いや考えを基に創造したりすることに向かう「深い学び」が実現できているか。

　主体的・対話的で深い学びは，必ずしも1単位時間の授業ではなく，単元や題材など内容や時間のまとまりのなかで実現されるものである。したがって，題材のまとまりをどのような学習方法でデザインするかということが重要になる。そこで，さまざまな学習指導の方法について説明する。

1　講　義　法

　講義法は，教師の言語的手段（ことば）によって知識を伝達する方法であり，最も古く，かつ一般的な指導方法である。この方法は，同時に多数の学習者を指導することができ，また学習者の発達段階や理解度により学習内容を自在に

変化させることができ，授業の能率化を図りやすい。一方，教師の説明を中心
とする一斉学習の学習形態をとるため，学習者は受動的な立場となり，個人差
に応じた指導や自発性・創造性を培う授業が成立しにくい。

2　示 教 法

示教法はオブジェクトレッスン（object lesson）ともいい，視覚教材により
直観に訴える方法である。この教材には，絵・写真・標本・模型などが該当す
る。こうした教材は，ことばによる説明以上に学習者の経験の拡大や主体的認
識活動を助長する役割を果たす。

3　示 範 法

実践を伴う学習の場合，教師がその過程の一部あるいは全部を実演してみせ
る方法であり，デモンストレーションメソッド（demonstration method）とも
いう。この方法は，作業手順や基本的な手法を示すもので，学習者の興味や意
欲を喚起し，経験的な理解を促すことができる。実験や実習の示範は，次の点
に留意するようにしたい。

(1)　示範の目的や手順は，あらかじめ板書やプリントで明確にする。

(2)　学習者によく見えるように，学習者の配置，採光などを考慮する。

(3)　熟練した手法で，学習者の発達に見合った方法で実演する。

(4)　示範時には教師用の材料・試料を用い，示範の過程で注意や思考を促し，
　　作業段階ごとに要点をおさえる。

(5)　示範後，作業手順を総合して要点を確認し，示範したものは教卓に置き，
　　観察に役立てる。

(6)　示範後は学習者の状況に応じて班別・個別に指導する。

4　実 験 法

実験法は，研究する対象に一定の条件を付与し，その過程・結果から因果関
係や基本的原理を導き出したり，予測を検証したりする方法であり，条件を変
えて結果を比較する問題追究の方法である。

家庭科では，身近な材料を用いた実験により原理や特性を科学的に理解させ，
生活に応用できる力を育成することを目的としている。

5 実 習 法

　実習法は，言語的手段による思考と行動・作業的経験を結びつけることにより知識・技能の定着を高め，自己訓練による自己完成を目ざす方法である。

　実践的教科である家庭科は，先述したさまざまな方法を活用しながら，実習法によって知識・技能の個別的定着をより確かにし，円滑に家庭生活の実践につながるような学習の展開を工夫することが大切である。

6 討 議 法

　討議法には，(1)バズ学習，(2)ブレーンストーミング，(3)ディベートなどがある。

(1)　バズ学習 (buzz-session learning)

　アメリカのフィリップス（Phillips, J. D.）がグループ討議の方法として考案したバズ・セッションをもとに塩田芳久が提案した学習法である。バズとは，蜂の巣をつついたような喧噪状況のことをいう。6人1グループで6分間，自由に討議し合い，その後クラス全体で討論する。塩田はこの討議法を学習過程に導入し，学習者の認知的側面と小集団構成員間の態度的側面の育成・向上を確認している（塩田 1989）。

(2)　ブレーンストーミング (brain storming)

　アメリカのオズボーン（Osborn, A. F.）が創案した創造性を開発するための集団的思考の技法をさす。学習者が自由に意見や考えを出し合うことによって，優れた発想を引き出そうとする討議法である。1グループ10人前後の編成が一般的である。

(3)　ディベート (debate)

　学級内で司会者の進行のもとで，同一のテーマについて賛成・反対派に分かれて議論を戦わせる。その議論の様子を聴きながら聴衆が，勝者と敗者を決定する方法である。テーマについての客観的な把握と科学的な分析，総合的な判断力，深い洞察力などに基づいた理論の組み立てが，相手側の理論の弱点をつき，論破することにつながる。

7　劇 化 法

　学習者が寸劇による表現活動を通して学習するのが劇化法（ロールプレイング：role playing）である。演じられた劇は学習者に疑似体験として共有され，学習者の経験や感性に訴えながら，共感や同意，疑問や批判を通して，問題の把握や追究の糸口につながる効果的な学習が期待できる。家族・家庭生活，消費と資源・環境などの題材に比較的多く取り入れられている。

8　プロジェクト・メソッド（**project method**）

　プロジェクト・メソッドは，キルパトリックにより提唱され，講案法とも呼ばれる。キルパトリックは学習者の生活と結びついた教育を主張し，プロジェクトを「子どもたちが社会的な環境のなかで全精神を打ち込んで行う目的の明確な活動」とした。

　学習者の自発的活動を尊重し，学習内容を応用し，よりよい生活を営むための問題解決への習慣や態度の育成が期待され，農業，工業，家庭科の教育に取り入れられてきた。家庭科ではホームプロジェクトや学校家庭クラブ活動として定着している。プロジェクト・メソッドは，授業で習得した知識や技能を活用して，わが家の生活や地域の生活上の問題を解決するという目的を設定し，計画を立て，実行し，評価する一連の活動をさす。この活動は，問題解決能力や実践的態度の育成にとどまらず，授業内容の振り返りと定着，さらなる学びの発展性が期待できる。

9　視聴覚メディアによる方法

　2017・18 年版学習指導要領では，ICT（Information and Communication Technology：情報通信技術）環境を整備する必要性が規定されるなど，教育の情報化の重要性が一層増している。加えて 2019（令和元）年 12 月に公表された GIGA（Global and Innovation Gateway for All）スクール構想では，「多様な子どもたちを誰一人取り残すことのない公正に個別最適化された学び」を全国の学校現場で持続的に実現させるために，一人 1 台端末及び高速大容量の通信ネットワークを一体的に整備することなどが掲げられた。新型コロナウイルス感染症の感染拡大により端末整備が前倒しされ，いまではほぼすべての小中学校で一

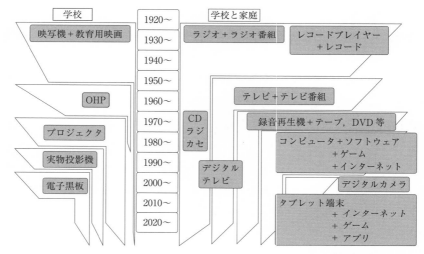

図 4.2　学校や家庭で利用された主なメディアの変遷

人 1 台端末が実現した。このような流れのなかで，ICT の特性・強みを生かし，児童・生徒の学習を充実させることが求められている。

　図 4.2 は 1920 年代以降の学校と家庭で学習に利用されてきた主なメディアの変遷をまとめたものである。視聴覚メディアは，広義には写真，標本，模型，映画，テレビなどを含んだ教材をさすが，ここでは機器を使用した教材と狭義に解釈し，(1)実物投影機，(2)大型提示装置（プロジェクタや電子黒板），(3)デジタル教科書の順で解説する。

（1）　実物投影機（書画カメラ OHC）

　1950 年代後半から学校で普及した OHP（オーバーヘッドプロジェクタ）は，透明な OHP シートをレンズの上に置き，光源の光がシートを透過して反射鏡に集まることで，スクリーンにシートの内容が拡大表示されるものであった。透明なシートに光を当てて投影するため，ノートなどは使用できなかったが，実物投影機（書画カメラ）は印刷物や立体物をそのまま拡大投影することができる。家庭科の被服製作の授業で，手元の作業の様子を見せることもできる。

（2）　大型提示装置（プロジェクタ，電子黒板）

プロジェクタはコンピュータ画面などを投影するものとして，利用が広がった。電子黒板はテレビやモニターの役目だけでなく，表面にタッチパネルなどのセンサーを取り付けることによって，画面から直接操作したり書き込みを行ったり，保存したりすることができる。ホワイトボードのような白板にセンサーを取り付け，コンピュータの専用ソフトをプロジェクタで投影して電子ペンで文字を書くタイプや，センサーのついた専用ユニットを通常の黒板に貼り付けて，コンピュータおよびプロジェクタと連動させるタイプもある（樋口ほか2020）。

（3）　デジタル教科書

学校教育法の一部改正を受けて，2019 年 4 月より学習者用デジタル教科書の使用が可能となった。デジタル教科書には指導者用デジタル教科書と学習者用デジタル教科書がある。大型提示装置で主に教師が補助教材として提示して使用する指導者用デジタル教科書とは異なり，学習者用デジタル教科書は，学習者用コンピュータにおいて児童・生徒一人ひとりが使用するものである。

学習者用デジタル教科書の使用にあたり留意すべき点をいくつか挙げる（文部科学省 2021）。

①　紙の教科書を使用する授業と学習者用デジタル教科書を使用する授業を適切に組み合わせること。

②　学習者用デジタル教科書などを単に視聴させるだけではなく，「主体的・対話的で深い学び」の視点からの授業改善に資するよう活用すること。

③　学習者用デジタル教科書の使用により，文字を手書きすることや実験・実習等の体験的な学習活動が疎かになることは避けること。

④　児童・生徒が授業と関係のない内容を閲覧して授業に集中しないことがないよう，例えば，学習者用デジタル教科書を使わないときは学習者用コンピュータの画面を閉じるなど，児童・生徒が授業において適切に学習者用デジタル教科書を使用するよう指導すること。

10　知識構成型ジグソー学習

アメリカのアロンソン（Aronson, E.）が考案したジグソー法をもとに，三宅なほみが開発した。まず，児童・生徒に課題を提示し，課題解決の手がかりとなる知識を与え，その知識を組み合わせることによって答えを作りあげるという活動を中心にした学習方法である。一連の活動は5つのステップからなっている。

① 　問いの提示
② 　問いの解決に必要な知識をいくつかの下位課題に分割する。それぞれの学習課題を担当する者同士がグループに分かれて検討し，自分の言葉で説明できるよう準備する（エキスパート活動）。
③ 　異なる学習活動を担当した者同士が1名ずつ集まってグループを作り，最初の問いに対する答えを作りあげる（ジグソー活動）。
④ 　ジグソー活動で得た答えを学級全体で交換し合う（クロストーク）。
⑤ 　最後は各自が自分の答えを書きとめる。

この学習方法は，他者と一緒に考えることで理解が進む「建設的相互作用」を通して，活用できる知識を獲得させることができる。

第4節　家庭科学習指導の特質

1　家庭科の特性

教科は「人間の存在にとっての基礎的で不可欠な客観的・普遍的知識と真理に基づいて存在する」ものであり，教科の内容は蓄積された文化遺産を教育的観点から編成しなおした一定領域で構成されている。教科存立の一般的・教育的基礎は科学にあるといわれる。

家庭は，有史以来人間生活の本拠であり，社会の基礎的単位として重要な役割を果たしてきた。人間の生活の営みは，基本的に人間が環境に働きかけ，生きるために必要な物資を調達・加工したり，またそれらに必要な手段を考案・製作したりと，環境を制御することによって成立している。このように時間と

空間のなかで，人間と環境の相互関係を通して生きるための方法，手段を科学的・総合的に追究していくのが家政学である。また，こうした研究を通して「家庭生活の向上とともに人間開発をはかり，人類の福祉増進に貢献する実証的実践的科学」たりえることを目的としている。

　家庭科は，この家政学を基礎とし，生活の本質的理解に必要な教材を学習者の発達段階に応じて組織し，人間と生活に対する認識を科学的・系統的に深めさせ，新たな生活を主体的に創造・変革していくことのできる力を養うことを目的としている。そのため，家庭科は身近な生活のなかから問題をとらえ，その解決策の試行を経て，生活に戻す学習を重視する。

　身近な生活とは，学習者の生活経験の範囲をいうが，その生活の仕方は，住んでいる地域によって大きく異なる。それは地形や気候という地理的条件の違いのみならず，その地で長い間育まれ，今日まで守り伝えられてきた風俗，習慣，行事など独特の生活文化によっても異なる。このような身近な生活を対象としてはじめて，家庭科で学んだことが学習者の現実の生活に生きて働く力となるのである。

　生活を主体的に創造・変革していくには，具体的な生活問題を通してその奥に潜む因果関係や法則性を見抜く力が必要である。そのためには，ひとつひとつの生活事象を表層的にみるのではなく，問題の原因・要因や他との関連性などの背景について構造的に把握し，問題を解決していく力が要求される。つまり，生活の実態から問題を見きわめ，問題を客観的・科学的に把握・認識し，問題を解決するための方策を吟味し，探究を深め，解決に至る道筋を立て，生活に戻すことによって実際の問題を解決していくことのできる力である。

　家庭生活は「矛盾のるつぼ」といわれるほどさまざまな要因が複雑に絡み合っている。例えば，食品の各種製法が開発され，食生活は非常に便利に，そして豊かになった。しかしその反面，添加物や遺伝子組換え食品など食生活をめぐる問題は複雑な様相を呈した社会問題となって現れている。同様に，めまぐるしい流行の変化と衣料廃棄物の増大，居住性と環境公害，商品情報の氾濫や購買方法の多様化による消費者問題の続発，核家族化による家庭・保育機能の

縮小化・弱体化，少子高齢社会における介護の在り方など枚挙にいとまがない。しかも一つ一つの問題が社会の仕組みと深く関連しており，複雑多岐にわたる生活事象の弊害が一気に噴き出す場所が家庭なのである。

このような問題を解決するためには，絡んだ糸を一本一本解きほぐすように，社会的・総合的視野にたって，具体的な問題について秩序だった構造的な理解が必要となる。このような理解によりトータルな生活の仕組みが把握され，それぞれの問題の実効的な解決策が模索され，試行されることにより，生活の向上に結びつく主体的な実践力が養われるのである。

家庭科は，単に生活問題を理解するための学習を主とするのではなく，学習者の経験の具体的事態から出発し，問題解決の過程において生活問題の仕組みと解決のための普遍的な方策を学ぶ学習を重視する。具体的な生活事象から問題を認識し，解決策を推考し，調査・吟味・探索を経て推論を検討し，生活に適用していくという行動を伴った学習こそ家庭科の特性に適った学習指導過程である。家庭科が実践的・体験的教科であるというのはこうした学習過程の独自性によるものである。

では，そのような指導過程のよりどころとなる学習指導法について理解していくことにしよう。

2　家庭科の特性を生かす学習指導法

身近な生活の営みのなかから問題をみつけ，その解決策の遂行を経て，生活に戻す学習を重視するという家庭科の学習指導を支える基本的な考え方は，問題解決学習である。

この問題解決学習は，子どもの経験に基づく主体的な学習活動による知性の開発と実践力の形成を特徴とする方法である。こうした経験学習の流れを汲む2つの学習指導法—問題解決学習とプロジェクト・メソッドは，戦後家庭科が新設されて以来採用されている方法である。

しかし，戦後，わが国における問題解決学習の「経験」の意味が正しく理解されず，矮小化されて普及していったという経緯がある。今日，「生きる力」を担う問題解決能力の育成が教育課題として掲げられ，問題解決学習が再評価

されている。教科指導においては，教科内容の構成や授業時数などの関係から，問題解決的学習・課題解決的学習の表現が採られている。「的」のもつ意味は大きいが，問題解決学習について理解を深めることはきわめて重要である。

（1）　問題解決学習

まず，デューイの提唱した問題解決学習からその特徴を理解しよう。

①　人間と学習

デューイは，人間は誕生してから死に至るまで，ある欲求や必要に駆られて外界の人的・物的環境に働きかけ，その結果として環境から何らかの結果を受けるという，きわめて主体的で合目的的な活動を不断に繰り返しながら成長・発達を遂げていく存在であると考えた。この主体的で合目的的活動を「問題解決活動」とよび，この活動の連続により人間がより一層の個性化を遂げるよう保障するのが教育の本質であり，教育を「経験の絶えざる再構成」であると定義づけた。

②　経験と思考

その経験は，主体と環境との間に相互作用をもち，より高次の意味ある経験へと連続的に再構成していくことのできる「教育的経験」である。それは，「学校で組織される『学習経験』」であり，「探究」を通して「科学者の実践する学問的経験」とつながっているのである。そして，為そうと試みるものと，もたらされる結果との関係を認識する「経験の再構成」を促すのが思考であり，試行は「経験」成立の手段であり方法なのである。そのため，反省的思考や探究は問題解決学習のキーワードとなっている。

デューイはまた，学習の概念に「環境に問いを発し道具を活用して解決に挑み，洞察と反省と熟考という探究を展開して，環境を意味的に構成しながら自らの経験も再構成する」ことと同時に，「その意味の構成を通して，人と人との社会的関係と共同体の関係も構成して」いくことも含意している。つまり，学習は認知的経験であるとともに社会的経験でもあることを強調している。

③　探究の構造

「経験の再構成」を促す問題解決の学習過程について理解しよう。問題解決

の学習過程は，一般に5段階で語られることが多い。ここでは，家庭科の特性に鑑み，牧野宇一郎の論考に習いながら，その学習過程を把握することにしよう。

a　問題解決と場面

問題解決の「問題」とは問題的場面を意味するのであり，「問題解決」とは問題的場面を解決することである。問題的場面は日常的であれ，専門的であれ，その分野や欲求の種類，意図などは問わない。事実から結論を出し，それを事実によって検証する科学的思考は，「確実で信頼のおける知識」を得させてくれる。そのような「生きて働く行動的知識」を獲得する「経験の再構成」を促す活動が「探究」である。

探究は「問題的場面」から始まり，それを「解決された場面」へと変換するための組織的な活動である。

b　問題解決の段階

第1段階　問題的場面：疑問や困惑という意識のみならず，意識を生じさせる混沌とした場面を問題的であり，不均衡な関係を解決しなければならないと感じ，判断する段階。この場面が形成されて，はじめて探究が始まる。

第2段階　問題の形成：「問題的場面」から学習者の経験の量と質を勘案して，「解決すべき問題」を設定する段階。

第3段階　仮説の形成：どうすれば「解決すべき問題」を解決できるか，解決策を立案する段階。

第4段階　仮説の検証：最終仮説が形成された後，具体的な行動によって「仮説を検証」する段階。

第5段階　問題の解消：仮説が事実として検証されたなら，「解決すべき問題」が解決されたことになる。検証されなかったら，再び「仮説の形成」に戻り，同じプロセスを繰り返す。

第6段階　解決された場面：「問題」の解決は，当初の「問題的場面」が「解決された場面」に変わることにより，不均衡な関係が解消され，新たな均衡関係が築かれる段階。

c　問題解決の操作

　探究は，基本的に観察・推断・推論という相関する3つの操作によって連続的に行われる。推断は，実在するものを現す観念をつくり出したり，相互に関係づけたりする操作であり，推論は，抽象的な意味を表す非実在的な観念（例：力，数，諸定義，法則的観念等）をつくり出したり，相互に関係づけたりする操作である。三者の関係は，観察→推断→推論→推断→観察…の順で結びつくことを基本としている。

　探究は科学的であり実践的であるが，時として探究としての性格を失うことがある。探究が成立するためには，「問題的場面」から「解決された場面」まで場面変換ごとに3つの操作を方向づけ，制御する価値判断が意識的に行われる必要がある。その価値判断は，満足すべき最善の解決のために，どのような操作を行い，どのような場面に変換すべきかを，たえず再構成される問題的場面に基づいて決定することが要求されている。

　以上，問題解決学習の「経験」の意味を再認識し，日常生活の問題的場面から生活を科学することによって，現実生活と学習内容を結び，「生きて働く行動的知識」を獲得する学びを組織するよう留意したい。

（2）　プロジェクト・メソッド

　問題解決学習と同じ経験学習であるが，反省的思考によらず実践的行動によって問題の解決を目ざす学習をプロジェクト・メソッド（project method）という。キルパトリックによって提唱されたこの学習方法は，「生徒が計画し，現実の生活そのもののなかにおいて達成される，目的をもった行動」であると定義される。つまり，プロジェクトとは，学習者によって目的的に自覚された課題―実践的活動単元である。

　この学習の特徴は，生活のなかの課題を解決するために計画を立て，実行し，評価するという一連の活動がすべて学習者自身によって為されるところにある。こうした一連の活動は，学習者を自発的・創造的に学習に立ち向かわせ，生きた知識・技能を体得させ，体験的な問題解決能力を育むことができる。しかし，為すことそのものに意味と価値を付与し，社会的態度の形成に力点をおいてい

るところが，デューイの問題解決学習とは異なるところである。

　プロジェクトには，個人プロジェクト（学習者自身により独自の解決）と集団プロジェクト（学級の成員やグループによる共同解決）がある。高等学校におけるホームプロジェクトや学校家庭クラブ活動は，この学習活動に立脚したものである。

3　家庭科の学習指導過程

　授業の目標や教材の特性などにより学習指導過程は一様ではないが，問題解決学習の「探究」の過程に準じて，家庭科の特性を生かす学習指導過程を三段階に大別した。

　第1段階は，問題を把握する段階であり，前述の「③探究の構造　b問題解決の段階」の「第1・第2段階」に相当する。日々の家庭生活事象で感じている疑問や，解決を必要とする問題を学習者が「感得」（牧野 1971）する段階である。日ごろ何気なく生活しているひとつひとつの生活の仕方を意識的に見直し，「なぜそうなるのか」「これでいいのだろうか」と疑問を抱いたり，あるいは見過ごしていた事象に揺さぶりをかけられ，思わぬ問題に気づき，思考が刺激される段階である。

　誰もが経験している身近な生活のなかから問題を提起することは，学習者に学習への興味や意欲の喚起と持続を図りやすく，また，問題解決の成果を学習者自らの生活に直接適用させることができる。さらに，同じ問題でも学習者の発達段階に応じてより広くより深く学習させることができるので，それらの事象を確認するなかから，生活の原理，法則性を一般化しやすくなる。

　第2段階は，問題を究明する段階であり，「問題解決の段階」の「第3・第4・第5段階」に相当する。第1段階で学習者が提起し設定した問題を解決するための手だてを主体的に講じ，検証する段階である。ここでの学習は，問題を客観的・実証的に捉えさせ，問題が学習課題とされる原因の所在を明らかにし，問題解決の見通しをもった仮説を立て，それを検証していくなかで，問題の因果関係や法則性，原理等を育むことに重点がおかれる。

　学習課題に即して習得された知識・技能が，他の類似した問題に対しても転

移しうる力となるような科学的な方法を学習するように組織することがこの段階のねらいである。

　第3段階は，問題を解決し，生活に生かす段階であり，「問題解決の段階」の「第6段階」に相当する。第2段階の問題解決の過程で学んだこと発見したことを，自らの生活に適用し，具体的に生活の改善・向上を図るとともに，類似した問題に対して解決策を立案し，新たな生活創造の意欲を湧かせ，態度を変革していく段階である。

　この段階に至ってはじめて家庭科の学習目標に到達するわけで，以上の3段階は，学校・学年段階を追って論理的・系統的に高められ，深められていく「経験の再構成」が必要とされる。

　そこで，このような学習段階における学習効果を高める具体的な学習指導について検討しよう。

4　生活事象の認識を深める学習指導

　生活事象は，衣・食・住等日常生活の営みそのものの表出である。毎日の習慣化された生活の営みのなかで感じる疑問や，生活行為のなかで気づき，みつけた問題を提起させるのがこの学習のねらいである。そのためには，生活を直視することが学習のスタートとして必要である。生活現実からのインパクトが強ければ強いほど，学習者の継続学習への興味・関心を湧かせる大きな動機づけとなる。その際，学習者の発達段階に適った経験の量と質に注意を払う必要がある。

　生活現実を直視させる手だてとして，次のような方法がある。

①　学習者に共通の社会問題から興味・関心を刺激する。

　　○リサイクルしたら循環型社会が実現できるのかな。

　　○なぜ自分の子どもを虐待する親がいるのだろうか。

②　学習者の個人的な興味・関心や既習内容に新しい情報を与えることによって好奇心を起こさせる。

　　○食事を抜くと本当にダイエット効果があるのだろうか。

　　○欲しいものを買うためには，どの方法が一番得かな。

　生活現実を直視するとは，日常生活における営みに漠然とした困難の自覚や不安，当惑，戸惑い，疑問を感じさせ，ひとつひとつの事象を意識的にみていこうとする自覚を養うことである。また，生活事象の認識を深めるとは，この漠然とした自覚から知性を発動し，その問題の所在をつきとめ，問題点を明確に把握し，調査，研究，実験等で確かめ，問題の背景となる因果関係を探り，生活課題として意識化することである。

　学習者の直面する問題意識が，現実社会の諸問題との関わりのなかで再構成され，問題解決に至る探究の方法が客観性をもち，学習者に価値観の形成を促すような「問題の形成」に留意することが重要である。

　このように問題を自覚したり認識したりする段階において，教師には，素朴な疑問や戸惑いを整理したり，揺さぶりをかけて内部矛盾を引き起こしたり，あるいは問題が探究の課題となるようじっくりと働きかけるなどの指導が求められる。それが有意な学習経験の再構成を促し，生活問題の解決への道を拓き，家庭生活に関する学習の実用性からの脱却を図り，探究に値する学習の成立を期待させるからである。

　問題の自覚や認識と解決が学習者にあるとしても，学年が進むにつれて，生活範囲の拡大と学習の高度化・総合化・多様化が図られ，探究によって確実な問題解決能力の形成と定着，強化が達成されるような系統的な学習を組織することが重要である。

5　問題解決能力の育成を目ざす学習指導

　家庭科は，直面した生活問題を解決するために，仮説を立て，推論し，検証して問題を解決し，生活に適用していくという学習過程にこそ，その特徴がある。問題解決能力は，問題を発見していく能力，問題の複雑な関係を追究していく能力，問題の解決を目ざし残された問題を確認していく能力など総合的な能力を意味する。

　しかし，学習者は探究の過程において，問題解決の各段階を順序よく，平均的なウェイトをおいて進むわけではなく，提起した問題によりいくつかの段階が同時に，また速やかに進む段階もあることに留意する必要がある。

　仮説の形成から検証，問題の解決に至るプロセスに重点をおいた学習指導過程は，どのような仮説を立案するかによって異なる学習活動の形態をとる。このプロセスには，次のような学習活動を挙げることができる。

①　情報の収集
　○仮説を立案するために，また基礎的な理解をするために必要な情報を図書館などから得る。
　○仮説を推論するための資料として情報を収集する。

②　調査・見学・インタビュー
　○問題に対する情報を得るために，地域社会の人々や父母，教師，子どもを対象に調査する。
　○問題解決に必要な資料を収集するため，関係機関や企業の訪問，施設の見学などを行い，実態を理解するとともに知識を深める。
　○その問題の専門家の意見を聞く。
　○問題解決に役立つ地域社会のプロジェクトなどに参加する。

③　実験・実習・観察
　○仮説を検証するために実験・実習を行う。
　○継続して観察する必要のある内容については観察記録をつける。

④　視聴覚教材・インターネット等の活用
　○視聴覚教材やインターネット等を積極的に活用し，知識を深める。

⑤　創造活動
　○作品製作，作文，劇などの創作活動を行う。
　○展示，発表等により学習成果を公開する。

　具体的な探究の過程においては，上記のさまざまな学習活動を組み合わせ，共同思考や共同活動等，社会的経験をしながら，経験を再構成していくことになる。

6　自己教育力の育成を目ざす学習指導

　学習は目的をもって意欲的に取り組むとき，学習効果が最大限に表れる。そこでは学ぶことの楽しさや成就感を味わうことができる。情報量の増大ととも

に，教育における学び方の重要性が強調されている。

　家庭生活を取り巻くさまざまな問題には複雑な要因が絡み合っており，一つの課題を解決したと思っても，連鎖的に連なる因子を辿りその課題も同様に解決を図らなければ，総体としての家庭生活の向上は図りにくい。生活のひとつひとつの事象を関連づけて見る目と，価値観を磨き，それを実行に移す態度が必要である。生活は一生涯続く営みである。学校で学んだことがその後の生活においても継続され，より発展させられるように学習を組織することは大きな意味をもつ。ひとつひとつの題材で問題解決に迫る学び方を学習することは，試行錯誤の連続であっても将来に向けて大きな役割を果たす。

　自己教育力の育成とは，学ぶ意欲を開発し，変化する社会のなかでも生き生きと主体的に生活を創造していくことのできる力をつけることである。それは，主体的な取り組みのなかで問題解決を図る家庭科の方法を活かすことでもある。

　例えば，「健康で文化的な生活」を営む本拠地となるべき住生活の学習において，その機能，快適な住まい方や住環境への関心を高める学習が小学校から高等学校へと位置づけられている。人は，住まいを拠点に，地域と関わりながら生活していく。高校生に現在のわが国の住宅問題を外国の住宅政策と比較させると，生徒は大きなインパクトを受けるという。それは住宅や住環境の水準・基準の違いであったり，その取り組む姿勢であったり，住宅に対する人権意識の違いであったりする。わが国の住まい・住環境のおかれている現状を客観的に認識し，住生活観を培い，住まいや住環境の創造に意欲的・主体的に取り組む力を養うことは，次代を担う生徒たちにとって必要性が高い。快適な住まい同様，自らのライフスタイルを選び取り，その生活を豊かにしていくことができる学び方を学習することは，学習意欲の開発へとつながる。わが国の国土面積と人口を考え，国土利用の計画的な施策について関心をもち，一人ひとりが社会参加できる探究を進めることが大切である。

　また，近年，循環型社会の構築を目ざす視点から生活事象をトータルに見直す取り組みが盛んに行われている。われわれの生活行為も食物連鎖のなかに組み込まれており，環境との共存バランスを保つ持続可能な社会を構築していく

ことが目ざされている。

　一方，少子高齢社会における女性と高齢者の労働力への需要が高まるとともに，社会参加への意欲も高まっている。ライフスタイルも多様化し，男女が共に家庭生活と職業生活の両方において責任を果たす調和のとれた生活（ワーク・ライフ・バランス）の実現に向けて国家戦略として取り組まれている。男女の協働関係の再構築に関わる働き方や社会保障制度など新たな問題も浮上しており，問題解決に向けた有効な取り組みが期待される。

　家庭科の学習が，自らの生き方を問う基底となり，生活の諸問題の解決に向けて自律した行動をとることができ，共生意識を育みながら社会参加への展望を拓いていくことができるような，まさしく「生きて働く行動的知識」を獲得するための学びを展開していく源となるよう，その役割の重要性を確認したい。

　家庭科は，生活事象の丹念な学習により，人間の発達と生活の営みを総合的にとらえ，生活の価値観を磨き，豊かな生活を創造することのできる力を育てていく使命を担っている。そのためにも学習形態の工夫により個別や集団での思考活動を活発化するなどダイナミックな学習過程を組織し，柔軟な思考力や的確な判断力と批判力，直観力や創造力，協調性などを育みたい。また，視聴覚教材や情報関連機器（ICT）を積極的に活用し，学習者の興味・関心を喚起したり，学習課題の基本的な認識を促進したり，多様な価値観のなかから解決策を立案したり，自己発見を促す場となるように留意したい。

7　実践的能力の育成を目ざす学習指導

　家庭科の学習において，生活事象を意識化させ，問題解決を図るような学習過程が組織され，生活現実の改善方針を設定することができても，実生活への適用が難しいのが現状である。この現状認識を実践行動に直結させるような学習指導について検討しよう。

　学習は教室で，教室を一歩出れば自分ひとりくらいという価値判断をしやすい。観念的・情緒的には理解しえても，それを態度や行動に結びつけるにはどのような垣根を越えなければならないのであろうか。

　態度や行動を変容するには，強い意志が必要である。生活事象の認識とその

後の問題解決のプロセスで，どのような学び方をしたのかも実践的態度の育成に大きく影響する。

　実践化を促す重要な要因として，学習者の生活現実に立脚した題材であることが挙げられる。学習者が学校生活や日常生活を通して体得した知識や技能，物の見方・考え方を背景に生活を直視して生活事象の認識を深める。

　そのうえで，学習者は興味・関心をもった問題に対して主体的・意欲的に問題解決に立ち向かう。どのような学習過程であっても，そこに経験に裏打ちされた知性の発動があり，生活の本質的理解に導くような一貫した教材構成や学習活動が保障されなければならない。

　家庭科の学習活動の特徴は，学習者の学習題材との距離が近く，実践的・体験的学習による学びを重視し，学習空間も教室内だけに留まらない。学びとは「モノや人や事柄と出会い対話する営みであり，他者の思考や感情と出会い対話する営みであり，自分自身と出会い対話する営みである」という佐藤学の三位一体の学びを再確認したい。家庭科での学習が実生活で生かされる機会が少ないのは，子どものおかれた現状を理解するとともに，家庭科の学びのプロセスを見直すことも必要であると思われる。家庭科を学習することによって，自分自身の物の見方や考え方がどう揺さぶられ，どのような自己内対話がなされ，事実認識や価値認識，行動への姿勢にどのような変化がみられたのか。学習者がそこで何に気づき，何を考え，何を知り，また何をしなければならないと分かったのか，という検証が必要である。実践的態度の育成は，生活創造への意欲や課題と関連しているのである。

　実践的態度の育成において，技能はどのように位置づけられるのであろうか。技能は，問題解決の探究のプロセスにおいて，仮説の形成や検証に必要な能力として位置づく。この学習過程で習得される技能は，いずれも科学的な知識に裏打ちされた技能であり，それがまた他の問題解決に容易に転移する技能であることが必要である。技能は，問題解決への洞察と自信への大きな役割を果たすとともに，現実生活の問題解決への意欲的なモチベーションを形成する源となる。

　したがって，技能は，さまざまな学習方法を駆使して問題解決を図るなかで解決への見通しと，実践への糸口を拓き，意欲を駆り立てるような的確な技能として習得されなければならない。学習者の発達段階や日常経験に適合した基本的な生活技能は，ひとりひとりに確実に定着させるよう留意しなければならない。

　例えば，調理技術の習得におけるグループ編成の在り方，グループ内の役割分担の在り方，メニューの決め方，グループ実習から個別実習への可能性など，基本的でありかつ個人差に応じた技能の習得について，施設・設備などを勘案しながら，学習内容や学習形態などを含め，探究の全過程を見通しながら定着を図っていくようにしたい。習得された技能が，わが家の食生活上の問題解決に効力をもつとともに，食を取り巻く社会の問題解決への有効な視点や対策を提供するようになることが望ましい。

引用・参考文献

ブルーナー，J. S. 著／鈴木祥蔵・佐藤三郎訳（[1960] 1967）『教育の過程』岩波書店

中央教育審議会（2016）「幼稚園，小学校，中学校，高等学校及び特別支援学校の学習指導要領等の改善及び必要な方策等について（答申）」

樋口直宏・林尚示・牛尾直行編著（2020）『教育課程論・教育の方法と技術論』学事出版

広岡義之編（2021）『教職をめざす人のための教育用語・法規（改訂新版）』ミネルヴァ書房

朴木佳緒留・鈴木敏子共編（1990）『資料からみる戦後家庭科のあゆみ』学術図書出版社

稲垣忠編著（2019）『教育の方法と技術』北大路書房

金馬国晴（2018）「現代日本における教育課程の変遷」山﨑準二編『教育課程　第二版』学文社，85-100

金馬国晴編著（2019）『カリキュラム・マネジメントと教育課程』学文社

牧野宇一郎（1971）『探究の構造』東海大学出版会

三宅なほみ・東京大学 CoREF・河合塾（2016）『協調学習とは』北大路書房

水原克敏・髙田文子・遠藤宏美・八木美保子（2018）『学習指導要領は国民形成の設計書』東北大学出版会

文部省（1947）『学習指導要領　一般編』日本書籍

文部科学省（2021）「学習用デジタル教科書の効果的な活用の在り方等に関するガイドライン（平成 30 年 12 月　令和 3 年 3 月改訂）」

日本家政学会編（1984）『家政学将来構想』1984，光生館

日本カリキュラム学会編（2001）『現代カリキュラム事典』ぎょうせい

日本教育方法学会編（2004）『現代教育方法事典』図書文化

佐藤学（2002）『「学び」から逃走する子どもたち』岩波ブックレット No.524，岩波書店，56-57

塩田芳久（1989）『授業活性化の「バズ学習」入門』明治図書

柴田義松編著（2008）『教育課程論（第二版）』学文社

田中耕治編著（2017）『戦後日本教育方法論史（上）（下）』ミネルヴァ書房

宇治橋祐之（2021）「教育における視聴覚メディアの歴史的展開」稲垣忠・佐藤和紀編著『ICT 活用の理論と実践』北大路書房，10-17

第5章　家庭科教育の学習指導計画

第1節　学習指導計画作成の意義

　教育活動は人間形成を目指す営みであり，なかでも学校は意図的・組織的に教育活動を行う機関である。日本国民としてふさわしい人間を育成するために教育内容に一定の水準を設け，建物を整備し，子どもたちの教育に責任をもつ教師という専門家を配置しており，学校は他の家庭教育や社会教育とは一線を画する公的な教育機関である。日本国憲法の理念を踏まえ，教育基本法に明示された趣旨を実現するために，学校教育はさまざまな法規のもとで行われている。

　学校教育がこのような使命と役割をもつ以上，教育の目的を達成するためにふさわしい教育内容が選ばれ，学習指導方法が吟味され，学習成果が評価され，目的が達成されたかどうかを検討することがたえず求められる。まさに，目的を達成するための Plan-Do-See という一連の学習過程について予め学習指導計画を立案することこそ，学校教育の使命を果たす根幹であるといっても過言ではない。

　学校教育における教育課程は，教科と教科以外の領域から構成されており，いずれの教育活動も学習指導計画に沿って行われ，それぞれの教育活動を総合して教育の目的を達成しようとするものである。

　家庭科は，教育の目的を達成するための一翼を担う教科として教育課程に位置づけられている。したがって，家庭科及び技術・家庭科の学習指導計画は，教科の目標を効果的に達成するために，学習内容を選択して体系づけ，その範囲と配列を決め，最適な学習指導方法を工夫し，学習指導の成果を評価するために作成するものである。

第2節　学習指導計画の種類と形式

1　種　類

主な学習指導計画には，年間指導計画案，題材指導計画案，時案の三種類がある。

（1）　年間指導計画案

1年間の学習内容の配列や指導順序，時間数等を割り当てた計画案である。

（2）　題材指導計画案

学習内容の題材ごとに指導目標や指導事項，時間数，指導の要点などを記した計画案であり，題材案ともよばれる。

（3）　時　案

1単位時間の計画案であり，学習指導案，教案ともよばれる。授業の指導効果をあげるために，授業の目標に即して学習内容，学習活動，時間，学習形態，教具・教材，板書事項，評価などを細かく記した計画案である。

学習指導計画にはこのほか1ヵ月ごとの計画を表した月案，1週間ごとの計画を表した週案がある。また，書き方によっても分類され，内容を詳細に記した密案（細案，精案ともいう）と要点を押さえ簡略化して記した略案がある。

授業は教師が予定したとおりに展開しないことのほうが多く，学習者の反応により臨機応変な指導ができるよう，学習指導計画案には重層性をもたせておくことが必要である。とりわけ時案はできるだけ密案で作成するようにしたい。

2　学習指導計画案作成の留意事項

前述のように学習指導計画案の種類は，学習指導の期間と学習内容の範囲によって分類することができる。学習指導計画案の種類によって作成上の留意事項やその詳細は異なるが，一般的に次のような事項に留意して作成する。

（1）　学校の教育目標との関連

小・中・高等学校とも，学習指導要領に示された全教育活動を通して各学校の教育目標の実現を目指している。したがって，家庭科の学習目標の達成を図りながら，各学校の教育目標の実現に向けてどのようなアプローチで貢献でき

るかをまず確認する必要がある。

(2)　他教科・特別活動・総合的な学習（探究）の時間との関連

家庭科の学習効果を高めるために，他教科等の教育内容や教育活動について関連性を理解することは，学習者の認識の仕方や深め方を把握する上で重要である。

(3)　児童・生徒の発達段階と家庭生活環境

家庭科は家庭生活のさまざまな事象を対象とする教科であるため，児童・生徒の家庭生活環境や家庭生活に対する意識，生活経験などについて理解している必要がある。そうした理解が，題材の選定や配列，時間数の設定に反映され，学習者が意欲的・主体的に学習活動を展開していく強力な牽引要因となる。

(4)　地域社会の実態と特性

日常の衣食住の営みは，地域社会の自然的・文化的環境と深く結びついている。地域の特産物や伝統行事，地域の課題などについて理解を深め，それらを生かした授業計画も(3)と同様に大切なことである。

(5)　題材の選定・配列と時間配分

題材の選定に当たっては，児童・生徒の発達段階と生活実態に即して生活の基本的な原理や問題を中心にいくつかの小題材を設定し，まとまりのある構造化された内容構成とする必要がある。これは児童・生徒が生活事象を意識的に見直し，生活問題として認識する範囲や問題解決の方法の多様性，実践的能力の育成を段階的に高めるために必要な措置である。構造化された系統的な題材は，基礎的なものから応用的なものへ，要素的なものから複合的なものへと配列に配慮したい。

2017・18年の改訂では小・中・高等学校の内容は，「生活の営みに係る見方・考え方」を踏まえその枠組みが「家族・家庭生活」「衣食住の生活」「消費生活と環境」の3つに統一され，系統性が明確になった。また，時間軸・空間軸という2つの視点から学校段階に応じて学習対象が明確になった。さらに，学習方法として問題解決の学習過程が推奨されており，「生きて働く力」を獲得するために各題材の時間配分を検討することが重要である。

(6)　学習指導の方法と評価

　問題解決の学習過程において実践的・体験的学習活動が推奨されている。生活の自立と社会参画への意欲と態度を高めるよう，題材の特性や学習者の問題設定の状況などを勘案しながら学習過程を工夫したい。学習方法や授業形態，時間配分などが決まったら，学習指導に必要な教具・教材の作成や収集，実験・実習や調査・研究の方法，体験学習の計画など家庭と地域社会との連携も図りながら，学習活動を活性化する準備を進めたい。また，学習の成果を適切に評価することのできる方法も同時に検討しておかなければならない。

(7)　学習環境の整備

　教育効果をあげるためには人的・物的環境の充実が不可欠である。学校の規模（学級数，児童・生徒数など），教師の構成（教師数，専門性，男女比など），施設・設備や備品の現有数などが大きく影響する。これらの環境条件により指導計画が制約され，学習効果が期待できないことがないよう，日頃から実態を把握し，申請・補修などの環境整備に努めたい。

　また，実験・実習など体験的活動が大きなウエイトを占める家庭科において，機械・刃物・薬品や食品などの保管・保有状況をはじめ，電気・ガスなどの安全を点検し，衛生的・能率的な学習環境の整備に努めることも大切である。

3　学習指導計画案の形式

(1)　年間指導計画案の形式

　1年間にわたる指導計画案であり，次のような項目を設定して作成する。

　①　学年ごとに立案する。　　　　　　②　学期区分をする。
　③　題材名や学習内容，学習順序を示す。　④　適切な時間配分をする。

　年間指導計画案例を表5.1〜5.3に示す。なお高等学校の年間指導計画例は，学校行事等との関連を踏まえた実質的な授業時数で作成されたものである。

(2)　題材指導計画案（題材案）の形式

　題材ごとに系統性を踏まえて指導の要点をまとめた計画案であり，教科として総合的・体系的な学習指導を行う要となる計画案である。次のような項目を設定して作成する。

① 学年　　　　　　　　　　　　② 題材名

③ 題材設定の理由　　　　　　　④ 題材の目標

⑤ 指導計画と評価規準　　　　　⑥ 準備・資料

⑦ 指導過程　　　　　　　　　　⑧ 評価

題材指導計画案例を表5.5 に示す。

(3)　時案（学習指導案）の形式

題材指導計画案をもとにしたより綿密な 1 単位時間分の学習指導計画案であり，題材指導計画案と時案は重複する項目が多い。教育実習時に作成するのは時案であり，時案の設定項目に沿いながら題材案についても述べることにする。

時案には次のような項目を設定して作成する。時案形式例を表5.6 に示す。

① 日時・曜日・校時　　　　　　② 指導学級（学年・組，人数）

③ 教室・場所　　　　　　　　　④ 教科書

⑤ 指導者（教育実習生の場合は，指導教諭と実習生名）

⑥ 題材名（題材指導計画案と同じ）

⑦ 題材設定の理由（題材指導計画案と同じ）

題材を選定した趣旨を簡潔明瞭に述べる。一般に題材観，児童・生徒観，題材の系統観，指導観の 4 つの観点から記述する。

選定した題材を学習させることの意義と教育的価値について，社会的・経済的動向や国民生活における問題状況との関連から明らかにする。ここでは教師が題材を専門的に吟味・解釈することに主眼がおかれる。

◆児童・生徒観

題材の学習に対する児童・生徒の発達段階や興味・関心，生活実態や生活経験からみた必要性などを浮き彫りにする。ここでは学習者と題材との関わりについて，教育的に吟味することに重点が置かれる。小学校は児童，中・高等学校は生徒と使い分ける。

◆題材の系統観

題材に関する既習事項を把握するとともに，小・中・高等学校の系統性，他教科との関連性などについて明らかにし，題材の位置と役割を明らかにする。

表 5.1　小学校年間

【第 5 学年（60 時間）】

月	題材名（時間）	主な学習内容	
4	ガイダンス（1 時間）	・第 4 学年までの学習や生活の振り返り ・2 年間の学習の見通しや目指したい姿 ・家庭科の学び方や生活の見方・考え方	A(1)ア
5	1. 私の生活，大発見！（4 時間） (1)どんな生活をしてるかな	・家庭の仕事調べ	A(2)ア
	(2)自分にできそうな家庭の仕事を見つけよう	・家庭科室の使い方 ・調理に必要な用具や食器，ガスコンロ等の安全で衛生的な取扱い方 ・お茶の入れ方	A(2)アイ，B(2)ア(イ)
	(3)できることを増やしていこう	・実践計画作り	A(2)イ
6	2. おいしい楽しい調理の力（6 時間） (1)調理の目的や手順を考えよう	・調理の目的や手順	B(2)ア(ア)
	(2)ゆでる調理をしよう	・目的に合ったゆで方 ・ゆで方の違い　ゆでる前とゆでた後の変化 ・ゆでる調理（青菜とじゃがいも，ゆで野菜サラダ）	B(2)ア(ア)(イ)(ウ)(エ)
	(3)工夫しておいしい料理にしよう	・調理実習の評価と改善 ・家庭でのゆで野菜サラダ作りの計画	B(2)イ
7	3. ひと針に心をこめて（9 時間） (1)針と糸を使ってできること	・針と糸を使ってできること	B(5)ア(イ)
	(2)手ぬいにトライ！	・裁縫用具の名前，安全な扱い方 ・玉結び，玉どめ，ボタン付け，なみぬい，返しぬい，かがりぬい ・製作計画と小物作り	B(4)ア(イ) B(5)ア(ア)(イ)
	(3)手ぬいのよさを生活に生かそう	・自分の生活に生かす	B(5)イ
9	4. 持続可能な暮らしへ　物やお金の使い方（6 時間） (1)上手に選ぶために考えよう	・消費者の役割	C(1)ア(ア)
	(2)買い物の仕方について考えよう	・買い物の仕組み ・目的に合った選び方や買い方	C(1)ア(ア)(イ)，イ C(2)ア
	(3)上手に暮らそう	・環境に配慮した生活の工夫 ・買い物と環境とのかかわり	C(2)アイ
10	5. 食べて元気！ご飯とみそ汁（10 時間） (1)毎日の生活を見つめよう	・毎日の食事のふり返り ・食事の役割と栄養　栄養素の種類と働き	B(1)ア
11	(2)日常の食事のとり方を考えて，調理しよう	・米やみそ，だしについて ・ご飯の炊き方，様子の観察 ・みそ汁の作り方調べと調理	B(2)ア(ア)(イ)(ウ)(エ) B(3)ア(ア)(イ)
	(3)食生活を工夫しよう	・調理実習の評価と改善 ・わが家のとっておきのみそ汁	B(2)イ
12	6. 物を生かして住みやすく（7 時間） (1)身の回りや生活の場を見つめよう	・整理整頓や掃除の必要性	B(6)ア(イ)
	(2)身の回りをきれいにしよう	・手順に沿った実践	B(6)ア(イ)，イ
	(3)物を生かして快適に生活しよう	・気持ちよく住むための計画 ・学習を生かした計画作り	B(6)ア(イ)，C(2)アイ
	7. 気持ちつながる家族の時間（2 時間） (1)家族とふれ合う時間を見つけよう	・自分の家庭のふり返り ・団らんのよさ	A(3)ア(ア)
	(2)わが家流団らんタイム	・「わが家流団らんタイム」の計画と実践	A(3)ア(ア)，イ
	(3)団らんを生活の中に生かそう	・家族のつながりを深めるための工夫と実践 ・実践の評価と改善	A(3)イ
1	8. ミシンにトライ！手作りで楽しい生活（11 時間） (1)ミシンぬいのよさを見つけよう	・ミシン縫いの特徴や布製品の観察 ・ミシン縫いの特徴	B(5)ア(ア)(イ)
2	(2)ミシンにトライ！	・ミシンの各部の名前や安全な使い方 ・材料や手順を考えた製作計画 ・生活に役立つ物の製作	B(5)ア(ア)(イ)
3	(3)世界に一つだけの作品を楽しく使おう	・製作実習の評価と改善	B(5)イ
	5 年生のまとめ（1 時間）	・1 年間の学習の振り返り	A(1)ア
※	生活を変えるチャンス！（3 時間）		A(4)ア

指導計画例

【第 6 学年 （55 時間）】

月	題材名 （時間）	主な学習内容	
4	ガイダンス （0.5 時間） 9. 見つめてみよう生活時間 （1.5 時間）		
	（1）生活時間を見つめてみよう	・1 日の生活調べ	A（2）
	（2）生活時間を工夫しよう	・生活時間の有効な使い方	ア
	（3）生活時間を有効に使おう	・実践についての振り返りと改善	イ
5	10. 朝食から健康な 1 日の生活を （10 時間） （1）朝食の役割を考えよう	・毎日の生活の振り返り ・朝食の役割	B（1）ア
		・栄養バランスのよい食事	B（2）ア（ア）（イ）
	（2）いためる調理で朝食のおかずを作ろう	・炒める調理の計画と実践 （朝食のおかず）	B（2）ア（ウ）（エ）
		・調理実習の振り返りと改善	B（2）イ
6	（3）朝食から健康な生活を始めよう	・家庭での朝食計画	B（3）ア（ア）
7	11. 夏をすずしくさわやかに （8 時間） （1）夏の生活を見つめよう	・夏の生活の特徴調べ ・気温，湿度，風通し，騒音についての調べ活動	B（4）ア（ア）（イ）
	（2）すずしくさわやかな住まい方や着方をしよう	・快適で安全な着方 ・衣服の手入れ	B（4）イ
		・洗濯の仕方 ・洗濯 （手洗い） 実習	B（6）ア（ア）
	（3）夏の生活を工夫しよう	・夏の生活の住まい方や衣服の着方，手入れの改善	B（6）イ
9	12. 思いを形にして　生活を豊かに （14 時間） （1）目的に合った形や大きさ，ぬい方を考えよう	・身の回りの布製品の観察 ・ゆとりについて	B（5）ア（ア）（イ）
	（2）計画を立てて，工夫して作ろう	・製作計画 ・布作品の製作 ・製作の振り返りと改善	B（5）イ
10	（3）衣生活を楽しく豊かにしよう	・生活を豊かにする布作品の製作計画	B（5）イ
11	13. まかせてね　今日の食事 （10 時間） （1）献立の立て方を考えよう	・1 食分の献立を立てるときに必要なこと	B（1）イ
	（2）1 食分の献立を立てて，調理しよう	・ご飯とみそ汁を中心とした 1 食分の献立の調理計画	B（3）ア（ア）（イ）（ウ）
		・買い物の仕方と材料の準備	B（3）イ
		・調理実習，振り返りと改善 （家族が喜ぶおかず作り）	C（1）ア（ア）（イ）イ
12	（3）楽しく食事をするために計画を立てよう	・楽しく食事をするための工夫	C（2）アイ
1	14. 冬を明るく暖かく （5 時間） （1）冬の生活を見つめよう	・冬の生活の特徴や工夫	B（4）イ
	（2）暖かい着方や住まい方をしよう	・衣服の着方 ・暖かさの実験 暖房器具の特徴，安全，効果的な利用	B（6）ア（ア）
	（3）冬の生活を工夫しよう	・暖かさと明るさ等 ・提案する冬の健康で快適な生活の計画	B（6）イ
2	15. あなたは家庭や地域の宝物 （2 時間） （1）家族や地域の一員として	・自分の生活と地域の人々との関わり	A（3）ア（イ）
	（2）私から地域につなげよう！広げよう！	・2 年間の学習を生かした実践計画	A（3）イ
3	（3）もっとかがやくこれからの私たち	・地域の一員としてできること	A（3）イ
	2 年間のまとめ （1 時間）		A（1）ア
	生活を変えるチャンス！ （3 時間）		A（4）ア
※	生活を変える チャンス！ （3 時間）	・日常生活の中から問題を見出す ・これまでの学習で身に付けた知識及び技能などを活用した計画 ・家族や地域の人々と関わりながら実践 ・実践の評価と改善	A（4）ア

※生活を変えるチャンス！は，2 学年間で一つ又は二つの課題を設定して履修させるようにする （この計画では，60 時間の中に 3 時間含まれている）。
※実践的な活動が行えるよう，学校や地域の行事等と関連付けて学期中の時期に実施したり，長期休業などを活用して実施したりするなどの方法が考えられるため，時期は特定しない。

（横須賀市立神明中学校　教頭　海野功子資料提供）

100

表 5.2　中学校技術・家庭（家庭分野）年間指導計画例

学年	月	時	題材	学習内容（補足事項）	学習指導要領との関連
1年	4	1	オリエンテーション	学習計画と評価	
	5	2		コーディネート	個性を生かした服装，色相環	B(4)ア(ア)
		3		衣服のはたらき，TPO	保健衛生，生活活動，社会生活	B(4)ア(ア)
		4		衣服の構成	和服（平面構成）と洋服（立体構成）	B(4)ア(ア)
		5		衣服の表示	衣服の表示の種類	B(4)ア(ア)(イ)
	6	6	衣服の選択と日常着の手入れ・保管	取り扱い表示	旧表示と新表示（サイズ，組成，取り扱い，表示者名，原産国）	B(4)イ
		7		織物①	平織，綾織	B(4)イ
		8		織物②	織物実践	B(4)イ
	7	9		衣服の汚れ，しみ抜き	界面活性剤	B(4)イ
		10		衣服の素材と手入れ	クリーニング，ブラシかけ	B(4)イ
		11		衣服の収納・保管		B(4)イ
		12		衣服の管理		B(4)イ
	9	13		アイロンがけ	衣服の部分名称（カフス，えり，前身頃，後ろ身頃等）	B(4)イ
		14		基礎縫い（手縫い）①	一本どり・二本どり，なみ縫い	
		15		基礎縫い（手縫い）②	本返し縫い，半返し縫い	
		16		基礎縫い（手縫い）③	かがり縫い，まつり縫い	
	10	17		基礎縫い（ミシン）④	ミシンの部分名称，使い方（下糸・上糸のかけ方）	B(4)ア(イ)，B(5)ア
		18	布を用いた物の製作	基礎縫い（ミシン）⑤	ミシンの使い方（直線縫い，返し縫）	
		19		ミシン実習①	地直し・裁断（三角巾・ブックカバー又は道具入れ）	
	11	20		ミシン実習②	しつけ（三角巾・ブックカバー又は道具入れ）	
		21		ミシン実習③	縫製（三角巾・ブックカバー又は道具入れ）	
		22		ミシン実習④	縫製（三角巾・ブックカバー又は道具入れ）	
		23	幼児の成長	幼児の体の発達	発達の順序，視野，呼吸	A(2)ア(ア)，イ
		24		幼児の心の発達	言語・情緒・社会性，自分の幼児期を振り返る	A(2)ア(イ)，イ
	12	25		幼児の生活①	家族と幼児の生活	A(2)ア(ア)，イ
		26		幼児の生活②	子供の遊び	A(4)ア
		27		ふれあい体験①	事前指導	A(2)ア，イ
	1	28	家族・家庭生活と布を使ったおもちゃの製作	ふれあい体験②	幼稚園訪問	A(3)ウ
		29		おもちゃ作り①	おもちゃの製作	
		30		おもちゃ作り②	おもちゃの製作	
	2	31		おもちゃ作り③	おもちゃの製作	B(4)ア(イ)，B(5)ア，イ
		32		おもちゃ作りの発表①	発表準備	
		33		おもちゃ作りの発表②	発表準備	
	3	34		おもちゃ作りの発表③	全体発表	
		35	持続可能な社会をつくる	衣生活と環境問題	SDGs	C(3)ア
2年	4	1	オリエンテーション	学習計画と評価・調理室の使い方	
	5	2		食の役割	食材クイズ，食の役割	B(1)ア(ア)
		3		食品の選択と保存	三色丼の具材（卵，肉，ほうれん草）を選ぶ，冷蔵庫の使い方	B(3)ア(ア)
		4	食品の選択と保存・健康と食生活	生鮮食品と加工食品	食卓にのぼるまで，旬，加工食品の保存方法	B(3)ア(ア)，(7)ア
		5		食品の安全，添加物	添加物の種類	B(3)ア(ア)，(7)ア
	6	6		食品と栄養素	五大栄養素（た，無，ビ，炭，脂），過剰症と欠乏症	B(2)ア(イ)，(2)ア(ア)
		7		食品の安全と情報		B(1)イ，(7)ア
		8		中学生に必要な栄養	食事摂取基準，食品別摂取量の目安	B(2)ア(イ)
	7	9	調理をしよう	調理の基本①	衛生管理と身だしなみ	B(3)ア(イ)(ウ)

学年	月	時	単元	題材	内容	指導事項
		10		調理の基本②	弱～強火, 計量, 調理道具, 調理室の使い方	B(4)ア(イ)(ウ)
		11		きゅうりを切る【実習】	拍子木切り, せん切り, 乱切り, いちょう切り等	B(3)ア(イ)
		12		食事の計画	（主食, 主菜, 副菜, 汁物）, 日本型食生活, 食事バランスガイド	B(2)イ
	9	13		調理の計画	献立決め, 盛り付け, 振り返り	B(3)イ
		14		調理の安全	盛り付け, マナー	B(3)ア(イ)
		15		野菜の調理	旬, 褐変	
		16		けんちん汁【実習】		
	10	17		おいしさとは, うま味	五感（視, 嗅, 触, 味, 聴）, だしの取り方	B(3)ア(イ)(ウ)(エ)
		18		魚, 肉の調理	肉の部位, 赤身と白身, 調理上の性質	
		19		生姜焼き【実習】		
		20		調理実習まとめ		
	11	21	地域の食材と食文化	地域の食材と郷土料理	小麦を使った料理	B(3)ア(エ)
		22		受け継がれる食文化	和食, 行事食	
		23	食生活と環境のかかわり	食生活と環境①	フードマイレージ, 食品ロス	B(7)ア
	12	24		食生活と環境②	食料自給率, 地産地消	
		25		災害時の食事		
		26		食分野まとめ		
		27	商品の選択と購入	商品購入のプロセス	リフォーム・リメイク・レンタル・シェア, アフターサービス	C(1)ア(ア)(イ), イ
	1	28		生活情報の活用	メディアリテラシー, 広告	
		29		購入方法と支払い方法	店舗・無店舗販売, 即時（デビット）・プリペイド・後払い（クレジット）	
		30		暮らしの中のマーク	環境・安全・福祉, 品質他	C(1)ア(イ)
	2	31	消費生活の自立	契約と消費生活のトラブル	悪徳商法, 消費者基本法等, PL法, クーリングオフ, 機関（消費者庁等）	C(2)ア, (3)ア, C(1)イ, (2)イ, (3)ア
		32		消費者の権利と責任	8つの権利と5つの責任, 知的財産権, フェアトレード	
		33		商品の価格設定の仕組み①	具体的な事例から考える（格安ハンバーガー）	
	3	34		商品の価格設定の仕組み②	材料から考える	
		35		商品の価格設定の仕組み③	価格の仕組みから考える	
3年	4	1	住まいのはたらき	住まいの様々な役割	住まいに必要な空間	B(2)ア
	5	2		共に住まう	洋室・和室, 現在と10年後の間取り	B(2)ア, イ
	6	3	健康で安全な住まい	家族の健康と室内環境	カビ, ダニ, CO, 化学繊維, 換気実験	B(2)イ, (3)イ
		4		高齢者が暮らしやすい住まい	高齢者の疑似体験	B(2)
		5	住まいと地域	災害の備え	地震の備え, 地震発生時の行動（学校, 電車, 車, その他建物）	B(2)
	7	6		災害の対策	台風, 落雷, 竜巻, 噴火等	B(2)
	9	7		地域に配慮した住まい方	生活騒音, 空き巣対策, 掃除の仕方（夏休み自主課題）	B(2)
		8	私たちの家族・家庭と地域	家庭のはたらき		A(1)ア
	10	9		家庭の仕事を支える社会	男女共同参画社会, 育児・介護休業, ワークライフバランス	A(3)ア(イ), イ
		10		私たちの家庭生活と地域		A(4)ア
	11	11	これからのわたしと家族	中学生と家族との関わり		A(3)ア(ア)
		12		これからの家族との関係		A(4)ア
	12	13		子どもの権利		A(4)ア
		14	環境に配慮した消費生活	環境に配慮した消費生活	3R, 5R	C(1)イ
	1	15		持続可能な社会	SDGs	C(3)ア
	2	16		エコ生活		C(3)ア
	3	17	3年間のまとめ			

（東京学芸大学附属小金井中学校　教諭　石津みどり立案）

表5.3　高等学校年間指導計画例

令和　年度　　　　　　　**各教科・科目指導計画書**

科目名　家　庭　基　礎

単位数：1 ② 3 4 5 6 7　　該当クラス：　1 ② 3　年　　　教科担当氏名

教科書名：　　　　　　　　　　MA　MB　AA　AB　EA　EB

学期	月	予定時数	指導計画事項・内容	評価の観点			評価のポイント
				①知・技	②思・判・表	③主・態度	
第1学期	4	1 2 2	授業オリエンテーション これからの生き方と家族 ・自分らしい人生とは ・青年期の自立と家族・家庭	○	○		・生涯を見通し人の一生について，自己と他者，社会との関わりがあることを理解し，必要な情報の収集・整理をしながら，生活課題に対応し意思決定をすることの重要性について理解している。
	5	3 3	・ワーク1 わたしのトリセツ ・ワーク・ライフ・バランス ・家族・家庭と社会とのかかわり	○	○	○	自己の意思決定に基づき，責任を持って行動することや，男女が協力して，家族の一員としての役割を果たし家庭を築くことの重要性について考察している。
	6	3 2 1	次世代をはぐくむ ・子どもの発達と親の役割 ・調理実習1　ガス炊飯 ホームプロジェクト学校家庭クラブ	○	○		親の役割と保育，子供を取り巻く社会環境，子育て支援について理解し，乳幼児と適切に関わるための基礎的な技能を身に付けている。
	7	2 1	食べる・装う・住まう・共に生きる ・被服製作1 レザークラフト 期末テスト ・課題1　お中元課題		○	○	長期休業中に計画的に実践した上で，評価・改善し，考察に基づいて論理的に表現するなどして課題を解決する力を身に付けている。
小　計		20					
第2学期	9	2 1 2 2	・ミニプレゼン大会（H.P.発表会） ・被服製作2　チョークバッグ ・貴重品袋の製作① ・貴重品袋の製作②③ ・貴重品袋の製作④⑤	○	○	○	被服材料，被服構成及び被服衛生について理解し，安全で健康や環境に配慮した被服の管理や目的に応じた着装や製作の工夫ができる。被服の計画・管理に必要な簡単な技能を身に付けている。
	10	2 1 2 2	・貴重品袋の製作⑥⑦ ・貴重品袋の製作⑧ ・被服材料と管理 ・人の一生と食事	○	○		物づくりを通してSDGsの視点を身に付ける。目的に応じた調理に必要な技能を身に付けている。食の安全や食品の調理上の性質，食文化の継承を考慮した献立作成や調理計画，健康や環境に配慮した食生活について考察し，自己や家族の食事を工夫することができる。食を通してSDGsの視点を身に付ける。
	11	1 2 2	・食生活の安全 ・調理実習2　手打ちうどん 共に生きる社会を目指して ・そこが知りたい災害SOS トピック学習①（調べ学習）	○	○	○	
	12	2 1	持続可能な社会を目指して ・課題2　お歳暮課題 （大掃除レポート&郷土料理&行事食レポート・金銭出納帳の記録）		○	○	・持続可能な社会を構築するために，防災の生活上の課題を設定し，解決策を構想し課題の解決に主体的に取り組み実践しようとしている。
小　計		22					
第3学期	1	2 1 2	経済生活を営む ・私たちの暮らしと経済 ・情報活用と意思決定 ・調理実習3 ホットケーキミックスで焼菓子	○	○	○	毎日の生活におけるさまざまな契約について理解し，自立した責任ある消費者として，よりよい意思決定ができるよう，現代の消費生活における意思決定の重要性と情報の活用について理解する。
	2	1 1 3	・買い物レポート（意思決定の木） 生活をデザインしよう ・トピック学習②（グループ学習） ・トピック学習③（発表）	○	○	○	・自己の家庭生活や地域の生活と関連付けて生活上の課題を設定し，解決方法を考え，計画を立てて実践しようとする。一人の主体者として，社会全体をよりよい方向に動かしていこうとする。
	3	2	生活の充実向上を目指して ・家庭基礎のまとめ		○	○	自分らしい生活が実現できるよう，各ライフステージの課題を自分事として捉え人生を創造しようとしている。
小　計		12					
合　計		54					

（埼玉県立春日部工業高等学校　教諭　後藤悦子立案）

題材観同様，教師による専門的な把握が重要となる。

◆指導観

　題材観，児童・生徒観，題材の系統観という三者の関連を踏まえ，目標を達成するための特色ある指導方針について述べる。

　⑧　題材の目標（題材指導計画案と同じ）

　題材の指導を通して育成したい能力や資質を「知識及び技能」「思考力，判断力，表現力」「主体的に学習に取り組む態度」の3つの観点から具体的に記述する。また表記の方法は，主体的・対話的で深い学びを推奨する観点からも学習者主体で表記する。

　⑨　指導計画と評価規準（題材指導計画案と同じ）

　題材に含まれる小題材や内容項目の配列，配当時間数を明記し，指導計画の全体像を明らかにする。さらに，小題材ごとに評価規準と方法を明示する場合もある。特に，教育現場において毎時間の時案の作成は難しく，題材指導計画案における評価計画は重要である。教育実習時には，本項目は指導教諭の計画案を参照することになる。

　指導計画は一般に以下のように表記する。なお評価規準と併せて表記する例

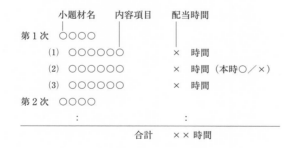

表5.4　指導計画と評価規準例

小題材名	学習内容		配時	知識・技能	思考・判断・表現	主体的に学習に取り組む態度
第1次	(1)	○○○○	○			
	(2)	○○○○	○			
	(3)	○○○○	○			
第2次	:	:	:			
:	:	:	:			

表 5.5　題材指導

1　題材名　共に生きる社会を目指して〜そこが知りたい災害 SOS 〜

2　題材設定の理由

　この題材は，家庭基礎の学習のまとめとして取り上げている。既存の学習を踏まえ，家族や自分を取り巻く環境が変化しても，前を向いて生きていく生活力を付けさせたいと意図している。東日本大震災から十余年が経過し，生徒のほとんどが震災当時に幼児であり，怖かった位の記憶しかない。また近年，地震以外の風水害も多く発生し，数人ではあるが生徒の中には避難所へ一時避難を余儀なくされた生徒もいる。学校で行われる避難訓練を見ても，どこか他人事で指示待ち，自分の判断基準で考えて行動できない生徒が多いのも現状である。災害は，いつ起こるかわからない。そうそう起こって欲しくないものであるが，人は知らないこと，分からないこと，イメージできないことを行動に移すことができないものである。

　本題材は，「生活の営み」にかかわる生活事象を防災や減災の視点を持たせながら課題解決の学習をめざしたい。災害に遭ってしまう場所や時間帯，家族構成によっても課題は様々であろう。災害を自分事として捉え，何を知っておくべきなのか，家族との話し合いも含め，自分が解決しなければならない課題を設定させたい。学習活動のなかに，同じようなテーマを選ぶ生徒もいるであろうが，それぞれ視点があるので，テーマごとにグループを設定し，グループ活動を取り入れることで，自分の考えをまとめグループに伝える「主体的で対話的」な活動を行い，また発表を通して，他者の意見を受けて考えることで「深い学び」につなげる活動を行い思考力・判断力・表現力を向上させる取り組みにしたい。生活の営みを総合的に把握できるよう学習内容は領域横断のトピック学習として実施する。

3　題材の目標

①　今までの災害の種類を知りどのような課題があるかを理解する（知識・技能）

②　防災，減災のための視点にたった情報を適切に収集・整理し活用できる。（主体的学習に取り組む態度）

③　これまでの学習内容を考察しながら自分の考えを言葉で伝え，他者の考え方や意見を調整することができるようにする。（思考・判断・表現）

④　地域の行政や周りの人々と協働し，課題の解決に主体的に取り組んだり振り返って改善したりして，自分や家庭・地域の生活の充実向上を図るために実践しようとする態度を育てる。（主体的に学習に取り組む態度）

4　指導計画

　年度当初の授業オリエンテーションで，「家庭科は考える教科である」事を前提に，毎回プリントにマトリックスメモ欄（・A 実行すること・B 思いついたこと・C 気づいたこと・D その他大事なこと）を設け書かせる。また，夏休みのお中元課題（三日坊主主夫レポート），冬休みのお歳暮課題（大掃除・行事食レポート・金銭出納帳の記録）の実施の予告をして，経験や実践を重視する教科であることを伝え，総仕上げの課題として，リスク管理ができるようにトピック学習を取り入れている。衣食住の生活の自立と設計の住生活部分を中心に，持続可能な消費生活・環境や，人の一生と家族・家庭及び福祉の内容とも相互に関連付けて指導をする。

　　①　人の一生と家族・家庭及び福祉　　　　　13 時間

　　②　衣食住の生活の自立と設計　　　　　　　21 時間

　　③　持続可能な消費生活・環境　　　　　　　 9 時間

　　④　ホームプロジェクト・学校家庭クラブ活動　 3 時間

　　⑤　共に生きる社会を目指して　　　　　　　 6 時間

　第一次　リスクに備える（生活の中のリスク）　（2 時間）

　第二次　トピック学習－グループ学習　　　　　（1 時間）

　第三次　トピック学習－発表　　　　　　　　　（2 時間）

　　　　　学習のまとめ　　　　　　　　　　　　（1 時間）

5　指導過程

指導内容	学習活動	時間	指導上の留意点	備考
第一次 リスクに備える ①	1. 人生で起こりうるリスクについて考える。 ・様々な災害（自然災害と人為災害）について考える。 ・リスクと危機管理の違いを理解する。 　我が家の備えについて書き出してみる。 ・「東京防災」集団読書をする。 　どの分野に興味を持ったか，隣の席の人と読書メモを交換しシェアする。 　本当に必要なことは何か再考する。 ・自助・共助・公助について理解する。 2. 期日までに何にするかテーマを決めて，さらに掘り下げて調べておく。	15 10 25 45 5	近年起こっている災害をあげさせる。 リスク管理と危機管理の違いを理解させる。 興味関心のあるページから読み進める。プリントに書き込ませる。 自助・共助・公助への関心を高める。 帰宅後，家族間で話し食べてもらい，家族からのアドバイスをもらうよう促す。 次回の授業で，テーマの確認と調べ学習の進捗を確認することを伝える。	調べ学習用のプリントを次の授業までに進めておく。本調べ学習は，冬休みの期間を利用して調べさせる。2回ほどチェックを入れる。
（その他，時間以外に行う指導）	テーマの分類（1. 食生活 2. 衣生活 3. 住生活 4. 家族・ペット 5. 物資＆配給 6. 環境 7. 避難生活 8. 適切行動 9. 保健＆衛生面 10. 代用品・持出袋等）のどのテーマに関連するかを考えながら，調べ学習を進める。	40〜60	冬休み前の最後の授業と3学期最初の授業で，一人ずつチェックを入れながらアドバイスをする。	前回の授業で，指摘した部分が改善されているか？机間巡視や作業課題実施時にチェックをする。

計画例

第二次 トピック学習（グループ学習） ②	トピック学習　その1 1. グループに分かれて着席 　係分担決め（班長・司会・書記係等）の確認 2. グループ学習 ・自分の調べた内容の分析（3分） 　調べて分かった事→赤ライン 　伝えたい共有したい事→青ライン ・他のメンバーのプリント分析をする。 　赤&青ラインを踏まえ，更に大事と思う事→緑 　ラインを引き，付け足すべき事やアドバイスを 　付箋紙に書き加える（3分） ・2を班の人数分繰り返す（6分） ・個人発表【2分以内】の原稿を作成（8分） ・発表内容に重複がないか相互チェックをする 　（6分） ・班のテーマに基づいた提言を皆で考え，発表原 　稿【1分以内】の作成（4分） ・班内の発表の順番を決める。（5分） 3. 次回の予定の確認 ・来週までの完成事項を確認 ・グループ発表の順番決め⇒くじ引き	8 35 7	ワークシートや資料があるか確認を促す。 指定席に座っているか確認する。 4色（赤・青・緑・黒）ボールペン等 準備させる。 制限時間3分のタイマーを設定し，声 掛けをしながら作業を促す。 グループごとに意見をすり合わせる作 業を促す。 テーマに基づいた提言になっているか キーワードを確認させる。 班の発表内容をどの順番で話すと分か りやすいか，気づかせる。 個人・班ごとに発表の準備をしておく ように伝える。（発表準備シート提出） 作品や実物・写真なども持参するよう に指示する。	・座席表 ・タイマー ・付箋紙 ・写真や資料，必要 機材の確認 ・トランプ	
第三次 トピック学習 （発表） ③	トピック学習　その2 1. 各班作戦タイム 2. グループごとに「ここが知りたい災害SOS」の 　発表 ・個人の発表（2分以内）×人数 ・班からの提言（1分以内） 　発表を聞きながらメモを取り，発表内容や発表 　態度なども評価する。 ・評価シートに書き込む。（1分） ・この班のベストプレゼンター（誰の発表が一番 　良かったか）も記録する。 3. 評価シートの書き漏れがないかチェックする。	5 90 5	発表の手順の確認 発表用雛形プリントを示す。 タイマーを用いて時間をはからせる。 発表時間のオーバーは打ち切りとする。 評価シートを元にグーグルフォームに 入力をするので，しっかりメモを取る ように指示する。 ・各自，空き時間にグーグルフォーム に評価&コメントを入力しておくよ う指示する。	・発表開始&終了雛 形プリント ・キッチンタイマー ・発表用タイムタイ マー ・QRコード配布 ・スマホやパソコン から期限内に入力 する 相互評価のシートは 入力後提出	
（発表の振り返り）	4. 印刷された個人評価表を確認する。 5. 個人評価表を元に各自，発表の振り返りをして， 　改善点を考察し記入する。 6. グループで，改善点や感想等発表し合い，学び 　を深める。	5 30 15	集計した個人票を印刷し配布する。集 計の少ない生徒には，コメントを加え て返す。 参考になった発表や他者の意見を取り 入れながら考察するよう促す。 感想・反省を書かせてからワークシー トを提出させる。	提出物 ・発表用ワークシー ト&資料 ・集計評価シート	

6　評　価
① 課題に積極的に取り組んでいたか。（主体的に学習に取り組む態度）（観察）
② 災害について理解し，自分事として捉えることができたか。（知識・技能）（観察・レポート・プリント）
③ 設定した課題の解決に向けて，防災や減災害の視点を持ち考察しているか。（思考・判断・表現）
　（レポート・評価シート）
④ 災害時の自助・共助を理解し，積極的に地域社会にも働きかけ生活の向上を目指そうとしているか。
　（知識・技能）（主体的に学習に取り組む態度）（観察・レポート・プリント・評価シート）

（埼玉県立春日部工業高等学校　教諭　後藤悦子立案）

が，表5.4である。

⑩　本時の小題材名（主題，題目）

「⑨指導計画」に表記された小題材名または内容項目を記す。その際，「⑨指導計画」の該当内容に本時の位置を明示する。配当時間を分母に本時を分子として表記する。

⑪　本時の目標

本時の学習指導を通して児童・生徒に育成したい能力や資質について，評価の観点ごとに具体的に述べ，末尾にその観点を明示する。

⑫　準備・資料

本時の学習指導に必要な教具・教材について，教師と児童・生徒に分けて記述する。

⑬　指導過程

学習の展開過程である。本時の目標を達成するための詳細な内容と指導方法，使用する教具・教材，教師の発問や板書など授業展開の具体的方針を記述する。

指導過程は縦軸と横軸で構成され，授業の流れとポイントが容易に理解しやすい一覧表として作成される。縦軸を授業の流れに応じて導入，展開，整理の三段階に区分する。横軸には学習内容，学習活動，指導上の留意点，学習形態，配当時間，教具・教材などの項目欄を設定する。題材案にも指導過程は設定されるが，題材全体の指導の流れを把握することがねらいであり，各小題材の学習活動の概要を記述する。

まず縦軸の項目から説明する。

◆導入

本時の目標を明確にし，学習者の学習内容への興味・関心を喚起する段階である。学習への動機づけを適切に行うことは，学習活動への主体的な取り組みを促し，意欲の継続を図り，学習効果を高める大切な要件となる。そのため，本時の主題に関する話題の提供や体験の発表，調査結果の提示，前時の学習の成果やまとめ，実験・実習の準備状況の点検など学習への心構えを醸成する。この段階は，指導時間のおおよそ10〜15％を配当する。

◆展開

　学習者の学習活動を活発化し，授業のヤマ場を設定し，本時の目標の達成に向けて最適な指導方法を駆使する段階である。実験・実習・調査・見学・討議・発表など主体的・対話的で深い学びにつながる学習活動の展開が求められる。この段階は，指導時間の70〜80％を配当する。

◆整理

　学習内容の定着を図る段階である。学習内容のまとめや小テスト，発展的課題の提示などを行い，確実な定着を図る。実験・実習時には後片付けの時間も含まれる。次時の予告も行う。この段階は，指導時間の10〜15％を配当する。

　次に横軸の項目について説明する。横軸の各項目は，「題材設定の理由」で述べたことを基盤として，項目相互の関連を図りつつ総合的な授業風景を描きながら作成する。

◆学習内容

　本時の学習で取り上げる学習項目を順序立てて名詞句で表記する。

◆学習活動

　「学習内容」に対する学習者の予想される反応や学習活動を具体的に記述する。

◆指導上の留意点

　「学習内容」に対応した指導に際し，教師が特に配慮すべき事項について記述する。例えば，「学習活動」欄に記入した内容の補足，実験・実習や調査，資料・教具などの活用に対する注意事項，他教科・他題材との関連など多面にわたる。

◆配当時間

　「学習内容」に対する「学習活動」の時間を考慮し，学習項目ごとに配当時間を記入する。

◆学習形態

　「学習内容」に対する学習の進め方について，一斉学習，小集団（グループ）学習，個別学習に分けて記入する。

表 5.6　時案の形式例

〇〇学校　教科・科目　学習指導案

指 導 教 諭　〇〇〇〇先生　㊞
教育実習生　　　〇〇〇〇　㊞

日　　時　：　令和〇年〇月〇日（〇曜日）　第〇校時
指導学級　：　〇年〇組　〇名
教　　室　：　〇〇
教 科 書　：　〇〇〇〇（〇〇出版）

1. 題材名
2. 題材設定の理由
3. 題材の目標
4. 指導計画と評価規準
　　第 1 次　〇〇〇〇
　　　(1)　〇〇〇〇　　　　　　〇〇時間
　　　(2)　〇〇〇〇　　　　　　〇〇時間（本時〇／〇）
　　第 2 次　〇〇〇〇
　　　：　　　：

　　　　　　　合計　〇〇時間
5. 本時の学習指導
　(1)　小題材名（主題・題目）
　(2)　目標
　(3)　準備・資料
　　　教師―〇，〇，〇
　　　生徒―〇，〇
　(4)　指導過程

段階	学習内容	学習活動	指導上の留意点	配時	学習形態	教具・教材
導入						
展開						
整理						

　(5)　評価

観点／評価	知識・技能	思考・判断・表現	主体的に学習に取り組む態度	評価方法評価時期
A				
B				
C				

◆教具・教材

「学習内容」「学習活動」「指導上の留意点」に対応させて，使用する教具や教材名を具体的に記入する。

⑭　評　　価

本時の目標に対応させ，「知識・技能」「思考・判断・表現」「主体的に学習に取り組む態度」の3つの観点ごとに評価基準を設定し，それぞれ評価の方法と時期を明示する。

(4)　多様な学習指導計画案の形式

学習指導計画案の形式は多様である。地方自治体や学校あるいは密案か略案かによってもその形式は異なる。近年，学習者主体の学びを実現するための授業方法の改善によって形式にも変化が見られる。形式の違いは，主に横軸の項目欄の表記の違いである。例えば，「学習内容」と「学習活動」を一括りで表記し，学習者の予想される学習活動の詳細を記述する。あるいは「指導上の留意点」を「教師の指導（支援）と評価」等と表記し，教師の指導とともに学習過程に対応させて評価の観点と方法を明記する。また密案の場合には，教師の働きかけを「説明」「発問」「指示」「示範」など具体的活動に分類して表記する。さらに「学習活動」を「知る」「考える」「行う」に分類し，予想される学

表5.7　指導過程の横軸例

段階	学習内容・学習活動	教師の支援・評価（◇）	配時	学習形態	教具・教材
問題の把握					
問題の究明					
まとめ・活用					

区分	学習活動	指導上の留意点（教師の指導・支援）	評価の観点及び評価方法
導入（○分）			
展開（○分）			
まとめ（○分）			

表5.8　小学校家庭科学習指導案

令和○年○月○日（　）○校時　家庭科室
授　業　者　　　　　○○　　　　　○○
男子○○名　女子○○名

1. 題材名　持続可能な暮らしのために物やお金の使い方を考えよう

2. 題材について
　この題材は「C消費生活・環境」の（1）「物や金銭の使い方と買い物」のア，イと（2）「環境に配慮した生活」ア，イとの関連を図っている。買い物の仕組みや消費者の役割，身近な物の選び方や買い方を学んだ後に，文房具の買い方を考えることを通して，購入するために必要な情報の収集・整理をすることや情報を活用することの必要性について理解させる。またその際には，上手な物の選び方や使い方だけではなく，環境や資源に配慮した生活の工夫も考えさせる。そして「ゲストティーチャーをもてなすお茶を買おう」という課題から，それまでに身に付けた基礎的・基本的な知識を活用したり，自分の生活経験と関連付けて考えたりしながら，適切な解決方法を選び具体的に計画を立てられるようにする。5年生の初めに実習した「お茶の入れ方」のことも踏まえ，課題の解決に向けて主体的に取り組んだり，振り返って改善したりして，生活を工夫し，実践しようとする態度を育成することをねらいとしている。

3. 題材の目標
（1）買物の仕組みや消費者の役割，物や金銭の大切さと計画的な使い方，身近な物の選び方，買い方を理解するとともに，購入するために必要な情報の収集・整理が適切にできる。
（2）身近な物の選び方，買い方について問題を見いだして課題を設定し，様々な解決方法を考え，実践を評価・改善し，考えたことを表現するなどして課題を解決する力を身に付ける。
（3）持続可能な社会の構築に向けて身近な消費生活と環境を考え，課題の解決に向けて主体的に取り組んだり，振り返って改善したりして，生活を工夫し，実践しようとする。

4. 題材の評価規準

知識・技能	思考・判断・表現	主体的に学習に取り組む態度
○買い物の仕組みや消費者の役割，身近な物の選び方，買い方が分かり，物や金銭の大切さと計画的な使い方について理解し，購入するために必要な情報の収集・整理が適切にできる。 ○自分の生活と身近な環境との関わりや環境に配慮した物の使い方などについて理解する。	身近な物の選び方，買い方，環境に配慮した生活について問題を見いだして課題を設定し，様々な解決方法を考え，実践を評価・改善し，考えたことを表現するなどして課題を解決する力を身に付けている。	持続可能な社会の構築に向けて身近な消費生活と環境を考え，課題の解決に向けて主体的に取り組んだり，振り返って改善したりして，生活を工夫し，実践しようとしている。

5. 題材の指導計画（6時間）
（1）上手に選ぶために考えよう…1時間
（2）上手な買い物の仕方について考えよう…3時間
　　①宅配ピザの購入から売買契約を学ぼう
　　②上手に買い物をするために表示の見方や考え方を知ろう
　　③ノートを賢く買うことにチャレンジしよう
（3）ゲストティーチャーをもてなすお茶を買おう…2時間（本時1/2）

6. 本時の展開（5/6時間）
（1）本時の目標
　ゲストティーチャーのためのお茶の購入について問題を見いだして課題を設定することができる。

（2）　本時の展開

学習活動	指導上の留意点	評価場面・評価方法
1.　前時までの学習を振り返り，本時の学習課題を確認する。	○5年生の初めに実習した「お茶の入れ方」のことに触れ，日本の伝統的な飲み物であるお茶でもてなす意味を考えさせる。	
ゲストティーチャーをもてなすための「お茶」を買おう		
2.　「お茶」を選ぶときの観点は何かを考える。 観点：値段，分量，品質，環境への配慮	○前時までの学習プリントを使って，「お茶」を選ぶ時の観点を振り返らせる。	
3.　ゲストティーチャーをおもてなしするための「お茶」を購入するときの課題を観点を基に設定する。	○どの観点を意識して「お茶」を選ぶとよいのか，各自で課題を設定させる。	自分の課題を設定する場面
4.　観点に基づきどのような「お茶」を買うのか考え，ワークシートに記入する。	○ペットボトルや紙パックのもの，500mLや2Lの「お茶」を提示して，一人ずつ渡すのか，コップに分けるのか，コップは使い捨てか，どこでどのように買うのかなども考えださせる。 ○実際の商品を店で見たり，家族にアドバイスをもらったりするなどの学習方法があることも助言する。	■評価方法 【ワークシート】 思考・判断・表現 ○身近な物の選び方，買い方について問題を見いだして課題を設定している。
5.　次の時間に各自で選んだ「お茶」とそれを選んだ理由を発表し，班で購入方法を決定することを確認する。	○次時までに設定した課題に沿ってお茶を選び，その理由を発表できるようワークシートにまとめてくることを指示する。	本時の学習を振り返る場面
6.　本時の学習をまとめ，振り返る。	○学習カードに本時の授業で気がついたことや次の授業の目標などを記入させる。	■評価方法 【学習カード（ポートフォリオ）】 主体的に学習に取り組む態度 ○持続可能な社会の構築に向けて身近な消費生活と環境を考え，課題の解決に向けて主体的に取り組もうとしている。

（横須賀市立神明中学校　教頭　海野功子資料立案）

表5.9　中学校技術・家庭科（家庭分野）学習指導案

指導教諭
教育実習生

日　　時：平成　　年　　月　　日（　　　曜日）第　　校時
指導学級：　　　年　　　組　男子　　　名　　　女子　　　名
教　　室：　　第2家庭科教室
教科書：　『技術・家庭　家庭分野』（　△　△　△　　）

1　題材名　　A 家族・家庭生活「幼児のおもちゃ作り」

2　題材設定の理由

　　近年，家庭を取り巻く諸問題が増加している。家庭が小規模化し，核家族でも共働きが増加することにより，そのことが子供の育つ環境に大きな変化を与えている。家庭で家族のことや子育てのことを知ることができずに成長し，家庭を持っても，子育ての悩みや愛情のかけ方がわからず，次の世代まで子育ての悩みを繰り返してしまう事態が生じている。家庭科では，幼児のとのふれあい体験や家族関係が重要視されてきており，限られた授業時間で有効な学習を行うために，家族関係，幼児教育，布を使った製作などを組み合わせ，家庭科の学習内容を再構築するつもりで授業を計画する。

　　これは，学習内容の横断的な学びであり，IBのカリキュラムでも大切にされている内容である。さらに，発表形式には選択肢の広がりを持たせ，最終的にどのような発表になるのかは，生徒が自由なイメージを持つことができ，みえない先を探求する幅のある発表を期待するものである。

3　題材の目標

- ●家族・家庭の機能や子供の育つ環境や成長の特徴について理解を深め，生活の自立に必要な基礎的な知識及び技能を，おもちゃづくりを通して身に付ける。（知識・技能）
- ●家族や家庭生活の中から子供の特徴を踏まえ，工夫しておもちゃのデザインを考え，その良さを分かりやすく伝える力を養う。（思考・判断・表現）
- ●おもちゃ作りを通して，生活を工夫し創造しようとする実践的な態度を養う。（主体的に学習に取り組む態度）

4　評価規準

知識・技能	思考・判断・表現	主体的に学習に取り組む態度
・家族・家庭の機能や子供の育つ環境や成長の特徴について理解している。 ・子供の成長に関わる基礎的な知識及び技能を，おもちゃ作りを通して身に付けようとしている。	・家族や家庭生活の中から子供の特徴を踏まえ，工夫しておもちゃのデザインを考えようとしている。 ・製作したおもちゃの良さが分かるように工夫して伝えようとしている。	・おもちゃ作りを通して，家庭生活と地域の関わりを考えようとしている。 ・協力して，生活を工夫し，創造しようとする実践的な態度で取り組んでいる。

5　指導計画　（10時間）

	領域や学習内容	具体的な内容等	備　　　　考
1次	家族・家庭生活，幼児の生活	家族関係　知育　地域	子どもと家族・子どもの成長　　（2時間）
2次	「ふれあい体験」	小金井幼稚園訪問	事前指導と実施時間　　（2時間）
3次	衣食住の生活と製作の工夫	布を使った製作「おもちゃづくり」	作品の評価後仕上げは自宅　　（3時間）
4次	おもちゃの発表（安全で幼児の発達を促すための工夫など，相手に理解してもらえるように伝える）	・いろいろな道具を使う ・自由に発表方法を試す ・発表内容を班員で考え，協力する	・グループで中間発表　　（3時間） ・代表者発表準備　　（本時1/3） ・全体発表

6　本時の学習指導

　（1）　主題　おもちゃ作りの発表計画を考えよう

(2)　学習目標
- 自作の幼児のおもちゃについて工夫した点など，内容を分かりやすく，伝える方法を考える。(思考・判断・表現)
- 幼児にとってのおもちゃの目的を理解し，おもちゃづくりの苦労や疑問点，わかったことや製作を検討した経緯や子どもの発達を促す工夫など，おもちゃ作りを発表する意味が理解できる。(知識・技能)

(3)　準備・資料
生徒：教科書（家庭分野），ノート，ワークシート，筆記用具，自作のおもちゃ，発表に必要なもの
教師：教科書（家庭分野），パワーポイント（P. P.），書画カメラ，資料

(4)　指導過程

	学習内容	指導上の留意点・評価（◇）　☆予想される生徒の反応
導入 8分	○おもちゃ完成後の学習の流れを確認する。 ・グループ発表とワークシート記入後，班の代表を決め，全体発表のための準備を行う。 ・班のベストおもちゃを決める。	・授業ワークシート，自作のおもちゃを点検する。 ☆班に分かれて着席する。 ☆授業の流れを理解する。 ☆班内で，おもちゃ作りの目標，工夫した点，難しかった点などを発表しあう。
展開 34分	○代表発表の留意点や条件を確認する。 ・おもちゃ作りの目標や工夫など伝えたいこと ・発表方法の検討 おもちゃ作りの発表計画を考えよう ○代表発表の構想を練る。 ・どんな方法で伝えたいか。 ・誰が，どんな方法を活用するか。 ・班で構想途中の発表計画の一部を紹介する。	・誰のためか，どんなおもちゃにしたいのか，遊び方の工夫，難しかったところ等を考えて発表準備をさせる。 ・発表方法の具体例を紹介する。(P. P.) ・発表方法は，書画カメラ（ワークシートの説明や遊び方等をみせる），ポスター発表，実演，紙芝居式，ロールプレイング，パワーポイント，テレビショッピング風，他）から選択させる。 ☆代表のおもちゃを一人または班員が複数で分担してどのように発表するのかを，グループで話し合う。 ☆紹介された計画も参考に発表計画を完成する。 ・発表準備が授業時間に終わらない場合は，昼休みや放課後を使って完成させる。
まとめ 8分	・中間発表を参考に，おもちゃの良さや発表者の伝えたいことがわかる。 ・おもちゃの良いアイディアや参考になった発表方法について感想を発表する。 ・次の全体発表に向けて，発表内容を整理する。	☆ベストおもちゃ選定の理由が分かる。 （◇知識・技能） ☆分かりやすい発表の方法とその理由，発表の意味について再確認する。（◇思考・判断・表現力）（◇知識・技能） ・中間発表後の変更を可能にする。 ☆自分及びグループの考えを整理し，発表計画をまとめる。（◇主体的に学習に取り組む態度）

(5)　評価

評　価　の　観　点		評価方法
思考・判断・表現	・製作者の意図が伝わる発表方法を検討し，発表の準備ができたか	ワークシート 発表
知識・技能	・おもちゃ作りの発表をする意味が理解できているか	ワークシート 発表
主体的に学習に取り組む態度	・グループで協力して発表計画の話し合いに参加しているか	観察法

（東京学芸大学附属小金井中学校　教諭　石津みどり立案）

表5.10　中学校技術・家庭科（家庭分野）学習指導案

指導教諭
教育実習生

日　時：平成　　年　　月　　日（　　曜日）第　　校時
指導学級：　　　年　　　組　男子　　　名　　　女子　　　名
教　室：　　第2家庭科教室
教科書：『技術・家庭　家庭分野』（　△△△　）

1　題材名　　C消費生活・環境「食品の価格設定の仕組み」―格安バーガーの謎を解く

2　題材設定の理由
　　日本にいると食の豊かさに目を見張る。何を食べるにも選択肢が多い。金銭に余裕があれば，何でも手に入る。しかし，必ずしも，皆が豊かであるとはいえない。子供の六人に一人は貧困といえる時代なので，食の落とし穴に目を向けてみる。そこには，価格を下げるために生じたゆがみが存在する。栄養価を軽んじること，食材の安全性の欠落，労働者への負担，基本的な社会ルールを無視した行為に発展する恐れを感じる。
　　そこで，日常の生活で何気なく行われている食品選びと適正な価格で物を買うことが，どのような影響を社会に及ぼすかを考え，健全な社会づくりのために，社会の一員としての意識を持った消費生活を営む姿勢をはぐくみたい。
　　本校の研究テーマである「学ぶ意欲を持ち追求していく生徒の育成」を目指し，金融教育としての物の価格と，キャリア教育としての働いて得る賃金を関連付けた学びとして題材を設定した。

3　題材の目標
- ●ハンバーガーの適正価格を考え，理解する。（知識・技能）
- ●食品が格安で販売される理由と仕組みについて考える。（思考・判断・表現）
- ●自分の食品選びと適正な価格で物を買うことが社会に及ぼす影響について関心を高める。（主体的に学習に取り組む態度）

4　評価規準

知識・技能	思考・判断・表現	主体的に学習に取り組む態度
・ハンバーガーの適正価格を材料費だけでなく，人件費や店舗にかかる経費などを含めて理解している。	・食品の販売される仕組みを理解し，適正価格で購入することの大切さを考えることができる。	・適正価格で物を買うことが社会にどのような影響を及ぼすかを理解し，自分の生活に役立てようとしている。

5　指導計画（3時間）
- ●第1次　ハンバーガーから栄養を考えよう……………………………1時間
- ●第2次　ハンバーガーから食材の価格を考えよう…………………1時間
- ●第3次　ハンバーガーが格安で販売される理由と仕組みを考えよう…1時間（本時）

6　本時の学習指導
　(1)　主題　　ハンバーガーが格安で販売される理由と仕組みを考えよう

　(2)　学習目標
- ●食品が格安で販売される理由と仕組みについて考える。（思考・判断・表現）
- ●格安ハンバーガーの価格の内訳を理解することができる。（知識・技能）
- ●適正価格での購入が社会に及ぼす影響を理解し，消費生活への関心を高める。（主体的に学習に取り組む態度）

　(3)　準備・資料
　　　　生徒：教科書（家庭分野），ノート，ワークシート，筆記用具
　　　　教師：教科書（家庭分野），パワーポイント，書画カメラ，付箋，ホワイトボードシート，マーカー，資料

(4)　評価（評価の観点と評価方法）

● ハンバーガーの経費内訳から適正価格が理解できたか。（知識・技能）：ワークシート，ランキングシート
● 格安食品の販売理由と仕組みについて考え，購入したいランキングの理由を発表することができたか。（思考・判断・表現）：ランキングシート，観察法
● 食品の選択と適正価格が社会に及ぼす影響について関心をもって取り組んでいるか。（主体的に学習に取り組む態度）：ワークシート，客観テスト

(5)　指導過程（50分）

		学習内容	生徒の学習活動	教師の支援他
導入	10分	● 前回の授業で学んだ栄養バランスや食材の価格などにふれ，本時の授業でハンバーガーの費用の内訳について学ぶ授業の流れを確認する。	・栄養素の偏りや食材の価格について考えたことを思い出し，実際の価格の内訳について考える。 ・購入の基準を整理するために行うダイヤモンドランキングの手順を知る。	○ 前回の授業のワークシートや資料を準備する。 ○ 必要に応じて各自ワークシートに記入する。
展開	35分	● ハンバーガーの価格の内訳を学び，100円バーガーの費用に関わる問題を考える。 ● キーワードで表しワークシートに記入する。	・ワークシートにキーワード（アイディアや意見，イメージ）をたくさん書く。 ・記入後に5グループに分かれて話し合い，考えを整理する。	○ 人件費・店舗にかかる経費・不当労働問題などに関する資料から，班で必要な内容を共有して考えを深める。 ○ ランキングは，1グループ8人でシートに書いていく。
		ハンバーガーが格安で販売される理由と仕組みを考えよう		
		● グループの8人でキーワードを共有して整理する。 ● 100円バーガーの経費など諸問題について，グループ全員のキーワードの中から大切だと思うものを9つ選ぶ。 ● ダイヤモンドランキングをつけ，ホワイトボードシートに記入し，ランキングと理由を発表する。 ● 各グループでダイヤモンドランキングを書き，発表時に壁に貼るなど，見やすい場所に提示する。	・ひとり12枚の付箋にキーワードを書きだして，グループ内でまとめていく。 ・同じ内容の付箋は重ねて，大切だと思う内容を9つ選択し，話し合いの中で大切にしている項目や順位について考えをまとめていく。 ・100円バーガーに関する他者のいろいろな考えを聞いて，自分の考えを整理する。 ・消費者として単に買うだけでなく費用の一部が人件費などの経費となり，労働者の待遇などの社会問題につながることに気づく。	○ たくさん書く。 　ブレーンストーミング[1]（テーマに沿って，参加者全員でアイディアや意見，イメージなどをキーワードで出し合う。質より量・批判禁止のルールを確認する。） ○ 座席を移動し，5つに分かれる。（1・2班，3・4班，5・6班，7・8班，9・10班で話し合う） ○ ホワイトボードシートが静電気で壁にも張り付くことを説明する。 ○ ダイヤモンドランキング[2]で複数の人が出した考えを明確にする。
まとめ	5分	● 消費者として低価格のものを選ぶことにより起こるリスクについて考える。 ● 学習の感想を記入し，発表する。	・各班の発表を聞いて，自分の考えを整理してワークシートに記入する。時間があれば感想を発表して，全体で共有する。	○ 生活における課題を探求する（消費者としてどのような姿勢でいるのが良いかを考え，消費者の商品選びと労働者の賃金の関係について知る。）

注）1　ブレーンストーミングは，テーマに沿って，参加者全員でアイディアや意見，イメージなどをキーワードで出し合う手法。たくさん出し合うことが大切で，ほかの人が出したものを批判しない。また，出されたものについての理由や説明も求めないというルールを確認して行う。
　　2　ランキングは，用意されたいくつかの選択肢に順位をつけていく手法で，ダイヤモンドランキングは，順位の付け方をダイヤモンド型（上位と下位は一つで，中央が複雑になるような菱形での順位づけ）で行う。
　　参考文献：開発教育研究会（2015）『身近なことから世界と私を考える授業』明石書店

（東京学芸大学附属小金井中学校　教諭　石津みどり立案）

表5.11　高等学校家庭基礎学習指導案

○○県立○○高等学校○科○年○組○名（男子○名・女子○名）
令和○年○月○日（○）第○校時
場　所　家庭科棟　2F 被服室　　　　指導者　○○　○○
使用教科書　家庭基礎　（△△△△）

1　題　材　名　共に生きる社会を目指して～そこが知りたい災害SOS～

2　題材設定の理由

題　材　観　：　災害に対しどのような備えや対策が必要なのか，自分自身の生活に当てはめて
課題を設定し必要な情報の収集と解決方法を身につけさせたい。またグループ
学習を通して他者の価値観や学びの方法を共有し，地域社会の一員としてどう
行動するかを考えさせたい。

生　徒　観　：　東日本大震災から十余年が経過し，生徒のほとんどは幼児で災害時の記憶もあ
まりなく，学校で行われる避難訓練でも，どこか他人事で意識して行っていな
いのが現状である。災害にあったときに，何をどう判断し，どう動くかのイメ
ージすらできない生徒が多い。

指　導　観　：　自分の生活に照らし合わせ，必要なことは家族構成や各家庭で異なってくる。
災害を自分事として捉え何が必要なのか考え，調べたことや必要な事などをグ
ループ学習を通して共有し，問題解決に結びつける授業としたい。領域横断の
トピック学習として実施する。

3　題材の目標
① 今までの災害の種類を知りどのような課題があるかを理解する。（知識・技能）
② 防災・減災のための視点にたった情報を適切に収集・整理し活用できる。（主体
的に学習に取り組む態度）
③ これまでの学習内容を考察しながら自分の考えを言葉で伝え，他者の考え方や意
見を調整することができるようにする。（思考・判断・表現）
④ 地域の行政や周りの人々と協働し，課題の解決に主体的に取り組んだり振り返っ
て改善したりして，自分や家庭・地域の生活の充実向上を図るために実践しよう
とする態度を育てる。（主体的に取り組む態度）

4　指導と評価の計画（6時間）

	学習内容	知識・技能	思考・判断・表現	主体的に学習に取り組む態度
第一次(2)	1.様々な災害とリスク管理 2.自助，共助，公助について 3.集団読書「東京防災」 4.災害時の生活課題の設定	自然災害と人為災害について知り，それに伴うリスクがあることを理解する。（プリント）	自分の家族や生活から災害時の問題意識をもち，課題を解決するために，思考判断できる。（観察）	災害時の自助・共助に関心を持ち主体的，実践的に取り組むことができる。（観察・レポート）
第二次(1)	1.グループ学習 調べた情報を共有し，話し合う ・情報の分析と評価 2.発表準備	班のテーマに関心を持ち，必要な情報を取捨選択しようとしている。（観察・レポート）	持ち寄った情報を有効に活用し，防災・減災の視点を加えながら判断している。（観察・レポート）	他者の意見にも耳を傾け，問題解決をはかろうと意欲的に取り組んでいる。（観察）
第三次(3)	1.ここが知りたい災害SOSの発表 2.評価 3.まとめ	災害時に必要な行動と対策を理解している。（レポート・プリント）	他班のテーマ内容を聞き，災害時のリスク管理と結び付けて評価している。（観察・評価シート）	班ごとの発表に積極的に取り組んでいる。（観察・評価シート）

5　本　時　（第二次・1時間）
(1)　本時の主題　災害のリスクと防災・減災対策の検討
(2)　目　標　① 自分で選択したテーマには，どんな課題があるのか，他者が調べてきた情報
を共有しながら新たな視点を持つ。（知識・技能）
② 持ち寄った情報を取捨選択しながら，防災や減災の視点を入れて自分で課題

解決策を構築できるようにする。（思考・判断・表現）
③　情報を共有することで，新たな視点を持ち選んだテーマに対して，他者にも提言ができるように積極的に意見を交わす。（主体的に学習に取り組む態度）
(3)　準備・資料　教師―キッチンタイマー，タイムタイマー，教材提示装置，座席表，付箋紙，ワークシート等
　　　　　　　　生徒―4色ボールペン，調査レポート，資料など

(4)　学習活動

時間	学習活動・内容	教師の指導・支援	評価基準(観点・方法等)
導入10分	1. 10分類テーマに基づき，班分けする （1. 食生活 2. 衣生活 3. 住生活 4. 家族・ペット 5. 物資＆配給 6. 環境 7. 避難生活 8. 適切行動 9. 保健＆衛生面 10. 代用品・持出袋） 2. 係分担決め （班長・司会・書記係等）	事前に指示した班ごとに着席させ，班長を選出するよう促す。 自分の班のテーマの確認と話し合いをしやすい雰囲気を作る。 キーワード用の付箋紙を配布する。	発表の準備をきちんと行い，話し合いに積極的に参加している。 （主体的に学習に取り組む態度） （観察・授業プリント）
展開35分	1. 自分の調べた内容の分析（3分） ・調べて分かった事→赤ライン ・伝えたい共有したい事→青ライン 2. 他のメンバーのプリント分析をする。 ・赤＆青ラインを踏まえ，更に大事と思う事→緑ラインを引き，付け足すべき事やアドバイスを付箋紙に書き加える。（3分） 3. 2を班の人数分繰り返す。（6分） 4. 個人発表【2分以内】の原稿を作成（8分） 5. 発表内容に重複がないか相互チェックをする。（6分） 6. 班のテーマに基づいた提言を皆で考え，発表原稿【1分以内】を作成する。（4分） 7. 班内の発表の順番を決める。（5分）	4色（赤・青・緑・黒）ボールペン等準備させる。 制限時間3分のタイマーを設定し，声掛けをしながら作業を促す。 調べた内容が重なる場合は，詳しく調べてきた情報提供者と話し合いをさせて，発表内容が重複しないように調整させる。 制限時間を設け，互いにチェックするよう促す。 テーマに基づいた提言になっているか，キーワードを確認させる。 話の内容をどの順番で話すと分かりやすいか，気づかせる。	持ち寄った情報を取捨選択しながら活用し，新たな視点があることを理解している。（知識・技能） （観察・レポート） 防災・減災への視点を踏まえながら個人発表をまとめている。（思考・判断・表現） （観察・レポート） 班のテーマに沿った提言をしている。（知識・技能） （観察） 他者の意見に耳を傾け向け，自分の意見を修正したり，考察しながら話し合いに参加している。 （主体的に学習に取り組む態度）（観察・レポート）
まとめ5分	1. 次回の予定の確認 2. 来週までの完成事項を確認	班ごとに発表の準備をしておくように伝える。（発表準備シート提出）	

(5)　本時の評価

	評　価　項　目		
	知識・技能	思考・判断・表現	主体的に学習に取り組む態度
A ◎	災害の種類に基づく課題を理解して，必要な解決すべき課題を設定している。	他者の意見も受け入れ自分の意見を修正したりし意見交換ができ，防災・減災の視点をもって課題解決策を立てている。	自分事として捉えた課題を家族だけでなく，幅広い視点を持ち周囲と協働しながら取り組んでいる。
B ○	災害の種類を理解して，解決すべき課題を設定している。	調べることで自分の意見をまとめたり，意見交換をしながら，課題解決策を立てている。	課題を自分だけでなく，家族と協働して取り組んでいる。
C △	よくある災害は理解しており，課題は設定していない。⇒再度テーマを絞り，課題を再設定させる。	自分の意見をまとめたり，意見交換をしながら，課題解決策を立てている。⇒発表準備シートを振り返らせ，不足部分を考えさせる。	自分だけで課題を解決したつもりになっているので，周囲にも目を向けるよう助言する。

（埼玉県立春日部工業高等学校　教諭　後藤悦子立案）

習者の活動を分析的に記す場合もある。一方，縦軸も「導入─展開─整理」から「問題を捉える─探究する─まとめ・生かす」と問題解決学習の特徴を生かした表記をすることも多い。こうした表記への移行は，1単位時間内の指導計画に限らず，題材指導計画全体も「問題の把握─問題の究明─問題の解決─生活への適用」というプロセスを重視して作成されており，充実した学習指導過程を創り出す上で重要である。

　時案の多様な形式のうち，「⑬指導過程」の横軸の項目設定例について表5.7に示す。また，現職教員による小・中・高等学校の時案（学習指導案）例を表5.8〜5.11に示す。年間・題材・時案とも学習指導計画案の形式は，学校や個人により多様であることが理解されよう。

参考文献

文部科学省（2017）「小学校学習指導要領（平成29年告示）解説　家庭編」

文部科学省（2017）「中学校学習指導要領（平成29年告示）解説　技術・家庭編」

文部科学省（2018）「高等学校学習指導要領（平成30年告示）解説　家庭編」

第6章　家庭科教育の評価

第1節　評価の目的と対象

1　教育評価の意義

　評価といえば期末試験や通知表を思い起こして，選抜されたり序列をつけられたりするものと考えることは多いであろう。あるいは，近年ではネット上の動画や通信販売の評価やレビューを思い浮かべる人もあるかもしれない。さらには，仲間内での評判のように見えない評価もある。このように我々は日常的に評価に曝されて生活しているのであるが，教育においてことさらに評価が重視される理由を考えてみたい。

　評価の歴史を振り返ると，最も古い試験制度の一つに中国で官僚の登用試験として行われていた科挙がある。ヨーロッパの教育界で筆記試験が普及したのは，19世紀中頃以降のことである。これらは，選抜のための試験である。その後，20世紀初期にかけては，学力や知能の測定のための各種の検査が考案され，いわゆる，教育測定運動が盛んになった。1930年代以降は指導のための評価という立場を強調した工学的な考え方の教育評価運動が起こってきた。さらに，1960年代に入ると，人権尊重や教育の機会均等思想，完全学習論，個別教育論など新しい評価に対する観点が加わった。このように，「教育のための評価」は比較的，近年に起こった考え方である。

　教育評価の意義について，東洋（2001）はその著書のなかで，教育評価の役割は「子どもたちが，自分が行為すること，ひいては自分が存在することが意味があることなのだと認識するのを助けること」だと述べている。また，橋本重治（2003）は教育における課題の解決のためには「できるだけ客観的で豊富な情報や資料を必要としている。ここに教育評価の意義と必要がある」として

いる。中央教育審議会の 2016 年の答申では，「学習の成果を的確に捉え，教員が指導の改善を図るとともに，子供たち自身が自らの学びを振り返って次の学びに向かうことができるようにする」ことが重要であるとしている。

　教育における評価は，学習者の能力（学力）を評価しているが，能力とは何であり，またそれは測定が可能なものだろうか。科挙は，過酷な試験としてよく知られているが，そこでは暗記力が重視されていた。それが官僚としての有能さを保証するものかは定かではないが，ここで気づくのは，測れるものを測るしかない，ということである。その人全体を評価することは不可能である。評価されるのは学習者ばかりではないが，家庭科の評価を行う上でも測定結果の序列化に終始せず，評価を指導に結びつけ，人間性を重視するという教育評価本来の趣旨を損なわないようにしたい。

　一口に評価といっても，テスト・考査・試験，測定，評価，評定，アセスメント（assessment）など関連して用いられる類義語があり，これらは区別せずに使われることが多いが，ここで，主な用語を整理しておく。テストや試験は，答えさせるための問題を出すことであり，答えの結果によって数量的に個人の特質を明らかにすることであるが，得点そのものには意味づけはされない。測定とは，テストや観察や評定尺度などの方法によって人の特性を測ることをいい，客観的資料を作成することを目的とし，これもそれ自体では評価とはいえない。評価とは，測定によって得られた資料の解釈と意味づけを行うことである。評定は，一定の尺度に従って価値を判定することをいうが，指導要録や内申書等に代表されるように総括的に示されるものを指すこともある。また，アセスメントとは，評価（evaluation）とほぼ同義であるが，あえて区別して，多面的に児童・生徒の学習の状態を捉えるために資料を収集することを指す，あるいは，画一的な評価ではないことを強調する際に用いられることもある用語である。さらに，文部科学省は「学校における教育活動に関し，児童・生徒の学習状況を評価するもの」を“学習評価”としている。

　ところで，測定は，データの収集を意味するに過ぎず，評価・評定には価値判断が含まれると述べた。そのため，測定に関しては客観的な議論がしやすい

が，評価・評定に対しては主観が混じりやすくなる。また，「学力」とは何を
さすのかについては議論があるが，本章では公教育のガイドラインである学習
指導要領に従っておく。

2　評価の目的

　評価の目的として橋本重治（1977a）は，指導する教師の側から見た指導目
的，学習者自身の側から見た学習目的，教師，学校管理者，大学などから見た
管理目的，教師，学校経営者，教育計画立案者，一般市民から見た研究目的の
4つを挙げている。評価は，クラスや班の編成や入学者の選抜，あるいは授業
評価や教員評価など管理・運営にも利用し，学力調査の結果のように教育制度
の見直しやカリキュラム研究にも用いられるが，教科の指導においては，指導
目的と学習目的が重要である。教授・学習過程において設定された到達目標に，
児童・生徒が到達できたか，あるいは目標そのものが適切であったかを振り返
る材料となる。それによって，評価した結果をフィードバックし，学習効果を
高めるのである。

　学習指導要領では，教育によって身に付けるものを「能力」ではなく，「資
質・能力」と表現している。資質は，生まれもった性質や才能を指す日本語で
あるが，評価の文脈で用いる場合には可変で後天的に身に付けることが可能な
特徴・特長としてとらえられている。「資質・能力」と表現することによって，
学力のなかに望ましい人間像をも含めているのである。この背景には，2000
年頃から広まったキー・コンピテンシー（Key Competencies）概念がある。日
本では，OECD の通称 DeSeCo プロジェクトによって定義されているキー・
コンピテンシーが採用されている。DeSeCo のライチェンら（2006）は，コン
ピテンシー（能力）を「個人の人生にわたる根源的な学習の力」とし，キー・
コンピテンシーを，「相互作用的に道具を用いる」「異質な集団で交流する」「自
律的に活動する」という3つのカテゴリーの枠組みで捉えている。これらは学
校教育だけで身に付けるものではないが，生涯にわたって必要な能力として重
視されている。

　2021年の中央教育審議会答申「『令和の日本型学校教育』の構築を目指し

て」では，個に応じた指導を充実することを目指している。しかし，資質・能力の育成という教化が進んでいることも本田由紀（2020）によって指摘されており，そこに評価が加わることにより，児童・生徒に画一的な方向付けがなされる懸念はある。評価によって意図的にあるいは意図せずに児童・生徒をコントロールすることは，評価の目的から外れる。

3　評価の対象

評価の対象として，教育を受ける学習者，指導をする教師，両者を援助する学習環境の三者が考えられる。身に付いた学力をみるのであれば学習者を評価し，指導法が適切であるかを知りたければ授業そのものや授業者を評価対象とする。学習者の状況から指導過程が適切であったのか間接的に捉えることもよく行われる。そのほか，学習者と授業者を対象とした評価のみならず，カリキュラム評価，授業評価などもある。とくに近年は第三者評価が行われ，学校の教育活動全体が評価の対象となっている。

家庭科であれば，①家庭科に対する興味・関心や取り組み方，それまでの生活経験，②家庭科の学習成果，③家庭科の学習における教師や友人との関係，④家庭科の教科目標・内容，⑤家庭科の指導計画や指導方法，教材，⑥教師の資質・力量，⑦家庭やその他の環境，⑧家庭科の施設・設備，⑨地域の環境や特性など，これらが対象を評価する際の要素になる。このような評価を活用することにより，「個に応じた指導」にも有効な情報を得ることができる。

ここ数年は，教育においても成果を可視化することが求められているが，評価をすることや，よい評価を得ることが教育の目的ではない。とくに人を対象とする評価では，評価の教育的意義と目的を明確にした上で，測定結果や評価を何に利用するのか，目的に合った使用や人権への配慮がなされているかなどに十分に留意し，評価はだれのものかといったことは意識しておきたい。また，誤差を少なくすることは重要だが，測定には誤差が生じるものであり，学習によって変化し成長する"人"を測ることの限界を認識しておく必要がある。

第2節　評価の手順

1　評価の時期

評価の目的によって実施の時期が異なる。図 6.1 のように評価を時期によって分類することができる。

学習を始める前に児童・生徒の実態を把握するために，前提テスト，レディネステスト，意識調査などが行われる。学習のための前提条件を備えているかを把握し，興味・関心を高める，情報を与える，指導計画を修正する目的で行う。こうした事前評価は診断的評価である。

指導途中の評価である形成的評価は，学習の習得状況を確認し，理解していない部分への指導・助言を補充し目標到達へと促す。テストのほか，挙手や観察等により児童・生徒の反応を読み取ることや，児童・生徒の意見発表場面での相互評価などにより評価する。また，指導の節目における小テストのほか，ノートの点検，行動観察などのテストに限定しない評価法を用いて成果を確かめ，教師は次の指導の手立てを講じる。形成的評価という語は 1960 年代のアメリカにおけるカリキュラム運動の中でスクリバン（Scriven, M.）によって用いられた。形成的評価は学習の途中段階で指導や学習の改善に用いられるため，これを次に説明する総括的評価に単純に含めて評定を出すことはできない。

題材（単元）末では題材（単元）末テストにより主要な指導事項の習得状況を判定し，不十分なものに対し補充指導を行う。そして，学期末や学年末では各学期や学年の目標に照らして，どの程度学力が身に付いているか評価する。これらを総括的評価という。この総括的評価の結果が評定として利用され，指導要録や通知表を記入する資料となることが多い。

図 6.1　評価の時期

2　評価用具の選択と活用

　評価用具とは，評価のために用いられる技術や手立て，つまり評価方法やそこで使用される尺度のことである。適切な評価をするためには，評価用具が目標に対して妥当性と信頼性を備えていなければならない。妥当性とは，評価用具が測定しようとしている学習活動における目標や対象の属性を的確に捉えているかどうかの程度である。例えば，「生活を工夫しよりよくしようとする力」を評価するためには，知識・技能のみの測定では適切な評価を行うことはできず，これでは妥当性があるとはいえない。信頼性とは，測定が正確で安定していることをいう。採点者ごとに結果が変わるのでは信頼性が高いとはいえない。いわゆる客観テストは信頼性が高く，論文体テストは低くなる。これらテストによる測定のほか，作品，感想の記述や観察などからも評価を行うことはできるが，主観に頼り過ぎていないことを示す必要がある。

　しかし，客観的に評価を行うために，測定対象とする集団に対して問題作成や実施法を厳密に規定し，受験者個人の結果は準拠集団の得点分布に基づいて判定する標準テストに対しては，学習者の能力を真に測定できていないという批判がなされてきた。それを受けて，1990 年代から，児童・生徒が現に生きている世界に即した問いを与え，その課題の解決に向けた取り組みを評価する方法が考え出された。真正の評価（authentic assessment）の考え方である。ここで与えられる問いは，リアルな課題と呼ばれている。例えば，ホームプロジェクトのように生活のなかから生まれた課題は，リアルな課題といってよいだろう。

　このほかに，先に参照した東は，手続きを経ないインフォーマルな評価の重要性を指摘している。授業を行った際の児童・生徒の反応から教師が感じ取ったことや，授業中の発言や活動に対して教師がコメントをすることも評価といってよい。また，記録には残らない学習者のつぶやきや感想などは授業に対する評価と考えられる。これらは規定された評価の枠組みには入らないものであるが，学習者も教師もこれらの評価によって行動を変化させているのである。

3　資料の解釈と結果の活用

　評価結果をどのように活用するかは，事前に検討されていることが望ましい。まず，授業の前には必ず学習目標が立てられている。そして，評価の目的や利用方法に応じて，対象，測定方法を決める。適切な測定方法を選んだところで，尺度や規準を定める作業が必要である。テストや観察等で得られた資料を採点・集計，つまり測定して資料整理を行った後，評価として機能させるために，それらの資料がどのような意味を持っているのかを解釈する。結果の解釈の方法は，絶対評価，相対評価，個人内評価の 3 種類に大別できる。

(1)　絶対評価

　戦前には，教師が絶対的な権限をもちその主観によって評価することを絶対評価と呼んでいたが，現在の絶対評価は，教育目標や内容がどの程度達成されたかを示す尺度上に，児童・生徒を位置づけて解釈する方法である。類似のものに「到達度評価」があり，これは絶対評価の規準が恣意的になりやすいことを踏まえて，規準を客観的な指標で示して評価するものであり，学校教育においては，学習指導要領に示される目標に準拠した評価を行う。

(2)　相対評価

　学習者の所属する集団の成績水準に合わせて個人の相対的な位置を示す評価法である。他者との比較において自分の水準を知ることができる。また，教師の恣意的な判断が入りにくく，客観的な評価が可能である。しかし，学級差や学校差を考慮しづらく，数十人程度の小集団では，個人の本来の能力や教育目標の達成度の評価ができない。そのため，児童・生徒が自己の真の学力を知ることや，個に応じた具体的な指導方法の検討のための資料とすることは難しい。また，集団内での位置が明らかになるため，児童・生徒の序列化につながり，競争意識や意欲減退につながることも指摘されてきた。

(3)　個人内評価

　個人の成績の結果を個人の過去の成績水準をもとに進歩の度合いを明らかにしたり，他の教科の成績等に解釈の規準を置いて評価したりする方法である。これは個性を重視した評価方法であり，児童・生徒の長所・短所に気づき，成

長の様子をみることができる。しかし，評価に客観性をもたせるためには，他の評価・解釈方法を併用しなければならない。

　教師がこれらの評価を活用するのは，①児童・生徒のレディネスや個人差など学習活動に入る前の状態を知る，②児童・生徒や学級全体の目標到達の程度を知る，③目標達成のための情報を与えたり学習の動機づけや安心感を高めたりして児童・生徒の学習を促す，④教育活動の効果を確認するとともに，自己の指導法を反省し，よりよい指導のための改善点を見いだす，⑤施設・設備等の学習環境の整備や改善のよりどころとするなどの場合である。教師は教材研究，指導計画の立案，指導方法の改善，教材・教具の作成と活用，家庭科室の整備などに活用する。また，児童・生徒は，評価結果を知ることによって，①家庭科の学習成果を知る，②学習方法の改善を図る，③自己の長所・短所などを客観的に認識し自己理解を深めることができる。このように，自己確認や動機付けなど児童生徒の学習の改善に役立たせる。さらに，保護者へは，学業の到達の程度や進学のための情報提供にもなる。とくに，家庭科は家庭生活を学習対象としているので，家庭との連携を保つのにも有用である。

第3節　評価の具体例

　評価では，学習指導要領に定める目標や内容を児童・生徒がどの程度身に付けているかという到達状況を把握しようとする。ここでは，評価観の変化を理解し，現代の教育活動に適した評価方法を検討していく。

1　現代の評価観

「指導と評価の一体化」という表現は，1973年の文献にはすでにみられるが，1980年代以降に広まり，強調されるようになったのは2000年代のことである。2000年の文部科学省教育課程審議会答申「児童生徒の学習と教育課程の実施状況の評価の在り方について」では，評価の重要性が高まっており「指導と評価の一体化」が求められることが明記されている。1970年代までの相対評価に対しては，競争を煽る，児童・生徒の個性を評価できないなどの批判が高ま

り，1980年に学習状況を分析的に捉える「観点別学習状況」の評価が導入された。さらに1989年の学習指導要領の改訂に伴う指導要録の見直しの際には，評価の観点は「関心・意欲・態度」「思考・判断」「技能・表現」及び「知識・理解」で構成することとした。この考え方は，1998年の学習指導要領の改訂に伴う指導要録の見直しに際しても踏襲された。2001年の文部科学省初等中等教育局長通知「小学校児童指導要録，中学校生徒指導要録，高等学校生徒指導要録，中等教育学校生徒指導要録並びに盲学校，聾学校及び養護学校の小学部児童指導要録，中学部生徒指導要録及び高等部生徒指導要録の改善等について」では，「学習指導要領に示す目標に照らしてその実現状況を見る評価が一層重視される」という表現で「目標に準拠した評価」を行うことが明示された。このほか，相対評価に代表されるような集団に準拠した評価や観点別学習状況の評価，あるいは評定には示し切れない子どもたちの良い点や可能性，進歩の状況については，個人内評価を工夫するよう示されている。

　2008年の学習指導要領の改訂に伴って，中央教育審議会初等中等教育分科会教育課程部会において，「児童生徒の学習評価の在り方について（報告）」が2010年3月にとりまとめられた。そのなかでは，「生きる力」を育むという学習指導要領の理念が実現したか評価すること，目標準拠型の評価になっていること，PDCAサイクルを意識すること，指導と評価の一体化を図ることが求められた。しかし，「生きる力」そのものの測定は困難である。そこで，2016年に出された中央教育審議会「幼稚園，小学校，中学校，高等学校及び特別支援学校の学習指導要領等の改善及び必要な方策等について（答申）」では，「生きる力」を具体化して三つの柱で示し，①「何を理解しているか，何ができるか（生きて働く「知識・技能」の習得）」，②「理解していること・できることをどう使うか（未知の状況にも対応できる「思考力・判断力・表現力等」の育成）」，③「どのように社会・世界と関わり，よりよい人生を送るか（学びを人生や社会に生かそうとする「学びに向かう力・人間性等」の涵養）」を育成する資質・能力とした。これらは学校教育法に書かれていることから「学力の三要素」とよばれる①知識・技能，②思考力・判断力・表現力等，③主体的に学習に取り組

表 6.1　学力の三要素と評価の観点

学力の三要素	〈生きる力の三つの柱〉	〈評価の観点〉
基礎的な知識及び技能	知識及び技能	知識・技能
思考力・判断力・表現力その他	思考力・判断力・表現力等	思考・判断・表現
主体的に学習に取り組む態度	学びに向かう力・人間性等	主体的に学習に取り組む態度

む態度と対応することになり，評価の観点として用いられる。学習指導要領における家庭科の目標及び内容も「知識及び技能」「思考力，判断力，表現力等」「学びに向かう力，人間性等」の生きる力の三つの柱に合わせた項目の記述となっている。

　ところで，PDCA サイクルとは，評価も含めた指導計画，教育計画を立案し（Plan），計画を踏まえた教育活動を実践し（Do），学習状況や指導計画，授業を評価し（Check），評価を踏まえた授業や指導計画の改善や個に応じた指導の充実をはかる（Action）ことである。この計画（P）―実践（D）―評価（C）―改善（A）の PDCA サイクルを活用して，授業や学校における教育活動全体を見直し改善を図っていくことが求められている。家庭科におけるホームプロジェクトなどの生徒自身が行う活動は PDCA サイクルになじみやすいが，教育活動のなかには PDCA サイクルに当てはめることに無理があるものもある。佐藤郁哉（2018）が指摘するように，PDC は動詞の頭文字であるのに対し，A の Action は名詞である。このことから分かるように和製英語であり，日本で独自に発達を遂げた概念である。また，学校教育にこの概念を当てはめることが適切であるかについては，信頼できる研究結果も少ない。そのなかで，PDCA サイクルを回すことにこだわるあまり，常に新規の計画（P）を立案し，可視化できる評価（C）を提示することが要求されがちである。しかしながら，本来は，測定，評価した結果を教育活動に反映させることが評価の目的であり，教育活動とそれに付随する評価をすべて PDCA サイクルにあてはめることは慎重に検討されなくてはならない。

　2016 年の中央教育審議会初等中等教育分科会教育課程部会「児童生徒の学習評価の在り方について（報告）」では，毎回の授業ですべての観点での評価を行おうとして，教師は評価に追われ，児童生徒は必要以上に評価を気にして

しまうことが指摘されている。そのため，日々の授業のなかでは学習状況を把握するための評価に重点を置き，知識・技能及び思考・判断・表現の評価の記録は"単元や題材等のまとまりごと"に行うよう求めている。評価のために教育が行われることがないよう留意したい。

2　観点別学習状況の評価

（1）　観点別学習状況

観点別学習状況の評価とは，目標に対する学習者の到達状況を，あらかじめ定めた観点ごとに捉えて評価することである。家庭科に限らず評価の観点は，

表 6.2　評価の観点及びその趣旨（小学校）

小学校　家庭			
観点	知識・技能	思考・判断・表現	主体的に学習に取り組む態度
趣旨	日常生活に必要な家族や家庭，衣食住，消費や環境などについて理解しているとともに，それらに係る技能を身に付けている。	日常生活の中から問題を見いだして課題を設定し，様々な解決方法を考え，実践を評価・改善し，考えたことを表現するなどして課題を解決する力を身に付けている。	家族の一員として，生活をよりよくしようと，課題の解決に主体的に取り組んだり，振り返って改善したりして，生活を工夫し，実践しようとしている。

文部科学省「改善等通知」別紙 4（2019）

表 6.3　評価の観点及びその趣旨（中学校）

中学校　技術・家庭			
観点	知識・技能	思考・判断・表現	主体的に学習に取り組む態度
趣旨	生活と技術について理解しているとともに，それらに係る技能を身に付けている。	生活や社会の中から問題を見いだして課題を設定し，解決策を構想し，実践を評価・改善し，表現するなどして課題を解決する力を身に付けている。	よりよい生活の実現や社会の構築に向けて，課題の解決に主体的に取り組んだり，振り返って改善したりして，生活を工夫し創造し，実践しようとしている。

中学校　技術・家庭（家庭分野）			
観点	知識・技能	思考・判断・表現	主体的に学習に取り組む態度
趣旨	家族・家庭の基本的な機能について理解を深め，生活の自立に必要な家族・家庭，衣食住，消費や環境などについて理解しているとともに，それらに係る技能を身に付けている。	これからの生活を展望し，家族・家庭や地域における生活の中から問題を見いだして課題を設定し，解決策を構想し，実践を評価・改善し，考察したことを論理的に表現するなどして課題を解決する力を身に付けている。	家族や地域の人々と協働し，よりよい生活の実現に向けて，課題の解決に主体的に取り組んだり，振り返って改善したりして，生活を工夫し創造し，実践しようとしている。

文部科学省「改善等通知」別紙 4（2019）

表6.4 評価の観点及びその趣旨（高等学校）

高等学校　家庭

観点	知識・技能	思考・判断・表現	主体的に学習に取り組む態度
趣旨	人間の生涯にわたる発達と生活の営みを総合的に捉え，家族・家庭の意義，家族・家庭と社会との関わりについて理解を深め，生活を主体的に営むために必要な家族・家庭，衣食住，消費や環境などについて理解しているとともに，それらに係る技能を身に付けている。	生涯を見通して，家庭や地域及び社会における生活の中から問題を見いだして課題を設定し，解決策を構想し，実践を評価・改善し，考察したことを根拠に基づいて理論的に表現するなどして課題を解決する力を身に付けている。	様々な人々と協働し，よりよい社会の構築に向けて，課題の解決に主体的に取り組んだり，振り返って改善したりして，地域社会に参画しようとするとともに，自分や家庭，地域の生活を創造し，実践しようとしている。

高等学校　家庭（家庭基礎）

観点	知識・技能	思考・判断・表現	主体的に学習に取り組む態度
趣旨	生活を主体的に営むために必要な人の一生と家族・家庭及び福祉，衣食住，消費生活・環境などの基礎的なことについて理解しているとともに，それらに係る技能を身に付けている。	生涯を見通して，家庭や地域及び社会における生活の中から問題を見いだして課題を設定し，解決策を構想し，実践を評価・改善し，考察したことを根拠に基づいて論理的に表現するなどして課題を解決する力を身に付けている。	様々な人々と協働し，よりよい社会の構築に向けて，課題の解決に主体的に取り組んだり，振り返って改善したりして，地域社会に参画しようとするとともに，自分や家庭，地域の生活の充実向上を図るために実践しようとしている。

高等学校　家庭（家庭総合）

観点	知識・技能	思考・判断・表現	主体的に学習に取り組む態度
趣旨	生活を主体的に営むために必要な人の一生と家族・家庭及び福祉，衣食住，消費生活・環境などについて科学的に理解しているとともに，それらに係る技能を体験的・総合的に身に付けている。	生涯を見通して，家庭や地域及び社会における生活の中から問題を見いだして課題を設定し，解決策を構想し，実践を評価・改善し，考察したことを科学的な根拠に基づいて論理的に表現するなどして課題を解決する力を身に付けている。	様々な人々と協働し，よりより社会の構築に向けて，課題の解決に主体的に取り組んだり，振り返って改善したりして，地域社会に参画しようとするとともに，生活文化を継承し，自分や家庭，地域の生活の充実向上を図るために実践しようとしている。

文部科学省「改善等通知」別紙5（2019）

表6.5 評価の観点及びその趣旨（高等学校　専門教科）

高等学校　専門教科　家庭

観点	知識・技能	思考・判断・表現	主体的に学習に取り組む態度
趣旨	生活産業の各分野について体系的・系統的に理解しているとともに，関連する技術を身に付けている。	生活産業に関する課題を発見し，職業人に求められる倫理観を踏まえ合理的かつ創造的に解決する力を身に付けている。	よりよい社会の構築を目指して自ら学び，生活の質の向上と社会の発展に主体的かつ協働的に取り組む態度を身に付けている。

文部科学省「改善等通知」別紙5（2019）

表 6.6　評価の観点と評価用具

評価の観点	評価用具・方法の例
知識・技能	テスト（客観テスト・論文体テスト） 学習記録 発表状況 レポート 作品（完成品・製作過程） 観察（製作過程） 実技テスト 自己評価表・相互評価表
思考・判断・表現	観察（行動・発言・話し合い・表現活動など） 感想文 学習記録 テスト（論文体テスト・小論文・問題場面テスト） レポート
主体的に学習に取り組む態度	意識調査 実践記録 感想文 日記 観察（学習態度・作品など） 面接 レポート

小・中・高等学校いずれも，学力の三要素に対応した「知識・技能」「思考・判断・表現」「主体的に学習に取り組む態度」の3つとされている。これには，表 6.2 から 5 に示すとおり，家庭科の特質を踏まえて評価の趣旨が説明されている。

　観点によって，適した評価用具は異なる。表 6.6 に観点と対応する評価用具を示した。

(2)　「内容のまとまりごとの評価規準」

　2017 年，2018 年に告示された学習指導要領においては，学習内容の記載がそのまま学習目標となっており，育成を目指す資質・能力が示されている。そのため，学習指導要領に示されている学習内容を細分化したり整理したりしたものを，評価における「内容のまとまり」ととらえ，内容のまとまりごとに評価規準を作成することになっている。表 6.7 にみられるように学習指導要領に (1)，(2) などのように番号を付して示される学習内容の各項目が，「内容のまとまり」である。ただし，この「内容のまとまり」と，学習指導要領における「内容や時間のまとまり」とは意味合いが異なる。学習指導要領では，教師が学習

指導要領の内容項目から考えて再構成した題材や単元にみられるようなまとまりを「内容や時間のまとまり」と表現している。実際の授業では，教育の効果を考慮すると学習指導要領の項目ごとに授業を行うとは限らず，複数の領域に関わる構成になることもあるからである。したがって，評価を考える上での「内容のまとまり」は，題材（単元）や個別の学習活動の評価に反映されるが，ある題材のなかにいくつもの「内容のまとまり」ごとの評価規準が含まれること

表 6.7 家庭科の評価における内容のまとまり

小学校　家庭	中学校　技術・家庭（家庭分野）	高等学校（家庭基礎）	高等学校（家庭総合）
A．家族・家庭生活 (1)自分の成長と家族・家庭生活 (2)家庭生活と仕事 (3)家族や地域の人々との関わり (4)家族・家庭生活についての課題と実践	A．家族・家庭生活 (1)自分の成長と家族・家庭生活 (2)幼児の生活と家族 (3)家族・家庭や地域の人々との関わり (4)家族・家庭生活についての課題と実践	A．人の一生と家族・家庭及び福祉 (1)生涯の生活設計 (2)青年期の自立と家族・家庭 (3)子供の生活と保育 (4)高齢期の生活と福祉 (5)共生社会と福祉	A．人の一生と家族・家庭及び福祉 (1)生涯の生活設計 (2)青年期の自立と家族・家庭及び社会 (3)子供との関わりと保育・福祉 (4)高齢者との関わりと福祉 (5)共生社会と福祉
B．衣食住の生活 (1)食事の役割 (2)調理の基礎 (3)栄養を考えた食事 (4)衣服の着用と手入れ (5)生活を豊かにするための布を用いた製作 (6)快適な住まい方	B．衣食住の生活 (1)食事の役割と中学生の栄養の特徴 (2)中学生に必要な栄養を満たす食事 (3)日常食の調理と地域の食文化 (4)衣服の選択と手入れ (5)生活を豊かにするための布を用いた製作 (6)住居の機能と安全な住まい方 (7)衣食住の生活についての課題と実践	B．衣食住の生活の自立と設計 (1)食生活と健康 (2)衣生活と健康 (3)住生活と住環境	B．衣食住の生活の科学と文化 (1)食生活の科学と文化 (2)衣生活の科学と文化 (3)住生活の科学と文化
C．消費生活・環境 (1)物や金銭の使い方と買い物 (2)環境に配慮した生活	C．消費生活・環境 (1)金銭の管理と購入 (2)消費者の権利と責任 (3)消費生活・環境についての課題と実践	C．持続可能な消費生活・環境 (1)生活における経済の計画 (2)消費行動と意思決定 (3)持続可能なライフスタイルと環境	C．持続可能な消費生活・環境 (1)生活における経済の計画 (2)消費行動と意思決定 (3)持続可能なライフスタイルと環境
		D．ホームプロジェクトと学校家庭クラブ活動	D．ホームプロジェクトと学校家庭クラブ活動

になる。なお，専門教科「家庭」の場合は，各科目の「内容のまとまり」を「指導項目」と呼び換え，「指導項目」ごとの評価規準を作成することとしている。

(3)　評価規準の決め方

学習の結果，児童・生徒にどのような変化があったかを見て評価するためには，規準を定める必要がある。目標に対しての評価規準を定めるには，単に目標の文末を評価に言い換えるだけでは不十分で，授業に即して具体的な評価場面を想定して規準を定める。ところで，規準と基準の違いは紛らわしいが，作品や特定の技能，あるいはある題材（単元）などにおける評価の観点や尺度を評価規準（criterion）という。つまり，内容のまとまりごとの評価規準があり，さらにそれを具体化した評価規準があることになる。一方，評価基準（standard）は，教科目標のように，学習を通じて児童・生徒が到達する水準を指す。ただし，文部科学省は用語を規準に統一して使用しており，教育評価の専門家の間でも規準と基準の使い分けは確定的なものではない。

3　家庭科の授業で評価を行う場合

実践的な活動を通して，知識・技能や問題解決能力，生活を工夫する力を身に付けさせることが家庭科の学習方法の特質である。家庭科では単に知識や技能を身に付けるだけでなく，仕事に対する理解を深めたり，仕事の仕方を工夫したりして生活の場に活用できる能力を習得していく。技能を評価する場合であっても，①知識・理解の側面からの評価，②技能行動の熟練度・正確さ・迅速さなどの側面からの評価，③技術や技能を活用して製作した作品からの評価，など総合的に判断する。したがって，完成した作品や仕事の結果の評価のみでなく，学習過程における評価も重要となる。

(1)　知識や理解の評価

知識や理解は，かつては学力の中核をなすものであり，現在でも重要であることには変わりはない。口述試験と筆記試験によって評価されるが，学校教育においては筆記試験が中心で，論文体テストや客観テストなどを用いる。代表的な筆記試験の出題形式を図6.2に示す。知識の正確さを知るには単純再生法

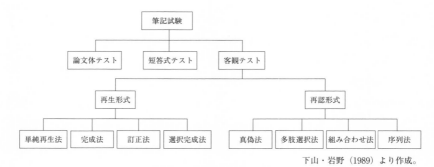

下山・岩野（1989）より作成。

図6.2 知識や理解の評価方法

によるテストが適しているが，理解した上で解答しているかを把握するには，論文体テストや組み合わせ法，完成法などが向いている。

(2)　技能の評価

調理や被服製作の技能以外にも，討議をする，発表をする，子どもや高齢者と関わるなどが評価の場面になると考えられる。これらは実践の場で，チェックリスト法，評定尺度法，観察法などを使用して形成的に評価できる。具体的には，現実に作業や製作をしている場面やできあがった作品を観察することによって，熟練度や正確さを評価する。また，包丁の扱い方や切り方，手縫いの基礎的技能などの簡単な実技テストを実施することにより，習熟度や定着度を測定することもできる。

(3)　作品の評価

作品は，知識，技能や思考，学習意欲などの集合体である。目標準拠型の評価をしやすいが，主観による評価に陥りがちであるため，評価する場合には，チェックリスト法，評定尺度法，一対比較法，等現間隔法などを用いるとよい。また，児童・生徒の自己評価や相互評価も参考にできる。

4　知識・技能の評価で活用される方法

ここでは，橋本重治（1977b）などに依りつつ，家庭科での評価の具体例を示す。

(1)　論文体テスト（論述試験）

「……について述べなさい」「……について説明しなさい」などのように，ある程度の長さをもった文章で説明することを求めるテストである。橋本は，論文体テストが適しているものとして，2 つ以上のことの比較，要約や概括能力，知識・理解の応用力などいくつか挙げているが，単なる知識だけでなく論理的思考力を問う出題がしやすい。問題作成は比較的容易であるが，解答にばらつきが出やすく，また，文章表現の得手・不得手や文字の読みやすさが採点に影響を及ぼすことがある。客観的に評価するためには採点規準を明確にしておく必要がある。

例：洗剤により汚れが落ちるのはなぜか，説明しなさい。

(2)　短答式テスト

問いに対して，単語や短い文章で記述させる方法である。

例：食品群別摂取量のめやすとは何か。30 字以内で説明しなさい。

(3)　客観テスト

問題作成には配慮が必要であるが，採点は容易であり客観的に評価できる。記憶していることを思い出して解答する再生形式と，用意されている項目から正答を選び出す再認形式とがある。

① **単純再生法**　短答式テストと似ており，記憶や知識を調べるのに適している。問題作成が比較的容易である。

例：部屋の配置や広さを示した図をなんというか。（　　　　　）

② **完成法**　文章や図のなかの空所を，文脈から考えて正しい語句や数字などでうめさせる方法である。

例：つぎの文の（　　）のなかに適当な言葉を入れなさい。

青少年期は（　　　）が盛んで，運動も活発であるので，熱や力のもとになる（　　　），（　　　）などの栄養素をとる必要がある。

③ **訂正法**　文章中の誤った記述を訂正させる。

例：次の文章で誤っている箇所に下線を引き，正しい言葉を（　　）内に書きなさい。

緑黄色野菜は，油を使って調理すると，ビタミン B_1 の吸収がよくなる。

（　　）

④ **選択完成法**　数個の語群を用意しておき，そのなかから文章中の空欄にあてはまるものを選択させる。

例：つぎの文の（　　）のなかにあてはまる言葉を下から選んで記号で書きなさい。

野菜や果物などが1年間で最もよく市場に出回る時期を（　　）という。この時期の食品は（　　）がよく，（　　）が安く，（　　）が高い。

ア栄養価　　イ旬（しゅん）　　ウ味　　エ出盛り期　　オ価格　　カ脂肪

⑤ **真偽法／諾否法**　いわゆる正誤問題のことであり，偶然による正解も生じるが，大量の知識や広い範囲の学習内容の定着を評価することができる。

例：つぎの文章で，正しいものに○，正しくないものに×をつけなさい。

・毛糸のセーターを洗濯するには，アルカリ性洗剤を使う。　（　　）

・主に体の生理機能の調節をする栄養素は，炭水化物である。（　　）

⑥ **多肢選択法**　用意された3〜5個の選択肢から正しいものを選択する。判断力や推理力をみることができ，採点も容易である。

例：つぎの文を読んで（　　）内の適当な言葉や数字を選び，○をつけなさい。

米の成分の大部分は（炭水化物，タンパク質，脂質）である。米の重量の約（1.5, 3, 10）倍の水を加え，よく吸水させてから炊く。

⑦ **組み合わせ法**　上下あるいは左右に数個の用語や質問を用意し，関連のあるものを組み合わせる。

例：ミシンを使っている時に①〜③のような状態になった。どうすればよいか，ア〜エより一つずつ選びなさい。

①上糸が切れる（　　）　②縫い目がとぶ（　　）　③布が進まない（　　）

　ア　上糸をかける順序に間違いがなければ，上糸調子ダイヤルをゆるめる

　イ　送り調節ダイヤルやドロップフィードの目盛りの位置を確かめる

　ウ　ストップモーション大ねじがしまっているか確かめる

　エ　糸かけ順序や針のつけ方が正しいか点検する。正しければ押さえの圧力

　を強くする

　⑧ 序列法　無秩序に並べられた項目を大小，高低，多少，作業手順など一定の基準にしたがって並べ替える。

　例：スカートの本縫いの手順にしたがって①〜⑥を並べ替えなさい。

　①わき縫い　②ベルトつけ　③ダーツを縫う　④縫い代の始末

　⑤すその始末　⑥わきあきの始末（　　　→　　　→　　　→　　　→　　　→　　　）

（4）　チェックリスト法

　観点を決め，行動特質の有無，できているかいないかなどをチェックする。短時間に処理でき記録が容易であるが，情報が断片的であるため個人がもつ特性の因果関係を見落としやすい。

　例：手縫いの基礎

観点 ＼ 氏名	梅川菫子	橘田蓮	桜庭楓	松浦桃太
針に糸を通す	✓	✓		✓
玉結びをする	✓	✓	✓	✓
玉留めをする	✓		✓	✓

（5）　評定尺度法

　観察に基づいて個人の特質を相対的・数量的に表そうとする方法で，あらかじめ設定した段階に従って判定する。段階ごとの差ができるだけ等間隔になることが望ましいとされる。代表的な3種類を示す。

　① 記述評定尺度　価値の程度の差を3〜5段階に分け，短文記述で表し評定する。

　例：なみ縫い

　5　縫い目の長さが揃っていてまっすぐである

　4　縫い目の長さは揃っているが曲がっている

　3　縫い目の長さはやや不揃いで曲がっている

　2　縫い目の長さが不揃いで曲がっている

　1　縫い目の長さは全く不揃いで印から外れている

② **図式評定尺度**　記述評定尺度の段階の記述を直線上に図式化する。

例：野菜サラダの盛り付け

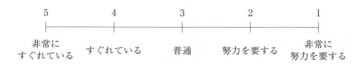

③ **点数評定尺度**　価値の程度を表すのに具体的な文章では尺度を示さず，5，4，3，2，1や，A，B，C，D，Eのように示す。

例：ショートパンツのデザインの決め方　5—4—3—2—1

(6)　一対比較法

一つ一つの作品を他の作品と比較して序列を決める。n(n−1)/2回比較する必要があり対象が多い場合には手数がかかる。これを簡略化したものが序列法や等現間隔法である。

(7)　序 列 法

全作品を見渡して概略の順位を決め，一つずつ比較しながら序列の不適切を修正して順位付けする。

(8)　等現間隔法

尺度作成法の一つで，多数の意見を等間隔に分類して尺度値を与える。作品の評価に応用する場合は，全作品の中から「優れている・普通・努力を要する」などのように等間隔に位置する作品を5あるいは7点ずつ見本として抽出し，残りの作品を見本と比較する。

5　思考・判断・表現の評価で活用される方法

思考力・判断力・表現力は近年の学力観において重視される能力で，家庭科で育てようとしている問題解決能力，意思決定能力，批判的思考力，創造的能力などとつながりがある。その育成には，主体的に考えさせる場が必要であり，問題解決場面や意思決定場面が設定されたケーススタディ（事例研究）を用いることが効果的である。若者の契約トラブル事例や家庭内での事故事例をもとに予防や解決の方法を検討するなどが考えられる。このような授業では，発言

や行動を，チェックリスト法，評定尺度法などを用いた直接観察法，逸話記録法，VTR による間接観察記録法などの記録をもとに評価する。文章については，論文体テストやノートや感想文などから思考・判断・表現に関する記述を抽出しカテゴリー化して分析するテキストマイニングなどの方法がある。ただし，表現力の評価には，教師の主観が入りやすく，印象の影響を受けるので注意が必要である。例えば，観察に際して，初頭効果（第一印象における評価）やハロー（光背）効果，ピグマリオン効果，寛大効果などによって評価に歪みが生じる可能性を考慮しておく。

（1）　問題場面テスト

ある場面の出来事を設定して，その問題を解決する思考力を評価する。

例：A さんは，大学の先輩に「儲かるから」と投資用の USB メモリの購入を勧められ，「60 万円も払えない」と断ったら，借金をするように言われて断り切れずに消費者金融で借りてしまった。A さんはどうしたらよいか，考えて書きなさい。

（2）　自己評価

自己評価は学習者自身が評価を行うことである。テストの自己採点や被服製作の自己評価などは，学習の過程の振り返りや反省の機会となり，評価方針を児童・生徒と共有し教師の評価と照らし合わせることもできる。近年，メタ認知能力も学習によって高めることが求められており，教科の特質に応じて自己評価を取り入れた学習を行うことも推奨されている。

6　主体的に学習に取り組む態度の評価で活用される方法

活発な発言や積極的な行動の見られる場面だけでなく，思考を深めているときも主体的に学習に取り組んでいる。積極性や実践力，習慣付けなどの行動的な面だけでなく，科学性，指向性，創造性などの知的な面も適切に評価する。実践的な活動による課題解決への取り組みを評価するほか，製作や実習への参加の様子や日常生活における態度の変容を観察したりすることによって知ることができる。行動や行動の変容を評価する具体的な方法として，観察法，面接法，質問紙法，ゲス・フー・テスト，問題場面テスト，逸話記録法，日記，感

想文などがある。ここでも，教師のみによる評価よりも，児童・生徒の自己評価や相互評価を併用することにより，信頼性が高くなる。「主体的に学習に取り組む態度」の評価も主観に偏らないことが重要である。また，メタ認知能力を含め人間性の評価は，評定になじまないため，学習の途中で口頭や提出物へのコメントで伝えることが多い。

（1）ゲス・フー・テスト（guess-who test）

児童・生徒に相互評価させる方法の一つで，特定の行動について該当する者の名前を挙げさせ，数量化し，集団内の個人の性格や行動を評価する。低学年の児童には有効とされるが，児童・生徒の人間関係に配慮が十分になされた上で実施される必要がある。

例：つぎのことにあてはまると思う人をクラスのなかから選んで書きなさい。

調理実習の時，最後まで後片づけをした人は誰ですか。

（2）SD法（semantic differential method）

相反する概念語を提示して価値観，態度，興味などを表現させる方法である。

例：家庭科の授業についてあてはまるところに印をつけなさい。

7 最近の評価方法

（1）ルーブリック評価

ルーブリックを使って評価することをいう。ルーブリックは，評価指標を文章で表現したものである。学習者に事前に提示することで，これから行う学習活動で求められていることを授業者と共有でき，目標達成に向けての取り組みが分かりやすくなる。一方で，ルーブリックに記述されていることを達成するだけで学習者が満足してしまい，それ以上の発展が期待できないと指摘されており，ルーブリックを用いることが適している学習活動とそうでないものがあ

表6.8　知識・技術*に関する評価規準（高等学校　専門教科）

	A	B	C
知識・技術	・理解したことを箇条書きで書き取ることができ，系統立てて分類することができている。	・理解したことを箇条書きで書き取ることができ，簡単に分類することができている。	・理解したことを書き取ろうとしている。
思考・判断・表現	・問題点や課題について，調査やデータに基づいて考えを記述できている。	・問題点や課題について自己の考えを記述している。	・問題点や課題について記述しようとしている。

＊専門教科では，知識・技能ではなく，知識・技術とされることに注意する。

る。参考までに，国立教育政策研究所の参考資料から文章で表現される評価規準を例として表6.8に転載しておく。ここに見られるように，ルーブリックは具体的に文章で表現するが，その段階を等間隔に作成することは容易ではない。

(2)　パフォーマンス評価

　身に付けた知識や技能を現実の場面で活用して問題解決を成し遂げることをパフォーマンスといい，パフォーマンスを評価することをパフォーマンス評価という。狭義には，パフォーマンス課題による評価のことをいう。パフォーマンス課題とは，身に付けた知識・技能を統合して解決をはかることを求めるように設定された課題である。例えば，「家族の健康を維持できるように，栄養や好みを考えた献立を作成する」といった課題や，演劇，プレゼンテーション，レポート，作品や製作物などが相当し，「きゅうりの小口切り」など特定の技能の習熟だけをみる実技テストは含まない。パフォーマンス評価は，ペーパーテストでは評価できない能力や技能を評価するため，さまざまな学習活動の部分的な評価や記録と実演を組み合わせる。主観や印象で判断しないために，ルーブリック（評価指標）作りが必要である。

(3)　ポートフォリオ評価

　ポートフォリオを使った評価の方法である。ポートフォリオとは，児童・生徒の学習の成果を示す作品やレポート，テストの解答用紙などをファイルに綴じて保存したものである。これらを電子データで保管するe-ポートフォリオもある。西岡加名恵（2003）は，「ポートフォリオ評価法とは，ポートフォリオづくりを通して子どもの自己評価を促すとともに，教師も子どもの学習と自

142

分の指導を評価するアプローチ」と説明している。ここでもルーブリックが必要である。

8 評価結果の記録と通知

　教育評価は，指導要録のような記録にも用いられる。現在の指導要録は，「学籍の記録」と「指導に関する記録」からなり，それぞれ，国の定めた内容について様式に従って記載する。文部科学省が提示する参考様式をもとに，各教育委員会で作成し書き方を解説した資料が公表されている。学籍の記録は20年間，指導に関する記録は5年間，各学校で保管することが義務づけられている。「指導に関する記録」には「各教科の学習の記録」の項目が設けられており，「観点別学習状況」と「評定」を記載する。「観点別学習状況」は，学習指導要領に示される教科の目標に照らして，「知識・技能」「思考・判断・表現」「主体的に学習に取り組む態度」の3つの観点で評価する。その際，「十分満足できる」状況と判断されるものをA，「おおむね満足できる」をB，「努力を要する」をCのように区別して評価を記入する。評定は，総括的な評価の結果である。観点別学習状況を評定に反映させる方法は各学校に委ねられている。

　また，児童・生徒の学習状況について保護者に対して伝えるために通知表（通

小学校

教科	観点 　　　　　　　　学年	1	2	3	4	5	6
家庭	知識・技能						
	思考・判断・表現						
	主体的に学習に取り組む態度						
	評定						

中学校

教科	観点 　　　　　　　　学年	1	2	3
技術・家庭	知識・技能			
	思考・判断・表現			
	主体的に学習に取り組む態度			
	評定			

高等学校

教科等	科目等	第1学年		
		学習状況 観点別	評定	修得単位数
家庭	家庭基礎	AAA	5	2

文部科学省「改善等通知」参考様式（2019）より一部抜粋。

図6.3　指導要録

信簿）が用いられているが，これには，法令上の規定や，様式に関して国として例示したものはない。公文書である指導要録と，保護者や児童・生徒本人に学校生活や学習の状況を知らせて今後の学習の改善に役立てるための通知表とでは，役割が異なる。保護者等に学習の状況を説明する場合，ポートフォリオを活用することは，学習の経過を実物で辿りやすくなるため，保護者の理解や協力を得るためにも有益であろう。

　次に，指導要録作成上の要点を学校種別に確認しておく。図6.3は様式のうち，家庭科の記入欄を抜粋したものである。

（1）　小 学 校

　「評定」は，低学年では廃止されているが，家庭科は第5学年から学習するので，「十分満足できる」状況と判断されるものを3とし，「おおむね満足できる」を2，「努力を要する」を1のように区別して評価する。個性を生かすという教育的見地から，「総合所見及び指導上参考となる諸事項」の記入欄には，個人として優れた点，学習に対する意欲や関心，学習の進歩状況など長所を取り上げて記入する。この場合，教科指導のなかでの所見を記入する紙幅はないが，日頃の学習活動で本人に伝えていくとよい。

（2）　中 学 校

　教科「技術・家庭」として記録するので，家庭分野と技術分野とを合わせて評価する。「評定」では，必修教科は学習指導要領に示す目標に照らしてその実現状況を目標に準拠した評価をして記入する。5から1の5段階とし，「十分満足できるもののうち，特に程度が高い」状況と判断されるものを5，「十分満足できる」4，「おおむね満足できる」3，「努力を要する」2，「一層努力を要する」を1のように区別して記入する。

（3）　高 等 学 校

　2019年の「小学校，中学校，高等学校及び特別支援学校等における児童生徒の学習評価及び指導要録の改善等について（通知）」では，高等学校でも観点別評価の導入を促進するように文部科学省は働きかけている。図6.3のように3観点（知識・技能，思考・判断・表現，主体的に学習に取り組む態度）の評価

を，小中学校同様に3段階で記入する。高等学校の各教科・科目の評定は，学習指導要領に示す目標に照らしてその実現状況を総括的に評価し，「十分満足できるもののうち，特に程度が高い」状況と判断されるものを5，「十分満足できる」4，「おおむね満足できる」3，「努力を要する」2，「努力を要すると判断されるもののうち，特に程度が低い」1のように区別して記入する。

　これまで，評価を指導に生かすことは当たり前に行われてきたが，学習評価について指摘されている課題もある。指導要録は，進学時に写しを進学先へ送付することになっており，指導に生かすことが想定されているが，先述した2019年の通知によれば，「相当な労力をかけて記述した指導要録が，次の学年や学校段階において十分に活用されていない」という現状がある。また，事後評価が中心で授業改善につながっていない，挙手の回数など表に見える行動や性格で主体性を評価するのは誤解である，教師によって評価の方針が異なり，学習改善につなげにくいといった点が挙げられている。なかでも，「教師が評価のための『記録』に労力を割かれて，指導に注力できない」という指摘がされている点には留意しておきたい。山口陽弘（2003）は，著書のなかでルーブリック作成の作業の負荷に触れ，評価にエネルギーを割きすぎない現実的な提案を行っている。学校における働き方改革が課題となっているなかで，学習評価の改善の基本的な方向性として，2019年の同通知では，評価を児童・生徒の学習改善，教師の指導改善につながるものにしていくことに加えて，これまで慣行として行われてきたことでも，必要性・妥当性が認められないものは見直していくこと，としている。

引用文献

東洋（2001）『子どもの能力と教育評価　第2版』東京大学出版会，8，98

国立教育政策研究所教育課程研究センター（2021）『「指導と評価の一体化」のための学習評価に関する参考資料【中学校　技術・家庭】』東洋館出版社，95

国立教育政策研究所教育課程研究センター（2021）『「指導と評価の一体化」のための学習評価に関する参考資料【高等学校　専門教科】』東洋館出版社，212

佐藤郁哉（2018）大学教育の「PDCA化」をめぐる創造的誤解と破滅的誤解（第1部），同志社商学，70(1)，27-63.

下山剛・岩野武志（1989）『教育心理学　増補版』鷹書房，126-129

鈴木健次郎（1973）「授業過程における『指導』と『評価』の一体化　学習評価をどう改善するか（特集）」『現代教育科学』16(7)，17-23

関田一彦・渡辺貴裕・仲道雅輝（2016）『教育評価との付き合い方』さくら社，106-110，117-118

田中耕治編（2021）『よくわかる教育評価　第 3 版』ミネルヴァ書房，58-61，64，65

中央教育審議会（2016）「幼稚園，小学校，中学校，高等学校及び特別支援学校の学習指導要領等の改善及び必要な方策等について（答申）」28-31

西岡加名恵（2003）『教科と総合に活かすポートフォリオ評価法』図書文化，39

西岡加名恵・石井英真（2021）『教育評価重要用語辞典』明治図書，17，32，111

橋本重治（1977a）『新・教育評価法総説（上）』金子書房，55-67，184-188，191-193，203，212，214-219

橋本重治（1977b）『新・教育評価法総説（下）』金子書房，63-84

橋本重治（2003）応用教育研究所編『2003 年改訂版　教育評価法概説』図書文化，11

ヒッチ・ユアット／中間美砂子監訳（2005）『現代家庭科教育法』大修館書店，267

本田由紀（2020）『教育は何を評価してきたか』岩波書店，180-184

文部科学省（2019）「高等学校（全日制の課程・定時制の課程）生徒指導要録（参考様式）」

文部科学省（2019）「小学校，中学校，高等学校及び特別支援学校等における児童生徒の学習評価及び指導要録の改善等について（通知）別紙 4『各教科等・各学年等の評価の観点等及びその趣旨』（小学校及び特別支援学校小学部並びに中学校及び特別支援学校中学部）」

文部科学省（2019）「小学校，中学校，高等学校及び特別支援学校等における児童生徒の学習評価及び指導要録の改善等について（通知）別紙 5『各教科等の評価の観点及びその趣旨』（高等学校及び特別支援学校高等部）」

山口陽弘（2013）「第 8 章　ルーブリック作成のヒント―パフォーマンス評価とルーブリック評価」佐藤浩一編著『学習の支援と教育評価』北大路書房，172-201

ライチェン・サルガニク編著／立田慶裕監訳（2006）『キー・コンピテンシー　国際標準の学力をめざして』明石書店，9，210-218

第7章　家庭科教育における実践的研究

　2017，2018（平成29，30）年の学習指導要領改訂の趣旨を踏まえた小中高等学校の授業実践について，各節ごと各学校種1例ずつを紹介している。授業の題材，目標，指導計画，本時の活動，評価と授業づくりの視点を実践者自身が解説し，その後コメント〈実践例に学ぶ〉を加えて汎用性につなげている。

第1節　小学校の実践例

1　実践題材について

（1）　題材名「安全な活動について考えてみよう」（第6学年）

（2）　題材について　実習や実験などの活動において，安全に配慮した指導は必要不可欠である。なぜなら，怪我をすることが予想されるような範囲に子どもたちの試行錯誤があってはならないからである。また「安全な活動」について，学んだことを活用する力を子どもたちに育むならば，教師が一方的に指導することでは不十分ではないだろうか。そこで本題材では，子どもたちが自分の経験を振り返ったり，環境や条件を変えて安全について考えたりする活動を通して「安全な活動」についての意識と技能を高めることをねらった。また分かったことを友だちと交流したり実践したりすることで，生活の中でも活用できる力となることを期待している。

（3）　題材の目標・用具や活動の安全について理解しているとともに，活動できる（知識・技能）

・用具や活動の安全について考えたり，自分なりに工夫したりしている。（思考・判断・表現）

・用具や活動の安全について関心をもち，実践しようとしている。（態度）

(4)　指導計画

次	小題材名（時間）	主な学習活動
1	私たちの活動は安全かな？（3）	○これまでの経験から，特に安全に配慮して取り扱う必要がある用具や，活動場面について話し合う。 ○担当した内容について調べたり試したりしたことをまとめて，発表準備をする。
2	発表しよう！確かめよう！（6）　本時 4/6	○用具や活動の安全について発表し合う。 ○発表を生かした実習を行う。
3	安全な活動について考えてみよう（1）	○分かったことをどう生活に生かすかを話し合う。

(5)　本時の活動（7/10 時間目）

①　目標　アイロンの安全な扱い方やアイロンのかけ方を考えながら活動することを通して，環境や条件が変わった場合の行動について自分なりに考える。

②　展開

主な学習活動・内容	指導上の留意点　☆評価
アイロンの安全な取り扱い方について	
○担当グループがアイロンの安全な取り扱い方について発表する。 　・準備　・置き方　・片付け 　・気を付けること　等	○必要感をもって発表が聞けるように，アイロンを使った実習を行うことを予告しておく。
安全に気を付けてアイロンをかけてみよう	
○これまでの経験や発表を聞いて分かったことを生かして，持参したハンカチやランチョンマット等にアイロンをかける。	○手順やたたみ方は，使い方などから各自にきめさせる。 ○アイロンの「取り扱い説明書」を意図的に箱に入れておく。
○分かったことや考えたことを話し合う。 　・アイロンを扱う際の危険について。 　・アイロンを安全に扱うコツについて。 　・取り扱い表示について。 　・布の種類による取り扱いについて。　等	○これまでの経験や発表から分かったことと関連づけるようにさせる。 ○手作りの物や，別紙に示してある物には取り扱い表示が付いていないことに気付かせる。
○布の種類とアイロンについての表示が，どちらも分からない場合はどうするのかを考える。	○家庭生活の場面として考えさせる。 ○どのような理由で環境や条件が変わるかをイメージさせる。 ☆環境や条件が変わった場合の行動について自分なりに考えられる。 〔ノート記述〕

(6) 活動の実際

「熱湯」グループは，注ぐ高さと飛び散る範囲について，水で実験

【1次】私たちの活動は安全かな？

　安全を考える必要があるとして，全学級で挙げられた内容は「アイロン」「針」「ミシン」「包丁」「フライパン」「ガスコンロ」であった。他には，「調理実習時の動き」「熱湯」「はさみ」などさまざまな内容が，各学級で挙がった。その後話し合いで，取り組む内容と，担当するグループをきめた。友達に伝える準備では，3分以内にまとめる，正しい動作を必ず示す，などの条件を教師から示した。

【2次】発表しよう！確かめよう！

　関連がある内容を集めて発表した後に，分かったことを生かした実習（調理実習とアイロンがけ）を設定した。アイロンがけの実習では，安全な扱い方だけでなく，環境や条件の変化に合わせた工夫を考えさせることもねらった。

　本時の様相　子どもたちは，「アイロン」担当グループの発表をきいても，アイロンがけをするためには，疑問が残っているようであった。また，アイロンがけの経験が少ない子にとっては，失敗したらどうしようという不安が強いようにも見えた。そんな時に子どもたちがアイロンの箱を開けると入っていた

平らでないものはかけるのが難しい

のが「取り扱い説明書」である。教師が声をかけなくてもほとんどのグループが必死に「取り扱い説明書」を読んで活動を進めている様は「家庭科の知的たくましい姿」だと感じられた。子どもた

ちは「布の種類によってかける温度が違うこと」が分かると，「自分がアイロンをかける布の種類は何か」「どんな順序でアイロンをかけるとよいか」などを考えながら活動していった。また，かけ面に直接触らなくてもアイロンがけをしたばかりの布や，かけ面の近くはかなり熱いことが分かり，布をおさえる手の位置や片づけ方などを自分なりに考えて行動できていた。

【3次】安全な活動について考えてみよう

　分かったことを，どう生活に活かすかを話し合った。調理実習についてAさんは「安全について意識していたつもりだったけど，失敗したり，ヒヤッとしたりする場面があった。だからはじめから，完全に安全なことはないと考えて活動することが大切だと思った」とまとめることができた。また，アイロンがけについてBくんは，「もし，アイロンをかけようとしている物の布の種類が分からなかったら，まずは，どんな布でも大丈夫な低い温度でアイロンをかけて，しわが伸びない所は，温度を少し上げる」という考えを発表し，多くの子から支持を得ていた。ここでは生活の具体的な場面を想定させたり，分かったこと一般化に近づけて考えさせたりするように配慮した。

2　題材の授業時数について

　本題材の10時間というボリュームが，6年の授業時数55時間の中でバランスが悪いことは自覚している。だが，これまでのように，各題材内に必要な安全についての指導を入れ込むだけでは，やはり不十分であると考える。では，どうしたらよいのだろうか。一つの案は，安全についての指導をすべての題材を貫く視点として，2年間を通して展開することを5年はじめの「ガイダンス」などで子どもたちと共有することである。つまり各題材内での指導やトピック的な題材としての指導を計画的に展開していくことがポイントとなるのである。

3　言葉と動作の行き来

　包丁の安全な扱い方を発表させる際に「手を切らないように気を付ける」という「言葉」が挙がるだけでは，きっと発表者も聞く側も何も得られていないだろう。同じような学習過程だとしても，「発表の中には正しい動作を必ず入れる」と教師が条件を出すことで，「手を切らないように気を付けるというこ

とは，実際にどんな場面でどんなことに気を付けることか」を考え，発表の台本の中で言葉にし，それをもとに体を動かすことになる。逆に，友達の発表をみてノートを書く，つまり「動作」を「言葉」にするような場面も生まれるのである。このような「言葉」と「動作」の行き来が繰り返されることで学びは深まり，活用できる力へとつながるのである。（筑波大学附属小学校　横山みどり）

〈実践例に学ぶ〉

　横山教諭の実践は，学習指導要領の「指導計画の作成と内容の取扱い」の「3 実習の指導⑴施設・設備の安全管理に配慮し，学習環境を整備するとともに，熱源や用具，機械などの取扱いに注意して事故防止の指導を徹底すること。⑵服装を整え，衛生に留意して用具の手入れや保管を適切に行うこと。」に関連する内容である。

　横山教諭は，怪我をすることが予想されるような範囲に子どもたちの試行錯誤があってはならないとする一方で，「安全な活動」について，学んだことを活用する力を子どもたちが育むには，教師が一方的に指導することでは不十分ではないかと本実践につなげている。そして，学習者である児童の体験からの気付きを重視し，そこから解決方法への思考・判断の場を設け，それを発表し，さらにその後の実習で実践して，深い学びにつなげている。

　家庭生活における体験が少ない児童であっても，第6学年の扱いなので第5学年での学習経験と関連付け，道具の名称だけでなく，その扱い方や実習時の人の動きにまで広がっている。児童の気付きから，学校で実習する意義を改めて実感させられる。

　そして，安全な扱いについて発表する際には，「言葉」だけでなく「正しい動作を必ず入れる」という教師の条件付けにも着目したい。実習においては「言葉」が「動作」になり，その実践活動を評価することで再び「言葉」になるという一連の学習過程をたどる指導計画となっている。

　「分かったことをどう生かすか」という第3次で，「完全に安全なことはないと考えて活動することが大切だと思った」という「言葉」が，児童から発せられたことは得難い学習成果といえるだろう。学習過程を踏まえて資質・能力の

育成にあたることの重要性が示唆されている。

第 2 節　中学校の実践例

1　題材名：食生活のセルフマネジメント力を身に付けよう（中学校 2 年生）

　本実践は，「B 衣食住の生活」の食生活　(2)「中学生に必要な栄養を満たす食事」，(3)「日常食の調理と地域の食文化」の 2 項目で構成された 14 時間扱いの題材である。なお，中学校 1 年生で(1)「食事の役割と中学生の栄養の特徴」，(3)「日常食の調理と地域の食文化」の一部を 7 時間扱いで履修させている。

学年		1	2	3	4	5	6	7	8	9	10	11	12	13	14
2	題材名	食生活のセルフマネジメント力を身に付けよう													
	問い	健康を保つためには，何をどれだけ食べたらよいのだろう													
	育む資質・能力	健康・安全を考えた中学生の 1 日分の献立を工夫できる資質・能力													
	指導項目	B(2)ア	B(2)ア	B(3)ア(ア)(イ)(ウ)(イ)								B(2)ア(イ)	B(2)イ		
	学習過程	課	習									課,習	計,活		評,改
	学習内容	・中学生の栄養の特徴 ・栄養素の種類と働き ・食生活上の課題	・食品の栄養的特質 ・6 つの食品群	・用途に応じた食品の選択（生鮮食品）	魚の調理計画	魚の調理実習 ・照り焼き ・煮魚 ・ムニエル ・ホイル蒸し		・用途に応じた食品の選択（加工食品）	肉の調理計画	肉の調理実習 ・牛丼 ・しょうが焼き ・そぼろ丼		中学生の 1 日分の献立（概量の把握）	1 日分の献立（パフォーマンス課題）		・家庭実践 題材の振り返り

注）課：課題設定　習：習得　計：計画　活：活用　評：評価　改：改善

　本題材を通して「健康・安全を考えた中学生の 1 日分の献立を工夫できる資質・能力」の育成を目指している。小題材は，(2)「中学生に必要な栄養を満たす食事」を 6 時間，(3)「日常食の調理と地域の食文化」を 8 時間という流れである。小題材(3)では，生鮮食品，加工食品等の学習後に「魚」「肉」を調理実習で扱い，知識及び技能の定着を図る構成としている。調理実習は第 1 学年での実習経験を活かして各生徒が調理したいものを選択できるようにし，意欲的に取り組ませる。事前指導において教科書に掲載されている調理動画を学習者用コンピュータに読み込ませ，全体指導後に個人で視聴させて調理計画を立てさせ，実習時は個人個人で調理に取り組ませる。

次項の「2. 指導と評価の計画」で，(2)「中学生に必要な栄養を満たす食事」について取り上げる。

2　指導と評価の計画（一部抜粋）

小題材	時間	○ねらい ・学習活動	評価規準・評価方法		
			知識・技能	思考・判断・表現	主体的に学習に取り組む態度
中学生に必要な栄養を満たす食事	1	◇中学生の発達と必要な栄養を理解する ・中学生（12〜14歳）の時期の身体的特徴や中学生に必要な栄養を食事摂取基準とともに理解する。	①栄養素の種類が分かり，食品の栄養的な特徴について理解している。 指導に生かす評価		
	2 本時	◇6つの基礎食品群を理解して，栄養バランスがとれているか判断できる ・小学校の3つのグループから6つの食品群に栄養素の特徴を理解し，食品を群分けして栄養バランスがとれているか判断する。	・ワークシート ・行動観察 ・ペーパーテスト		②よりよい生活の実現に向けて，中学生に必要な栄養を満たす食事について，課題の解決に主体的に取り組んだり，振り返って改善したりして，生活を工夫し創造し，実践しようとしている。 ・ワークシート：ふりかえり ・学習記録カード
	3・4・5・6	◇1日に必要な食品の種類概量を理解し，1日分の献立を考えられる ・各食品群の食品を組み合わせて，栄養バランスのとれた朝食・昼食・夕食・（間食）の献立を考える。	③中学生の1日に必要な食品の種類と概量が分かり，1日分の献立作成の方法について理解している。 記録に残す評価 ・ワークシート ・行動観察	④中学生の1日分の献立について問題を見いだして課題を設定し，解決策を構想し，実践を評価・改善し，考察したことを論理的に表現するなどして課題を解決する力を身に付けている。 ・ワークシート ・ペーパーテスト	

　この小題材(2)では，まず食事摂取基準の12〜14歳の値から，たんぱく質，カルシウム等の摂取基準が増えることから成長期に必要な食生活について課題をもたせる。つぎに，何をもって栄養バランスが良いといえるか小学校の3つのグループから中学校の6つの食品群に理解を深めさせる。さいごに，それまでの知識を活用させ1日分の献立を考えさせる。

3　学習指導案

過程	学習活動	◇教師の働きかけ ◆予想される生徒の反応	○指導上の留意点 ☆評価
導入 5分	1. 本時の学習課題を設定する		
	学習課題：6つの基礎食品群を覚えて，栄養バランスが良いか判断できるようになる		
	2. 本時の見通しをもつ	◆何で栄養バランスが良いか説明できるようになる。	
展開 30分	3. 小学校で学習した食品に含まれる栄養素の特徴の3つのグループを発表する	◇「赤」「緑」「黄」のヒントを出し，主な栄養の働きと栄養素を答えさせる	○板書で小学校の学びと中学校の学びがつながるように可視化する
	4. 6つの基礎食品群を理解する	◇栄養素の種類とはたらき，主な食材を理解させる	○教科書と写真カードで理解を定着させる
	5. 3つの食事の材料を6つの基礎食品群に分け栄養バランスを判断する ・ハンバーガーセット ・ラーメン ・学校給食	◇3つの食事のうち1つを座席の列で指定し，分けたあとに発表させるところを指示する ◇指定した食事には必ず取り組ませる	○教科書の食品成分表を活用するときは，各栄養素の単位に気をつけさせる g→mg→μg（マイクログラム）
	6. 栄養バランスについて学習班で話し合う	◇食事の群分けについて各自が取り組んだものを仲間と意見交換させる	☆知能・技能 ①（行動観察） （ワークシート）
	7. 全体で共有し，3つの食事の栄養バランスを判断する	◇6群のうちどうして栄養バランスがとれているか説明させる	十分満足できる生徒：A 指定された食事以外の群分けを理解し，栄養バランスの考察において6つの基礎食品群を用いて説明ができる。
まとめ 15分	8. 本時の学習内容を自分の言葉でまとめる	◇本時の学習で扱ったキーワードを活用させる	おおむね満足できる生徒：B 指定の食事の群分けを理解している。
	まとめ：赤は1・2群で「たんぱく質」魚・肉・卵・豆・豆製品と「無機質」乳製品・小魚・海藻，緑は3・4群で「ビタミンA」緑黄色野菜と「ビタミンC」その他の野菜・果物，黄は5・6群で「炭水化物」穀類・いも類・砂糖と「脂質」油脂に分かれる。さらに，食事の材料を群分けすることで栄養バランスの良さや偏りが見えてくることがわかった。		努力を要する生徒への手立て：C 指定の食事の群分けを理解できているか。教科書を用いて群分けを調べさせる。
	9. 本時の理解できたこと，まだ理解が不十分なところを振り返り，自分の学びの調整をする	◆栄養バランスが小学校の時よりも，さらに細かく見られるようになった。まだ各群の主な食品をすぐに言えないので家で覚えて，ひと目で栄養バランスが良いか判断できるようにしたい。	○水分と食物繊維，食品群別摂取量，1日に必要な食品の概量について学習することを伝え，各群の理解を各自で深めておくように促し本時の学びを次時につなげさせる

　本時は，6つの基礎食品群の知識を習得させ，栄養バランスの良さを判断できるようにすることを目標としている。

　まず，小学校で五大栄養素と食品の体内での主な働き（3つのグループ：「赤」

は主に体の組織をつくるはたらき，「緑」は主に体の調子を整えるはたらき，「黄」は主にエネルギーになるはたらき）について学習している。そのため，本時では小学校の既習事項である3つのグループから学習を展開する構成である。毎年，3つのグループの色を提示するとほとんどの生徒が挙手し，堂々と発表する姿がみられる。しかし，3つのグループの五大栄養素の発表となると自信のない生徒が増えてしまう。そのため，小中の学びの系統性を大切にして展開したい指導内容である。

つぎに，小学校で「1食分の献立作成」で主食，主菜，副菜を学習している。展開の5．で3つの食事の例を提示し，栄養バランスについて小学校の既習事項と中学校の6つの基礎食品群を用いて具体的に判断できるように学習を深めさせていく。

さいごに，本時で知識・技能の観点で指導に生かす評価をする場面の展開についてである。食事から栄養バランスを判断する知識及び技能の定着をみるための練習として，「個人」で考えをもたせてから「集団」（3～4人班）で学び合いをさせ，「個人」の学びに戻す。「集団」の学び合いでは，答え合わせの場ではなくさまざまな考え方を共有できる時間とすることが目的である。

「B衣食住の生活」の食生活は，さまざまな指導計画や授業展開がある。ここでは小学校の内容を重視した授業展開だが，中学校の内容は高等学校の内容にもつながる。小・中・高の内容の系統性を踏まえて授業づくりをしていくことが大切である。　　　　　　　　（埼玉県川越市立福原中学校　中林晶子）

〈実践例に学ぶ〉

中林教諭の実践は「内容のまとまり」として「B衣食住の生活」食生活(2)の「中学生に必要な栄養を満たす食事」，(3)「日常食の調理と地域の食文化」を第2学年対象に組み合わせた題材である。「食生活のセルフマネジメント力を身に付けよう」という題材名から，学習指導要領のねらう「生徒が必要な知識及び技能を身に付け，これからの生活を展望して，食生活の課題を解決する力を養い，食生活を工夫し創造しようとする実践的な態度を育成すること」を目指していることが明確である。また，学習指導要領で小中学校の内容の系統性を

図り，ともに「食事の役割，栄養・献立，調理の 3 つの内容とし，基礎的・基本的な知識及び技能を確実に習得できるようする」ことを意識して，指導計画が構成されている。高等学校へつながる学びの系統性を重視した実践である。

　栄養については，毎年，3 つのグループの色を提示するとほとんどの生徒が挙手し，堂々と発表する姿がみられるが，3 つのグループの五大栄養素の発表となると自信のない生徒が増えてしまうことから，本時では小学校の既習事項である 3 つのグループから学習を展開することで，丁寧に学びを振り返り，生徒が自信をもって授業に取り組めるように配慮されている。献立は，小学校で「1 食分の献立作成」で主食，主菜，副菜を学習したことに関連付け，3 つの食事の例を提示して，栄養バランスについて既習事項と中学校の 6 つの基礎食品群を用いて具体的に判断できるように学習を深めさせている。調理については 1 年次と 2 年次に分け，2 年次の調理は，食品の選択と関連付けられている。

　今次の学習指導要領で，より一層明確なものとなった「指導と評価の一体化」の必要性についても，指導と評価の計画に「観点ごとのポイントを踏まえた，内容のまとまりごとの評価規準」が示されており，授業づくりの参考としたい。

第 3 節　高等学校の実践例

題材名：内食・中食・外食の比較（普通科 1 年生）

　2018（平成 30）年改訂の学習指導要領では科目構成が変わり，「家庭基礎」（2 単位），「家庭総合」（4 単位）及び「生活デザイン」（4 単位）の 3 科目から，「家庭基礎」「家庭総合」の 2 科目となった。これら 2 科目のうちいずれか 1 科目を必履修科目として履修させることとなっている。しかし，現状では大半の学校が「家庭基礎」2 単位を 1 年間で履修させており，内容を網羅するだけの授業時間の確保が困難であること，基礎・基本の定着が不十分であること，実習後の充分な振り返りができていないことなどの課題がある。内容構成は，「家庭基礎」「家庭総合」ともに，「家族・家庭及び福祉」，「衣食住」，「消費生活・

環境」に「ホームプロジェクトと学校家庭クラブ活動」を加えた４つである。

　「家庭基礎」２単位の授業時間で多くの内容を扱うためには，それぞれの内容を関連付けて扱う必要がある。そのため，本実践は，「家族・家庭」のまとめと「食」の導入を関連させた。また，「消費生活・環境」の一部分も兼ねている。

　また，2022（令和４）年４月１日から成年年齢が18歳に引き下げられ，生徒は，高校在学時から，自立した消費者として，適切な意思決定に基づいて行動できることが求められている。限られた家庭科の授業の中で，生徒たちに，消費者としての意識をもたせるためには，消費行動は，家族・保育・福祉や衣食住のすべてに関わるものであることを意識して，題材を工夫する必要がある。

　そこで，本実践は，内食・中食・外食を選択した際にかかる費用や所要時間の差を比較した上で，自分や家族の消費行動を考えさせる学習を取り入れることで，学習内容と実生活の消費行動を結び付けた。前時で学んだ生活時間や，これから学ぶ栄養価や食品添加物等の安全性等にも触れ，総合的に比較させることで，限られた資源（お金・時間）で何を優先するか，主体的に課題を見いだし，解決を目指そうとする態度を身に付けることをねらいとしている。展開②では，班での話し合い活動や発表といったアクティブ・ラーニングを通して，他者の意見を聞き自分の考えを深めるとともに，実生活に生かすことのできる具体的な解決策を導き出し，学級で共有する時間を設けている。

　社会の急激な変化にともない，これからの予測困難な社会を生き抜いていくために，学校教育には，生徒に，自分自身の意志と判断に基づいて行動する力を育成することが求められている。そのためには，生徒自らが問題意識をもって知識を獲得していく，主体的な学びのある授業が必要である。家庭科の内容は，日常の生活や，これから社会に出たときに役立ち，将来生きていく上で重要であることから，生徒の学習への関心や有用感が高いなどの特性が見られる。そこで，高等学校家庭科では，生活の中から問題を見いだして課題を設定し，解決する力や，よりよい生活の実現に向けて，生活を工夫し創造しようとする態度などを育成することを基本的な考え方とし，知識・技術の習得のみではな

く，意思決定や問題解決を含めた資質・能力の育成を目指したい。

　カリキュラム・マネジメントとは，自校や目の前の生徒の課題をとらえ，生徒にどのような資質・能力を育成するかを，学校のカリキュラムとして共有するという，組織的な営みである。新しい学習指導要領は資質・能力ベースになっており，教科書の内容だけでなく，「その内容を教えた結果，生徒は何ができるようになったのか？」が問われている。つまり，生徒に，「どのような資質・能力を育むか」を考えることが第一であり，いかに限られた時数を有効活用したカリキュラムにするかの工夫が大切である。カリキュラム・マネジメントに取り組むことで，はじめに示した高等学校家庭科の課題（授業時間の確保，基礎・基本の定着，実習後の振り返り等）の解決につながるのではないだろうか。

　加えて，学習の成果を文化祭や地域の食育フェアで発表したり，作成したポスターを校内や地域で掲示したりするなど，家庭科の授業での取り組みを地域や社会へ発信することは，保護者や地域から好評である。このような活動を通して，生徒は，家庭や地域の中で，多様な人々と協働しながら，主体的に生活を創造する意欲をより高め，持続可能な社会の創り手としての意識が高まるだろう。開かれた教育課程の実現という観点からも，継続的にこのような活動を取り入れていきたいと考えている。

　〈実践例に学ぶ〉

　佃康子教諭の実践は，高等学校普通科1年生「家庭基礎」の単元「自分らしい生き方と家族」である。8時間の単元を科目の導入に位置づけ，家庭基礎で扱う内容と関連づけながら，生活の営みに必要な資源を人の一生との関わりの中で捉えられるようになることをねらっている。

　学習指導要領では，成年年齢引き下げに伴って，自立した消費者として，生活情報を活用し，適切な意思決定に基づいて行動する思考力・判断力・表現力の育成が求められている。

　本実践は，消費行動が，家族・保育・福祉や衣食住のすべてに関わることを意識して構成されており，「家族・家庭」の単元の最後に，「生活的自立と生活時間」として「内食・中食・外食」を取り上げている。本単元「自分らしい生

「家庭基礎」学習指導案

日　時　　令和○年○月○日（○）第○校時
対　象　　第○学年○組　　○○名
学校名　　○○○立○○高等学校
授業者　　教諭　○○　○○
会　場　　○階　○年○組教室

1　単元名　自分らしい生き方と家族

2　単元の指導目標
　ア　知識及び技能
　　○人の一生について生涯発達の視点で捉え，自己と他者，社会との関わりから様々な生き方があることを理解する。
　　　青年期の課題である自立について理解するとともに，自立した生活を営むために必要な情報の収集・整理を行い，生涯を見通した生活を設計する技能を身に付ける。
　イ　思考力，判断力，表現力等
　　○男女が協力して家族の一員としての役割を果たし家庭を築くことの意義や重要性について考察し，様々な生活課題に対応した自己の適切な意思決定に基づき，責任をもって行動するなどして，課題を解決する力を身に付ける。
　ウ　学びに向かう力，人間性等
　　○自らの生き方を見つめ，将来の生活に向かって目標を立て，展望をもって生活を創造し，実践しようとする。
　　　自立した消費者として，生活情報を活用し，社会の一員として行動しようとする。

3　単元の評価規準

ア　知識・技能	イ　思考・判断・表現	ウ　主体的に学習に取り組む態度
人の一生について生涯発達の視点で捉え，自己と他者，社会との関わりから様々な生き方があることを理解している。青年期の課題である自立について理解しているとともに自立した生活を営むために必要な情報の収集・整理を行い，生涯を見通した生活を設計する技能を身に付けている。	男女が協力して家族の一員としての役割を果たし家庭を築くことの意義や重要性について考察し，様々な生活課題に対応した自己の適切な意思決定に基づき，責任をもって行動するなどして，課題を解決する力を身に付けている。	自らの生き方を見つめ，将来の生活に向かって目標を立て，展望をもって生活を創造し，実践しようとしている。自立した消費者として，生活情報を活用し，社会の一員として行動しようとしている。

4　指導観
　(1)　単元観
　この単元は，科目の導入として学習することで，現在を起点に将来を見通し，ライフステージに応じた衣食住の生活に関わる理解や技能の定着や，生涯にわたってこれらの力を活用して課題を解決できるように指導することが求められている。導入として位置付けるとともに科目の各内容と関連付けて扱うことで，生活の営みに必要な金銭や生活時間などの生活資源を，人の一生との関わりの中で捉えることができるよう，指導を工夫する必要がある。
　(2)　生徒観
　「高等学校学習指導要領解説　家庭編」（文部科学省　平成30年7月）で「家庭生活や社会環境の変化によって家庭や地域の教育機能の低下等も指摘される中，家族の一員として協力することへの関心が低いこと，家族や地域の人々と関わること，家庭での実践や社会に参画することが十分ではないことなどに課題が見られる。」と指摘されているが，わが校も例外ではない。そこで私は，生活に結び付いた様々な情報を提示し，そこから課題を見いだし，解決策を構想する，問題解決的な学習を充実させることを目指してきた。その結果，生徒が，自分の生活に課題意識をもち，生活を主体的に営もうとする意識が高まってきたように感じている。さらに，消費者の視点を用いた協働学習を取り入れることで，生活改善の実践へとつなげていきたい。

(3)　教材観

単元観，指導観を踏まえ，この単元においても，家庭科の特質である実践的・体験的な学習活動を充実させ，生活についての科学的な理解を深めることで，生活の中から生徒自身が見いだした問題についてその解決を図る過程を重視したい。生涯を見通して生活を設計し創造する力，様々な人々とつながり共に生きる力を身に付けることをねらいとしている。そのような自立した生活を営むために必要な生活資源は多種にわたるが，この単元ではその中から金銭と時間を取り上げ，消費行動は，家族や衣食住全てに関わるものであることを伝えることを意識して，題材を工夫している。

5　年間指導計画における位置付け

本単元は，この科目の導入として年間指導計画の最初に位置付け，各内容がどのように関連しているか見通しをもたせている。また，人の一生を生涯発達の視点から捉えたうえで生活設計を立案できるよう，年間指導計画の最後でも扱うことにしている。

6　単元の指導計画と評価計画（8時間扱い）

時間	学習活動	評価の観点 ア	イ	ウ	評価規準（評価方法など）
第1時	・今の自分をみつめる ・人生80年を見通す	●		●	・自分について説明することができるか。（ワークシート） ・各ライフステージの発達課題について理解しているか。（小テスト）
第2時	・青年期の生き方について考える		●		・青年期の発達課題である自立について，自覚できたか。（ワークシート）
第3時	・家族って何だろう		●		・家族，家庭の意義や機能について考えることができたか。（ワークシート）
第4時	・家族に関する法律の理念と背景 ・家族に関わる法律	●			・家族の法律の理念，民法改正の動き，夫婦・親子・扶養・相続に関する民法について理解できたか。（小テスト）
第5時	・現代の家族をとりまくことがら			●	・家族に関するデータから変化を読み取り，それに伴う家族に関する課題について，改善策を考えることができたか。（ワークシート）
第6時	・労働について考える ・共に働くことを考える	●	●		・多様化する就業形態について理解できたか。（小テスト） ・家庭と仕事を男女で共に担う大切さについて考えることができたか。（ワークシート）
第7時	・生活時間から見えてくるもの		●		・男女共同参画社会の実現を目指す社会的背景について考えることができたか。（ワークシート）
第8時（本時）	・生活的自立と生活時間		●	●	・時間と費用，栄養面を考えながら，自分の食生活を創造し，実践しようとしているか。（ワークシート） ・班での話し合い活動を通して，他者の意見を聞き自分の考えを深め，課題を解決する力を身に付けているか。（ワークシート）

7　本時（全8時間中の第8時間目）

(1)　本時の目標　（ア）時間と費用，栄養面を考えながら，自分の食生活を創造し，実践しようとする。

（イ）班での話し合い活動を通して，他者の意見を聞き自分の考えを深め，課題を解決する力を身に付ける。

（2）　本時の展開

時間	学習内容・学習活動	指導上の留意点	評価
導入	○限られた時間の中で，しなければならないこと，したいことは何か，考える。 ○食事に関する時間について学習することを知る。 ○ワークシート右側「まとめ」の欄の「本日の学習の課題」を記入する。	・自分の裁量で何をするか決められる時間は，数時間しかないことに気付かせる。 ・「本日の学習の課題」は，「平日に，ごはん・ハンバーグ・サラダ・スープの夕食をとるにはどうすればよいか」ということを伝える。	
展開①	内食，中食，外食の，所要時間と費用の違いについて ○同じ献立を手作りした場合（内食），買って帰った場合（中食），お店で食べた場合（外食）の費用と所要時間を知る。	・内食・中食・外食の費用と所要時間の表をスクリーンに映す。	
展開②	内食・中食・外食のメリット・デメリット ○生活時間の表を見直し，ごはん・ハンバーグ・サラダ・スープの夕食をとるには，内食・中食・外食のうちどれを選択するか考え，ワークシートに記入する。 ○4人班の座席に変更。互いの策を発表し，班としての方策を決める。 ○中食・外食の費用には，食材料費のほかに何が含まれているのか考える。	・普段食べている食事は，誰が考えて誰が買い物して誰が調理して誰が片付けているのか，そして，それにどれだけの時間がかかっているのか，自立するためには，今後どうすべきか，考えさせる。 ・適宜発問する。 ・家事の外部化に触れながら説明する。	ウ （ワークシート） イ （ワークシート）
まとめ	○ワークシートに，1週間の中で，内食，中食，外食をどう配分するか，その理由を記入する。 ○ワークシート提出	・何人かに記入した内容を聞く。 ・次の単元では，食事を組み立てる際に考えるべきことを学ぶことを知らせる。	ウ （ワークシート）

（元東京都立桜町高等学校　佃康子）

き方と家族」のまとめであるとともに，次単元「食生活をつくる」の導入である。

　生徒にとって自分の生活に密着した課題を提示されることで，自分事としてとらえ，限られた資源（お金・時間）と得られた情報から，「内食・中食・外食」をどう選択するのか個人で考えた後，グループでの方策を決める活動で，他者の意見を聞き，思考し判断する学習活動が展開されている。さらに，「中食・外食」費に含まれるほかの費用にも着目させ，家事の外部化とも関連させている。

　実践に貫かれている，「生徒が生活主体であるという視点」を参考に授業づくりをしていきたい。

引用・参考文献

文部科学省（2017）「小学校学習指導要領（平成 29 年告示）解説　家庭編」

文部科学省（2017）「中学校学習指導要領（平成 29 年告示）解説　技術・家庭編」

文部科学省（2018）「高等学校学習指導要領（平成 30 年告示）解説　家庭編」

国立教育政策研究所教育課程研究センター（2020）「『指導と評価の一体化』のための学習評価に関する参考資料　中学校　技術・家庭」

国立教育政策研究所教育課程研究センター（2021）「『指導と評価の一体化』のための学習評価に関する参考資料　高等学校　家庭」

＊本章は，下記の先生方にご執筆ご担当いただきました。

　第 1 節　小学校の実践例　pp.146-150　横山みどり　筑波大学附属小学校

　第 2 節　中学校の実践例　pp.151-154　中林晶子　川越市立福原中学校

　第 3 節　高等学校の実践例　pp.155-160　佃康子　元都立桜町高等学校

第8章　家庭科教育の施設・設備

第1節　家庭科教育の施設・設備

1　施設・設備の充実

　公立学校施設整備に対する国庫補助は，義務教育諸学校等の施設費の国庫負担等に関する法律（施設費負担法）に基づいて補助される。施設費負担法に基づいて，文部科学大臣は 2006 年度より，公立義務教育諸学校等の施設設備に関する目標等を定めた施設整備基本方針と施設整備基本計画を策定し，5年を目途に見直しを行っている。2021 度からの計画では，近年の公立学校施設の深刻な老朽化や，自然災害の頻発化，感染症の発生状況を踏まえ，老朽化対策とともに，防災機能の強化や衛生環境の改善による安全・安心な教育環境の確保が不可欠であるとしている。新時代の学びを支える安全・安心な教育環境の確保を図る整備として，災害や感染症等の発生時においても児童生徒等が不安なく学びを継続することができるようにするため，公立の義務教育諸学校等施設について　(1)耐震性の確保，(2)防災機能の強化，(3)バリアフリー化，(4)衛生環境の改善，(5)空気調和設備の整備，(6)防犯対策など安全性の確保を図る整備が挙げられている。

　公立学校施設の整備においては，戦後，その主となる構造が木造から鉄筋コンクリート造に移ったことなどにより，1967 年に「学校施設指導要領」が策定された。1974 年には「学校施設設計指針」に改めるなど数次の改訂後，1992 年 3 月に，「小学校施設整備指針」及び「中学校施設整備指針」が策定された。昭和 60 年代，いわゆる第二次ベビーブームにより児童・生徒数がピークを迎えた後，多様な学習方法や生涯学習社会の実現に向けた各種方策が提唱される中，児童・生徒の学習環境に目指すべき姿を示すものとして，その指針

では，小中学校施設を計画・設計するにあたり留意すべき事項について，基本的な考え方から平面計画・各室計画・設備計画まで網羅的に記載されている。

2003年には防犯対策の推進，耐震化の推進，室内空気汚染の防止対策，2007年にはバリアフリー化に関する記述，2009年には事故防止対策に関する記述，2010年には環境面から持続可能性への配慮などの記述，2014年には学校施設の津波対策及び避難所としての防災強化，2016年には義務教育学校の創設に対応するため，小中一貫教育に適した学校施設の計画・設計上の留意事項，学校施設の複合化，長寿命化対策，木材利用に関する記述が充実されている。2019年には，ICTを活用できる施設整備，インクルーシブ教育システムの構築に向けた取り組み，地域との連携・協働の促進，変化に対応できる施設整備の観点などの記述が充実されている。2022年の改訂では，一人1台端末環境のもと，個別最適な学びと協働的な学びの一体的充実に向け，新しい時代の学びを実現する学校施設の在り方を推進する観点からの記述が充実されている。

一方，平成28年12月の中央教育審議会答申「幼稚園，小学校，中学校，高等学校及び特別支援学校の学習指導要領等の改善及び必要な方策等について」（中央教育審議会）では，①「何ができるようになるか」，②「何を学ぶか」，③「どのように学ぶか」，④「子供一人一人の発達をどのように支援するか」，⑤「何が身に付いたか」とともに学習指導要領の理念の実現のための方策として⑥「実施するために何が必要か」の6つの枠組みにわたって改善が図られている。家庭科においては⑥として実習室等の環境の充実と，安全管理・安全指導を筆頭にあげてもよいだろう。

答申では，「社会に開かれた教育課程」の実現には，学習指導要領等の実施に必要な人材や予算，時間，情報，施設・設備といった資源の条件整備等が必要不可欠である。家庭科，技術・家庭科家庭分野においては，生活事象の原理・原則を科学的に理解するための指導や学習の見通しをもたせる指導，個に応じた指導，児童・生徒の協働的な学びを推進するための指導において，ICTの活用の充実が求められている。また，実感を伴った理解を深めるために，実際に見たり，触れたりすることができる実物や標本，乳幼児触れ合い体験や高

齢者疑似体験等に必要な教材の充実が求められている。

　これまでも家庭科では，学習環境を整備し，実験・実習・観察・調査・討議・発表などの，実践的・体験的な学習を総合的にかつ効果的に行ってきており，家庭科室や備品などの施設・設備が重要な要素であった。先に述べた新学習指導要領の考え方を踏まえれば，各学校段階において，整備された家庭科の施設・設備の導入とその活用の重要性は一層増している。教師が工夫した学習環境づくりを実施し，施設・設備を充分生かした学習を展開することで，家庭科に対する興味・関心を喚起できることが家庭科の施設・設備の役割とも言える。

2　教材の整備

　義務教育学校における教材整備は表8.1にある沿革をたどっている。教材整備のための経費は，1985（昭和60）年に国庫負担が廃止され，現在地方交付税による財源措置がなされている。2019（令和元）年8月に新学習指導要領の趣旨や昨今の技術革新，学校における働き方改革の進展等を踏まえ「教材整備指針」を一部改訂し，2020（令和2）年度から10年にわたる整備計画を策定している。

　教材を選択し整備する際の留意点を示した参考資料として平成13年に制定された「教材機能別分類表」は，従来の「標準教材品目」において標準的な品目等と数量標準も示していたことを改訂し，教材の機能的な側面に着目して分類整理されている。1998（平成10）年の学習指導要領の趣旨を踏まえ，児童・生徒の「生きる力」を育成する観点等を重視しつつ教材整備が図られるよう，教材の機能を①発表・表示用教材，②道具・実習用具教材，③実験観察・体験用教材，④情報記録用教材の4つに分けている。

　2011（平成23）年には，2008年改訂学習指導要領を踏まえて，教材整備の目安を例示した「教材整備指針」が名称も改称して策定されている。各市町村，学校が，具体的な整備数量を定める際の参考として，学校あたり，学年あたり，学級あたり，グループあたりの整備の目安を教材毎に例示している（小学校　表8.3　中学校表8.5)。

表 **8.1**　教材整備の沿革

昭和 28 年	義務教育費国庫負担法の施行により，教材費を国庫負担の対象とする。
昭和 42 年	各学校に基礎的に必要とされる教材の品目と学校規模に応じて整備すべき数量を示した「教材基準」を制定
昭和 42〜51 年	第 1 次教材整備計画　総額 1,600 億円（うち国庫負担 800 億円）
昭和 53 年	「教材基準」を改正
昭和 53〜62 年	第 2 次教材整備計画　総額 4,666 億円（うち国庫負担 2,347 億円）
昭和 60 年	教材費の国庫負担が廃止され，一般財源化（地方交付税措置）
平成 3 年	各学校で教材整備をする際の目標あるいは参考とすべきものとして，標準的に必要とされる教材の品目・数量を示す「標準教材品目」を制定
平成 3〜12 年	第 3 次教材整備計画　総額約 8,000 億円
平成 13 年	教材の機能的な側面に着目して分類整理し，教材を選択し整備する際の留意点を示した参考資料として「教材機能別分類表」を制定
平成 14〜18 年	第 4 次教材整備計画　総額約 4,300 億円
平成 19・20 年	教材の更新費として単年度約 790 億円の地方財政措置
平成 21〜23 年	新学習指導要領の円滑な実施のための教材整備緊急 3 ヵ年計画　総額約 2,459 億円
平成 23 年	小学校の外国語活動や中学校の武道実施のために必要な教材を新たに例示するとともに，小中学校に係る教材に特別支援教育に必要な教材及び理科教材を新たに例示し，さらには，教材整備の目安を例示した「教材整備指針」を策定
平成 24〜33 年	義務教育諸学校における新たな教材整備計画　総額約 8,000 億円
令和元年	新学習指導要領の趣旨や昨今の技術革新，学校における働き方改革の進展等を踏まえ「教材整備指針」を一部改訂
令和 2 年	義務教育諸学校における教材整備計画　単年度約 800 億円（10 カ年総額　約 8,000 億円（見込み））

文部科学省 web ページより。

第 2 節　小学校の施設・設備

1　家庭科室

　小学校の教室には，特別教室，多目的教室，少人数授業用教室，普通教室などがある。これらの設置基準は，「公立学校施設費国庫負担金等に関する関係法令等の運用細目」（最終改正：2022 年 4 月 1 日）に，小学校の学級数に応ずる教室数と総面積の基準として表 8.2 のように示されている。特別教室の種類は，理科教室，生活教室，音楽教室，図画工作教室，家庭教室，外国語教室，視聴覚教室，コンピュータ教室，図書室，特別活動室，教育相談室の 11 種類である。設置については設備整備指針が示されているものの，設置者である各学校に任されている。学級数に応じて家庭科室が割り当てられる場合と，他の教科と兼用する場合とがある。最近は高学年の家庭科が始まる以前に，生活科や総

166

合的な学習で幅広く家庭科室を利用している学校もある。

　小学校の家庭科室は１教室であることが多く，中央に被服兼用調理台を設置して多目的に利用する，あるいは教室の側面に調理台を配置して中央には作業台（兼試食台）をおいて多目的に利用するタイプのいずれかが多い。学級編成の標準が段階的に35人に引き下げられることもあり，40人時代の施設・設備とは異なった，小規模で多機能な家庭科室が工夫されるようになっている。

　近年は子どもたちの主体的な活動を支援する施設・設備であること，情報環境が充実していること，特別支援を必要とする児童に対して一人ひとりの教育的ニーズを踏まえた施設環境を計画することも求められている。また学校・家庭・地域と連携した教育活動の拠点として，家庭科室の利用が広がっている。

　小学校施設の計画や設計は関係法令等の規定に基づいて行われるが，今般の施設整備指針の改訂（2022（令和4）年）で家庭科室については，(1)編成する集団の数，規模等に応じ，設備，機器等を必要な間隔で適切に配置する面積，形状等を計画。(2)調理や被服に係る実習のための器材，道具，教材・教具等を収納できる空間をコーナー等として計画。(3)2室計画するには，総合的な利用も

表8.2　小学校における学級数に応ずる教室数と総面積

（教室数の単位：室，総面積の単位：㎡）

室名＼学級数（特別支援学級を除く。）		1及び2学級	3〜5学級	6〜11学級	12〜17学級	18〜23学級	24〜29学級	30〜35学級	36〜41学級	42学級以上
特別教室	教室数	4	4	8	10	11	12	14	14	15
	総面積	314	425	885	1183	1350	1479	1756	1792	1921
多目的教室	総面積	学級数（特別支援学級を含む。）に応ずる必要面積×0.108								
多目的教室及び少人数授業用教室（少人数授業に対応した多目的教室を含む。）	総面積	学級数（特別支援学級を含む。）に応ずる必要面積×0.180								
普通教室	教室数	学級数（特別支援学級を含む。）×1								
	総面積	学級数（特別支援学級を含む。）×74								

注）　1　特別教室の種類は，理科教室，生活教室，音楽教室，図画工作教室，家庭教室，外国語教室，視聴覚教室，コンピュータ教室，図書室，特別活動室，教育相談室とする。
　　　2　特別教室の準備室及び更衣室は特別教室の総面積には含めるが特別教室の数には含めない。

表 8.3　小学校家庭教材整備指針　2019（平成 31）年改訂（抜粋）

教科等	機能別分類	整理番号	例示品名	目安番号	新規
家庭	発表・表示用教材	176	黒板（栄養黒板，献立黒板など）	⑧	
		177	教授用掛図（家族・家庭生活，衣・食（五大栄養素，食品の主な働きなど）・住の生活や文化，消費生活・環境に関するもの) など	⑧	△
		178	標本（基礎縫い，布地など）	⑧	
		179	模型（食品，献立，住居など）	⑧	
		180	教師用教具（裁縫用具，栄養指導用具など）	⑧	
	道具・実習用具教材（衣生活関連教材）	181	カード教材（食品カード，献立カードなど）	⑧	
		182	電気アイロン	⑤	
		183	アイロン台	⑤	
		184	噴霧器	⑤	
		185	電気洗濯機	①	
		186	手洗い関係用具（洗濯板，たらいなど）	⑥	
		187	ミシン及び付属品	⑥	
		188	裁縫板	⑤	
		189	裁縫用具セット	⑤	
		190	大鏡	①	
	（食生活関連教材）	191	コンロ	⑥	
		192	炊事用具セット	⑤	
		193	鍋類（両手鍋，片手鍋，フライパンなど）	⑤	
		194	容器類（しょうゆ・ソース入れ，油入れなど）	⑤	
		195	食器類（和食器，洋食器，はし，スプーン，フォークなど）	⑦	
		196	調理用生ゴミ処理機	①	
		197	電子オーブンレンジ	④	
		198	ホットプレート	⑤	
		199	電気冷凍冷蔵庫	①	
		200	エアタオル	①	
		201	IH クッキングヒーター	⑤	
		202	電気炊飯器	⑤	
		203	上皿自動秤	⑤	
		204	計量器	⑤	
		205	食品成分検査用具（塩分計，糖度計など）	④	
		206	整理用教材（電気掃除機，清掃用具，まな板包丁滅菌庫など）	⑧	
	実験観察・体験用教材（住生活関連教材）	207	照度計	⑤	
		208	温湿度計	⑤	
		209	簡易騒音計	⑤	○

①1 校あたり 1 程度　②1 学年あたり 1 程度　③1 学級あたり 1 程度　④8 人あたり 1 程度　⑤4 人あたり 1 程度　⑥2 人あたり 1 程度　⑦1 人あたり 1 程度　⑧とりあげる指導内容等によって整備数が異なるもの。「新規」欄には，「教材整備指針」（平成 23 年 4 月 28 日付 23 文科初第 182 号）に例示した教材との比較において，新規に例示した教材に「○」印を，例示内容を一部見直した教材に「△」

考慮しつつ，実習内容に応じ，分化。⑷食物に係る実習のための空間は，会食用机を配置することのできる空間を。⑸被服に係る実習のための空間は，作品を展示する空間を確保し，必要に応じ，住居に係る学習を行うことのできる空間を。⑹教材等の準備，材料や用具，機器等の収納のための準備室を，実習のための教室に隣接して計画。また，準備室内等に，被服に係る実習における製作途中の作品等を一時的に保管できる空間を設けるなどが有効であり望ましいと述べている（文部科学省 2022）。

2 教材の整備

　小学校の教材整備の目安としては，表8.3の整備指針が示されている。目安として①1校あたり1程度，②1学年あたり1程度，③1学級あたり1程度，④8人あたり1程度，⑤4人あたり1程度，⑥2人あたり1程度，⑦1人あたり1程度，⑧とりあげる指導内容等によって整備数が異なるものである。「新規」欄には，「教材整備指針」（2011年4月28日付23文科初第182号）に例示した教材との比較において，新規に例示した教材に「○」印を，例示内容を一部見直した教材に「△」が記されている。

第3節　中学校の施設・設備

1　家庭科室

　中学校の教室には，特別教室，多目的教室，少人数授業用教室，普通教室などがある。これらの設置基準は，小学校と同様「公立学校施設費国庫負担金等に関する関係法令等の運用細目」（最終改正：2022年4月1日）に，中学校の学級数に応ずる教室数と総面積の基準として表8.4のように示されている。中学校の特別教室の種類は，理科教室，音楽教室，美術教室，技術教室，家庭教室，外国語教室，視聴覚教室，コンピュータ教室，図書室，特別活動室，教育相談室，進路資料・指導室の12種類である。設置については小学校と同様，設備整備指針が示されているものの，設置者である各学校に任されている。小規模校の場合は，一つの家庭科室を多目的に利用することとなったり，他の教

科と兼用したりする場合もある。

　中学校施設の計画や設計は，関係法令等の規定に基づいて行われるが，整備
指針については(1)編成する集団の数，規模等に応じ，設備，機器等を必要な
間隔で適切に配置することのできるような面積，形状等を計画すること。(2)必
要に応じ，調理や被服に係る実習のための器材，道具，教材・教具等を収納で
きる空間を室内にコーナー等として計画。(3)2室計画する場合には，総合的な
利用も考慮しつつ，実習内容に応じ，分化させる。(4)食物に係る実習のための
空間については，試食机を配置することのできる空間を設ける。(5)被服に係る
実習のための空間については，手芸品の製作において必要な設備を設置する空
間及び作品を展示する空間を確保し，必要に応じ，仮縫い，試着等を行うこと
のできる空間を確保する。(6)住居に係る実習のために，実験のためのコーナー
等の空間とともに，住空間に関する検討を行うことのできるような空間を確保
する。(7)保育に係る実習のために，遊び道具の製作と演示のできる空間を確保
する。(8)教材等の準備，材料や用具，機器等の収納のための準備室を，実習の
ための教室に隣接して計画する。また，準備室内等に，必要に応じ被服に係る

表 8.4　中学校における学級数に応ずる教室数と総面積

（教室数の単位：室，総面積の単位：㎡）

室名＼学級数（特別支援学級を除く。）		1 及び 2 学級	3～5 学級	6～11 学級	12～17 学級	18～23 学級	24～29 学級	30～35 学級	36～41 学級	42 学級以上
特 別 教 室	教室数	4	10	12	15	15	17	19	20	21
	総面積	333	960	1325	1994	2049	2382	2677	2843	3029
多目的教室	総面積	学級数（特別支援学級を含む。）に応ずる必要面積×0.085								
多目的教室及び少人数授業用教室（少人数授業に対応した多目的教室を含む。）	総面積	学級数（特別支援学級を含む。）に応ずる必要面積×0.105								
普 通 教 室	教室数	学級数（特別支援学級を含む。）×1								
	総面積	学級数（特別支援学級を含む。）×74								

注）1　特別教室の種類は，理科教室，音楽教室，美術教室，技術教室，家庭教室，外国語教室，視聴覚教室，コンピュータ教室，図書室，特別活動室，教育相談室，進路資料・指導室とする。
　　2　器具器材庫（屋内運動場に附属するものを除く。），特別教室の準備室，国語準備室，社会準備室，数学準備室及び更衣室は，特別教室の総面積には含めるが，特別教室の数には含めない。

実習における製作途中の作品等を一時的に保管できる空間を設けることが有効であり望ましいといった提言がなされている（文部科学省 2022）。

2 教材の整備

技術・家庭科成立以降の教材の整備については，① 1960 年 3 月 19 日初中局長通知「中学校技術・家庭科設備充実参考例」，② 1963 年 7 月 15 日初中局長通知「中学校技術・家庭科設備充実参考例」一部改正，③ 1963 年 8 月 13 日初中局長通知「中学校技術・家庭科設備充実参考例他設備一覧」公示，④ 1972 年 2 月 5 日初中局長通知「中学校技術・家庭科設備参考例」が示されてきた。

「技術・家庭」に係る教材については，義務教育費国庫負担制度とは別に，補助制度が設けられ 1971 年度を初年度とする「技術・家庭教材整備 7 カ年計画」により，その整備が進められたが，この整備計画終了時の 1979 年度からは，義務教育費国庫負担金（教材費）に組み入れ，対象教材の見直しを図り「教材基準」に追加するとともに，これを第 2 次教材整備計画の終了時である昭和 62 年度までの 9 カ年計画で整備されることとなった。

中学校技術・家庭科の設備等に関する財政補助等の枠組みは，1981 年 6 月 21 日の通知により義務教育費国庫負担法による「教材基準」の中に含められ，「産業教育振興法」による助成からはずされた。以降は表 8.1 の教材整備の沿革と同じ経過をたどり，2011（平成 23）年の「教材整備指針」が中学校技術・家庭科の施設・設備の参考基準となっている。

「教材整備指針」については，その作成の経緯や全体像は第 2 節第 2 項教材の整備で述べたところと同様である（表 8.5）。小中一貫校，中高一貫校等において使用する教材については，本指針に例示する教材を参考にしながら整備することが望まれている。

学校用家具については，現在教室用机・いす等に JIS（日本工業規格：鉱工業品の品質の改善，生産能率の増進，生産の合理化などを図る目的で制定された規格）が定められているが，家庭科用被服実習台・いす，家庭科用調理実習台等の特別教室用の家具については，1999 年に JIS の改正に伴い廃止された。

表 8.5　中学校技術・家庭科（家庭分野）教材整備指針 2019（平成 31）年改訂（抜粋）

教科等	機能別分類	整理番号	例示品名	目安番号	新規
技術・家庭（家庭）	発表・表示用教材	232	黒板（栄養黒板，献立黒板など）	⑧	
		233	教授用掛図（家族・家庭生活，衣・食・住の生活や文化，消費生活・環境に関するものなど）	⑧	△
		234	標本（繊維，基礎縫いなど）	⑧	
		235	模型（食品，献立，住居など）	⑧	
		236	教師用教具（裁縫用具，栄養指導用具など）	⑧	
	道具・実習用具教材（衣生活関連教材）	237	カード教材（食品カード，献立カードなど）	⑧	
		238	電気アイロン	⑤	
		239	アイロン台	⑤	
		240	噴霧器	⑤	
		241	電気洗濯機	②	△
		242	手洗い関係用具（洗濯板，たらいなど）	⑥	
		243	ミシン及び付属品	⑥	
		244	裁縫板	⑤	
		245	裁縫用具セット	⑤	
		246	大鏡	②	△
		247	きもの	⑥	
		248	帯	⑥	
		249	標本（衣服の再利用）	①	○
	（食生活関連教材）	250	コンロ	⑥	
		251	炊事用具セット	⑤	
		252	鍋類（両手鍋，片手鍋，フライパン，蒸し器など）	⑤	△
		253	容器類（しょうゆ・ソース入れ，油入れなど）	⑤	
		254	食器類（和食器，洋食器，はし，スプーン，フォークなど）	⑦	
		255	調理用生ゴミ処理機	①	
		256	電子オーブンレンジ	①	
		257	ホットプレート	⑤	
		258	電気冷凍冷蔵庫	①	
		259	エアタオル	①	
		260	IH クッキングヒーター	⑤	
		261	電気炊飯器	⑤	
		262	上皿自動秤	⑤	
		263	計量器	⑤	
		264	食品成分検査用具（塩分計，糖度計など）	④	
		265	整理用教材（電気掃除機，清掃用具，まな板包丁滅菌庫など）	⑧	
	実験観察・体験用教材	266	家庭生活ロールプレイング用具一式	⑤	
		267	保育人形	⑤	
		268	遊具	⑤	
	（住生活関連教材）	269	高齢者疑似体験セット	④	
		270	ガス検知管，採取器	①	
		271	照度計	⑤	
		272	温湿度計	⑤	

①1 校あたり 1 程度　②1 学年あたり 1 程度　③1 学級あたり 1 程度　④8 人あたり 1 程度　⑤4 人あたり 1 程度　⑥2 人あたり 1 程度　⑦1 人あたり 1 程度　⑧とりあげる指導内容等によって整備数が異なるもの。　「新規」欄には，「教材整備指針」（平成 23 年 4 月 28 日付 23 文科初第 182 号）に例示した教材との比較において，新規に例示した教材に「○」印を，例示内容を一部見直した教材に「△」

第4節　高等学校の施設・設備

1　家庭科室

国は高等学校の施設・設備については「産業教育振興法」に基づき実験・実習施設・設備についての基準を設けて，その基準に達するまでの経費の3分の1を負担・補助してきた。

文部省提示の施設・設備についての基準は，① 1961年10月「昭和36年度公立高等学校家庭科教育設備費補助金交付申請書の提出について」の通知，② 1964年6月「昭和39年度市町村立高等学校普通科等家庭科教育設備補助金の取扱について」の通知，③ 1966年8月「昭和41年度公立高等学校普通科等家庭科教育施設設備国庫補助金取扱要項」の通知，④ 1977年6月「高等学校の普通科等における家庭科教育のための実験実習施設・設備について」の通知の沿革をたどり，1991年3月28日付「高等学校の普通科等における家庭科教育のための実験実習施設・設備について」初中局長通知により，「家庭一般」「生活技術」「生活一般」等それぞれに施設・設備基準が示された（日本家庭科教育学会編「家庭科教育50年新たなる軌跡に向けて」2000）。

高等学校の施設整備指針では，適時にその内容の充実・見直しを図り，2022年最終改正されている。産業構造や社会システムの急激な変化，生徒の学習ニーズの多様化，生徒数の減少，情報化や国際化の進展その他の社会状況の変化を踏まえた施設整備を推進することが重要であるとしている。生徒一人一人の学習ニーズにもきめ細かく配慮するとともに，障害のある生徒と障害のない生徒が共に学ぶことのできるような柔軟な計画とすることも重要である。その際，それぞれの高等学校における全日制，定時制，通信制の課程の別や学科等の教育内容の違いによって留意点が異なることを十分考慮することが重要であるとして，高校生の学習意欲を喚起し，高等学校改革を実現するため，企業・地域・高大連携を推進できる施設，専門学科のある学校では産業教育施設，通信制課程がある学校ではサテライト施設等が例示されている。

家庭科関係教室については(1)必要な机，台，設備，機器等を，編成する集団

の数，規模等に応じ適切な活動空間とともに配置できる面積，形状等を計画。
(2)必要に応じ，調理や被服に係る実習のための器材，道具，教材・教具等を収
納できる空間を室内にコーナー等として計画。(3)食物に係る実習のための教室
は，試食机を配置できる空間を設けること。(4)被服に係る実習のための教室は，
手芸品の製作に必要な設備を設置する空間及び作品を展示する空間を確保し，
必要に応じ，仮縫い，試着等を行うことのできる空間を確保。(5)住空間に関す
る実験のためのコーナー等の空間及び電気機器の仕組みやコンピュータの操作
等に関する学習のできる空間を確保。(6)家庭関係演習，介護福祉や保育に関す
る実習のための空間は，実習内容に応じ多目的に利用できるよう計画。(7)教材
等の準備，材料や用具，機器等の収納のための準備室を，実習のための教室に
隣接して計画すること。また，準備室内等に，必要に応じ，被服に係る実習に
おける製作途中の作品等を一時的に保管できる空間を設けることなどが有効で
あり望ましいと記述している（文部科学省 2022）。

2　設　　備

　2022（令和4年）度から学年進行で実施される高等学校学習指導要領（2018）
において，家庭に関する科目をが「家庭基礎」及び「家庭総合」の2科目とな
ったことに伴い，高等学校普通科等家庭科教育施設・設備基準（文部科学省
2021）には，必要な施設・設備が科目ごとに示されている。参考となる標準的
な施設の床面積及び設備の数量を，科目ごとに例示，施設・設備の整備につい
ては，従来どおり，各々の高等学校において行われる家庭に関する科目の授業
内容に応じて，必要な施設・設備を当該基準から，適宜選択して整備すること
とされている。

　2021（令和3）年度以前の高等学校学習指導要領に係る施設・設備の整備に
ついては，なお従前の「高等学校の普通科等における家庭科教育のための実験
実習施設・設備について」（平成25年5月15日付25文科初第251号文部科学省
初等中等教育局長通知）によるものとされている。

第5節　教室環境

　多様な教育課題に対応し一人一人の子どもに向き合いきめ細かな対応ができる環境の実現が求められる。感染症対策，環境負荷の軽減や自然との共生，学校施設のエコ化など，社会のニーズと共に家庭科室の在り方も変化しつつある。

1　安全・衛生・環境への配慮

　家庭科室の施設・設備を使いやすく効率的に運用することは，児童・生徒の学習効果を上げることにつながることはいうまでもない。そのためにも日ごろのきめ細かな管理・運営が欠かせない。教師が管理・運営することはもちろんのことであるが，児童・生徒にも，通風や換気，維持管理，ここちよい住まいの観点から家庭科室の利用の仕方について考えさせ，行動に結び付けたい。

　調理実習室は食品を扱い，ガスや電気，水の使用も多い場所である。換気，火の始末，やけどや漏電や感電の注意，食品の保管と食中毒の防止，ごみの分別処理，かび対策，排水処理など，衛生面・安全・環境に十分配慮することが重要である。清掃用具を整えて，清掃の仕方を児童・生徒に考えさせるなど，安全で衛生的な状態を自分たちで維持することを通じて，清掃活動の重要性を学ぶことができる。排水を汚さない工夫や，エネルギーに配慮した調理なども実践できる。また，包丁などは鍵のついた収納棚にしまうなど，管理は厳重にしたい。地震に備えての危機管理も重要である。調理実習中の対応や避難方法なども検討しておく必要がある。被服実習室においても安全への配慮は重要であり，生徒が活動しやすい環境を整えるのは指導者の責任である。使用中や使用後の設備・備品の始末・手入れなど管理・保管の基礎を児童・生徒が身に付けることは，作業の効率を上げるだけでなく，家庭生活でも必要な力である。

2　児童・生徒が自ら学ぶ環境

　児童・生徒が自ら楽しく家庭科を学ぶには，家庭科室とその周辺の学習環境を整備する必要がある。施設の物理的な環境は変えられなくても，教師によって実習室を少しでも使いやすくすることは可能である。調理実習室では専任教諭の有無・設備の充実・備品の新しさ，収納の工夫，実習室を使いやすくする

ための配慮と教育効果に相関が見られ，被服実習室では，設備の充実と施設の物理的環境が教育効果に影響しているとの報告もある（小林 2003）。

　実習室における収納の工夫（棚に備品名を明記，収納場所の見取り図を示す，収納の様子の写真を貼る，食器を重ねる数を決めるなど）が多いと，教育効果（生徒が協力して実習を行っている，実習中に手待ちが少ない，実習中に私語が少ない，実習に集中，実習に興味・関心が高い）があがる（小林 2003）。

　学習の参考になる図表や図書などの資料類，実物作品や製作過程が分かる写真や図・絵・DVD や電子黒板のソフト，実物や模型などの標本類，上級生が制作した作品や調べたりした資料類，体験コーナーの設置など学習環境を整えたい。生徒が操作しやすい資料の提示の方法や，作品を楽しく鑑賞できる展示方法に工夫をして，学習への興味・関心，意欲を喚起するようにしたい。家庭科室の学習環境の充実と活用の工夫が児童・生徒の学習活動に対する意欲をはぐくみ，問題解決学習を助けることにつながることを念頭に置いていたい。

引用・参考文献

文部科学省（2006）「公立学校施設費国庫負担金等に関する関係法令等の運用細目」（2006 年 7 月，最終改正 2022 年 4 月）

中央教育審議会（2008）「幼稚園，小学校，中学校，高等学校及び特別支援学校の学習指導要領等の改善について（答申）」2008 年 1 月

中央教育審議会（2016）「幼稚園，小学校，中学校，高等学校及び特別支援学校の学習指導要領等の改善及び必要な方策等について」（答申）2016 年 12 月

学校施設の在り方に関する調査研究協力者会議（2015）「小中高一貫教育に適した学校施設の在り方について」2015 年 7 月

学校施設の在り方に関する調査研究協力者会議（2019）「これからの小・中学施設の在り方について～児童・生徒の成長を支える場にふさわしい環境づくりをめざして～」2019 年 3 月

文部科学省大臣官房文教施設企画・防災部（2022）「小学校施設整備指針」2022 年 6 月

文部科学省大臣官房文教施設企画・防災部（2022）「中学校施設整備指針」2022 年 6 月

文部科学省大臣官房文教施設企画・防災部（2022）「高等学校施設整備指針」2022 年 6 月

日本家庭科教育学会編（2000）「家庭科教育 50 年　新たなる軌跡に向けて」

小林久美（2003）「高等学校家庭科における実習室環境に関する研究（その 2）―教師の家庭科室の運用と生徒への影響について―」『九州女子大学紀要』第 39 巻第 2 号

第9章　家庭科の担当教員

第1節　家庭科教員になるには

1　教員としての資質

　教員としての資質とはどのようなものが求められているのであろうか。2012年中央教育審議会答申「教職生活の全体を通じた教員の資質能力の総合的な向上方策について（答申）」では，これからの教員に求められる資質能力として，(1)教職に対する責任感，探究力，教職生活全体を通じて自主的に学び続ける力（使命感や責任感，教育的愛情），(2)専門職としての高度な知識・技能：①教科や教職に関する高度な専門的知識（グローバル化，情報化，特別支援教育その他の新たな課題に対応できる知識・技能を含む），②新たな学びを展開できる実践的指導力（基礎的・基本的な知識・技能の習得に加えて思考力・判断力・表現力等を育成するため，知識・技能を活用する学習活動や課題探究型の学習，協働的学びなどをデザインできる指導力），③教科指導，生徒指導，学級経営等を的確に実践できる力，(3)総合的な人間力（豊かな人間性や社会性，コミュニケーション力，同僚とチームで対応する力，地域や社会の多様な組織等と連携・協働できる力）を挙げている。これらの資質能力はその後の答申でも「不易の資質能力」とされ，変わらず求められている。さらに，Society5.0時代において，2020年「教員養成部会審議まとめ」では「児童生徒の情報活用能力の育成に関する指導法だけでなく，ICT機器を活用した主体的・対話的で深い学びの視点から授業改善をしていく力を身に付けていくICT活用指導力」が求められている。2021年の答申で示された2020年代を通じて実現すべき「令和の日本型学校教育」の姿としては，「教師は技術の発達や新たなニーズなど学校教育を取り巻く環境の変化を前向きに受け止め，教職生涯を通じて探究心を持ちつつ自律的かつ継

続的に新しい知識・技能を学び続け，子供一人一人の学びを最大限に引き出す教師としての役割を果たしている。その際，子供の主体的な学びを支援する伴走者としての能力も備えている」とある。これらの提示から読み取れる現代の教員に求められる資質は，前述の不易の資質能力で語られるような，責任感があり自主的に学び続ける専門職としての力と協働できる人間性を備えていることに加え，ICT 及び情報活用能力や子どもの学びを支援し引き出す力を持っていることといえるのではないだろうか。

2　家庭科教員としての資質

　家庭科教員も教員であることから，前項で述べた教員の資質を備えていることは言うまでもない。それに加えて，家庭科という教科の特徴をふまえた家庭科教員の資質とはどのようなことが考えられるであろうか。

　まずは，家庭科教員自身が家庭科を教科として学校で教える意義を理解し，家庭科教員という専門家である責任と自負を持っていることが必要である。家庭科は，生活全般の事象を対象とした教科であるがゆえに，学校で教えずとも家庭生活内で家族員が教えればよいとか，女性教員なら教えられるのではと思う人がいるかもしれないが，そうではない。家庭科は，理化学的な内容から社会・文化的な内容まで諸科学を包含する内容であり，専門的知識を基盤に教える必要がある。家庭科教員にもその専門性が求められる。

　また，大学では，次節に示すような，家庭科に関する専門知識や技術を習得するが，日々刻々と変化する社会情勢や技術の進歩に対応した家庭科の授業を展開するためには，大学での学びに留まることなく，日常生活における体験・経験を積極的に行う姿勢が大切である。調理や洋裁の経験，子育てや家計管理の経験などだけでなく，旅行先で地域の気候に合わせた住居や郷土料理を写真に撮って教材にしたり，買い物時に新商品の表示をチェックし，新素材や添加物等の食物や被服の授業のアイデアを得るなど，あらゆる生活経験が家庭科の教材として活用できる。次々と改正される制度や法律，社会事象の情報チェックも欠かせない。家庭科は，実践的・体験的な教科である。児童・生徒が主体的に生活事象を探求できる授業にするには，「生きた」教材を準備できる教員

の力が必要である。一方で，家庭科には実習もある。家庭科教員を目指す者の中には実技に自信がある者もいるであろうが，実技が苦手な児童・生徒の気持ちに寄り添い，子どもの躓きに気づく力も持ち合わせていなければならない。

3　家庭科を教える教員に必要な資格

　日本で家庭科教員として教壇に立ち授業を行うためには，教員免許状が必要であり，さらに正規教員として勤めるためには，公立学校であれば都道府県等の実施する教員採用試験に合格，私立学校であれば学校法人等が行う採用試験に合格し，採用されなければならない。家庭科の教員免許状は，一般的に家庭科の免許状に対応した教職課程を置いている大学や短期大学等で教職課程を履修して，定められた科目及び単位を得て卒業し，各都道府県の教育委員会に免許状の授与申請を行うと授与される。教員免許状には，普通免許状，特別免許状，臨時免許状があるが，上記の方法で取得できるのは普通免許状である。さらに普通免許状には専修免許状（修士の学位が必要），一種免許状（学士の学位が必要），二種免許状（短期大学士の学位が必要）の3つの区分がある。高等学校は専修，一種免許のみである。区分はあれど，学校での指導可能範囲に違いはない。

　教員免許状は学校種ごとに授与されるため，原則として小学校で教えるためには小学校の教員免許状が，中学校で教えるためには中学校「家庭」の免許状が，高等学校で教えるためには高等学校「家庭」の免許状が必要となる。義務教育学校・中等教育学校のように，小中・中高一貫の学校で教えるためには，原則として両方の免許状が必要となり，特別支援学校で家庭科を教えるためには，特別支援学校の各部（小学・中学・高等部）に相当する学校種の教員免許状と共に，特別支援学校教諭免許状（専修・一種・二種）が必要となる。中・高教員の場合は，「家庭」免許に基づき原則家庭科のみを教えるが，小学校の場合は免許に教科区別がない。学級担任が他教科とともに家庭科も教える場合と，専科教員として家庭科を教える場合などがある。

第 2 節　家庭科の教職課程

　小学校の免許は教科別ではないため，ここでは中学校と高等学校の「家庭」免許について述べる。

1　中学校および高等学校教諭の普通免許状「家庭」取得に必要な単位

　教員免許を取得するためには，大学等における教職課程において「教科及び教科の指導法に関する科目」「教育の基礎的理解に関する科目」「道徳，総合的な学習の時間等の指導法及び生徒指導，教育相談等に関する科目」「教育実践に関する科目」「大学が独自に設定する科目」をそれぞれ決められた単位数以上を取得する必要がある。表 9.1 に家庭科における「教科及び教科の指導法に関する科目」の内容を示す。この区分に基づき，各大学等において対応する開講科目が設定されている。

2　家庭科の教育実習

　前項で述べた「教育実践に関する科目」では，教育実習と教職実践演習が設定されているが，家庭科における教育実習とはどのようなものであろうか。

（1）教育実習の意義と目的

　2017 年文部科学省の教職課程コアカリキュラムによれば，教育実習の全体目標は「観察・参加・実習という方法で，教育実践に関わることを通して，教育者としての愛情と使命感を深め，将来教員になるうえでの能力や適性を考えるとともに課題を自覚する機会である。一定の実践的指導力を有する指導教員のもとで体験を積み，学校教育の実際を体験的・総合的に理解し，教育実践ならびに教育実践研究の基礎的な能力と態度を身に付ける」とされている。教育実習は，大学で学んできた理論と専門知識をもって実際に教員の仕事を体験しながら専門教科の指導技術を身に付けることはもとより，実際の学校現場や児童・生徒と向き合う実践的な体験の中で，各自が教員という職業の実際を改めて理解し，教員としての自己の適性や意志を客観的に確認することができる貴重な時間である。そのためにも，担当授業時間だけではなく，実習期間中のあらゆる活動が学びの場となる。また，教育実習中は実習生ではあるが先生と呼

表 9.1　中学校・高等学校普通免許状の教科及び教科の指導法に関する科目区分

教科及び教科の指導法に関する科目	教科に関する専門的事項	家庭経営学（家族関係及び家庭経済学を含む）
		被服学（被服製作実習を含む）
		食物学（栄養学，食品学及び調理実習を含む）
		住居学（製図を含む）
		保育学（実習及び家庭看護を含む）
		家庭電気・家庭機械・情報処理　＊高等学校のみ
	家庭科の指導法（情報通信技術の活用を含む）	

教育職員免許法施行規則　第4条より作成。

ばれる立場となる。教員としての言動や行動を常に心がけねばならない。

(2)　教育実習の内容

　教育実習は，基本的に「観察（参観）」「参加」「実習」からなるが，実習を開始する前の大学での事前指導や，実習校との打ち合わせ会で担当学年・クラスや担当範囲，教科書等を聞いた時点から教育実習は始まっている。実習開始後には，学校長や主任教員による講話が行われる。「講話」では実習校や教職について学ぶことが多い。「観察（参観）」では，授業を中心としたさまざまな教育活動を見る観察（参観）をする。指導教員の授業内容や教え方に集中しがちであるが，それ以外にも教員の発言・発問に対する児童・生徒の反応や，施設・設備の活用など，今後自分が授業を行ったり生活指導をしたりする際に必要な事柄はくまなく観察しておくことが大切である。「参加」では，学習指導や教育活動に参加し，教員の仕事を体験して学ぶ。クラブ活動への参加や，授業や先生方の作業の手伝いなどがあるだろう。「実習」では，実際に教科等の授業の立案（指導案作成）と授業実施をする。担当する授業の中には研究授業と呼ばれる，実習生が行う授業を指導教員以外の教員や大学からの巡回指導教員も参観をし，事後に反省会等を行って指導を受ける。研究授業に限らず，指導案は，担当範囲を知った時点から計画的に作成し，余裕をもって指導教員の指導を受けながら，修正・再考を重ねて完成版に仕上げることが大切である。指導された事柄は真摯に受け止め，次回の授業づくりに生かすようにする。家庭科は，一般教室で行う授業のほか，特別教室で行う実習授業もある。実習授業の場合は，事前の練習や見本づくりなど，一般教室とは違った教材研究も必

要となる。最近の教育現場はICT機器利用も進んでおり，実習校の授業形態に合わせた授業作りや，教材作り，設備活用が求められている。教育実習後は，大学等にて事後指導が行われる。実習校で学び経験したことを履修者間で報告・共有し，改めて家庭科を教える意義や，教員という職業について考え，今後家庭科教員としてどうありたいか，自己課題を見つけることが大切である。

第3節　家庭科教員になった後に

　教員とは決められた教育内容を繰り返し伝達する仕事ではない。教育基本法第9条第1項には「法律に定める学校の教員は，自己の崇高な使命を深く自覚し，絶えず研究と修養に励み，その職責の遂行に努めなければならない」とあり，教員とは常に幅広い知識や技能を持ちながら現代的な課題をも意識し，授業内容も授業方法も工夫を重ね，常によりよい教育を行う人材となるべく研鑽を積む必要がある。特に家庭科教員は，日々変化する社会情勢や家庭生活に対応するために不断の努力が必要である。以下に学びの機会を示す。

1　教員研修

　教員の研修には，国レベルの研修や都道府県教育委員会等が実施する研修がある。国レベルの研修は独立行政法人教職員支援機構で実施され，学校経営力の育成や研修指導者の養成等を目的とする研修が行われている。都道府県教育委員会等実施の研修では，法定研修としての初任者研修や中堅教諭等資質向上研修，教職経験年数に応じた経験者研修，職能に応じた各種主任や管理職研修，その他にも大学院や企業等への長期派遣研修，指導改善研修などがある。このように校外にて行う研修だけではなく，各勤務校内で行われる校内研修やOJT（仕事を通した研修）もある。また，勤務校外で自己研修として知識・技能の向上のために，企業や諸団体，大学院・大学・専門学校等の実施する研修に，夏休み・春休み期間などに参加することもある。

2　学会・研究会

　家庭科教員の学習の場として，所属地区の公的な家庭科教員向け研修に足を

運ぶだけではなく，研究機関として学会や全国規模の研究団体の開催する大会やセミナーにも参加し研鑽を積むとよい。学会等の研究は現場教育と乖離していると思っている者もいるがそうではない。家庭科教員は1校当たりの教員数が少なく，井の中の蛙になりやすい。全国規模の学会・研究会や支部大会に参加することは，最新トピックスや授業方法に触れる機会となるだけではなく，勤務地区を超えた家庭科教員同士の横のつながりを作ることにもなり，家庭科教員として飛躍が望める。また小中高教員からの発信は，研究者の研究をより実践的にする相乗効果を持つ。代表的な研究機関には以下のような団体がある。

（1）　日本家庭科教育学会

1958（昭和33）年に家庭科に関する研究を推進し，あわせて会員相互の親睦，向上，連絡をはかることを目的として設立された。年4回『日本家庭科教育学会誌』を発行するほか，研究発表や講演会等が行われる「年度大会」と「例会」，授業・研究スキルを高める「セミナー」等が行われている。下部組織として9つの地区会も有している。

（2）　日本家政学会

1949（昭和24）年に，家政学に関する研究の進歩と発展を図り，人間生活の充実と向上に寄与する目的で設立された。年12回『日本家政学会誌』を発行するほか，研究発表や講演，シンポジウムを行う年1回の年次大会や，夏季セミナーなどが開かれている。下部組織として専門部会を15部会，地区ごとの支部会を6支部有し，それぞれ大会やセミナーを開催している。

（3）　日本教科教育学会

1975（昭和50）年に，教科教育に関する科学的研究を行い，教科教育学と教科教育実践の発展に寄与することを目的として設立された。『日本教科教育学会誌』を年4回，欧文学会誌を年1回発行するほか，年1回の全国大会にて研究発表やシンポジウムの場を開催している。

（4）　全国家庭科教育協会（ZKK）

1950（昭和25）年に，家庭科教育推進のための小・中・高・大学の家庭科教員の全国組織として結成された。機関誌『家庭科』を年5回発行し，年1回の

研究大会や夏季・春季研修会の開催，研究調査の実施等の活動をしている。

(5)　その他

　上記以外にも，全国小学校家庭科研究会，全日本中学校技術・家庭科研究会，各県の高等学校家庭科研究会，家庭科教育研究者連盟等がある。いずれも研究大会の開催や機関誌発行などを通じて，最新の家庭科教育の研究をしている。

3　大学院

　大学院に在籍してさらなる研究を行うこともできる。教員の資質向上のために修士課程（博士前期課程）や博士課程（博士後期課程）において理論と実践を合わせた高度な研究を行い，教育実践の場で活躍・推進できる能力を養う。教育系の修士課程には，高度専門職業人養成としての教員養成に特化した専門職大学院すなわち教職大学院と，専門分野の研究を主体とし専門家養成を行う従来の大学院があり，目的やカリキュラムが異なる。教職大学院は，「より実践的な指導力・展開力を備え，新しい学校づくりの有力な一員となり得る新人教員の養成」と「現職教員を対象にした地域や学校における指導的役割を果たし得る教員等として不可欠な確かな指導理論と優れた実践力・応用力を備えたスクールリーダー（中核的中堅教員）の養成」が目的である。研究主体の大学院は，専門的内容や家庭科教育の学問的な研究が目的である。自己が養いたい力で選択する必要がある。退職しなくても現職教員のまま，派遣研修で大学院へ行く方法や，現職教員受入可の夜間・休日開講のある大学院に行く方法もある。大学院で研究することで家庭科教育に対してより深く広い視野を得られるだろう。

　以上のように，家庭科教員には多様な研鑽の場がある。日々多忙ではあるが，積極的に学ぶ努力を怠ってはならない。まとめると，家庭科教員は，教員としての職務や教育の理念を理解するとともに，家庭科に特化した内容として次のような研鑽が求められるといえよう。

・家政学や家庭科教育学の書籍，学術誌等を読み，教科意義や理論を理解する。

・日常的な体験・経験を教材研究に生かす意識をもち，常に情報収集をする。

・製作実習や実践実習に伴う技術の向上を図る（民間教室での習い事を含む）。

・公的・私的な研究会，学会，他校教員との交流会，大学等での講座に参加し，常に授業内容，教材研究，授業方法，施設設備情報等をアップデートする。

引用・参考文献

中央教育審議会（2012）「教職生活の全体を通じた教員の資質能力の総合的な向上方策について（答申）」

文部科学省（2020）「教員養成部会審議まとめ」

中央教育審議会（2021）「『令和の日本型学校教育』の構築を目指して〜全ての子供たちの可能性を引き出す，個別最適な学びと，協働的な学びの実現〜（答申）」

中央教育審議会（2015）「これからの学校教育を担う教員の資質能力の向上について〜学び合い，高め合う教員育成コミュニティの構築に向けて〜（答申）」

教職課程コアカリキュラムの在り方に関する検討会（2017）「教職課程コアカリキュラム」

独立行政法人教職員支援機構（2018）「教職員研修の手引き2018—効果的な運営のための知識・技術—」

吉田辰雄・大森正（2006）「介護等体験・教育実習の研究」文化書房博文社

第10章　家庭科教育の歴史

第1節　戦前の家庭生活に関する教育

　学校教育法以前の家庭生活に関する教育は，それぞれの時代や学校段階によって異なるが，主に裁縫科，家事科，芸能科裁縫，芸能科家事，家政科などの名称で女子を対象にして行われていた。

1　裁縫教育

　明治政府は 1872（明治 5）年「学制」を頒布し，「女子小学ハ尋常小学校教科ノ外ニ女子ノ手芸ヲ教フ」として，女子に対して特に手芸科を設けることを指示した。この手芸科は，西洋編物，刺繍などに裁縫を加えたものであったろうといわれている。また，女子小学教則には「手芸ハ裁縫術ヲ専ラニスルト雖モ傍ラ行儀作法ヲ教フヘシ」とあることから，行儀作法の指導も行われたことがうかがえる。

　初等教育では 1879（明治 12）年の教育令の制定で「殊ニ女子ノ為ニハ裁縫等ノ科ヲ設クヘシ」と，それまでの手芸に代えて裁縫が教科となった。その後，1941（昭和 16）年に国民学校令が公布され，小学校は国民学校と改められ，裁縫科は女子を対象に芸能科の一科目として芸能科裁縫と改称された。

　中等教育では 1895（明治 28）年の高等女学校規程の公布によって，その教科および内容が制度として確立された。ここでは，裁縫は必修科目として位置づけられた。1943（昭和 18）年には中等学校令高等女学校規程が公布され，家事科と統合されて家政科となり，家政，被服，育児，保健の 4 科目に分割された。このうち被服の指導は 4 年制高等女学校の例をみると，第 1 学年から第 4 学年までの各学年で週当たり 4 時間行われていた。

　このように被服製作技術を中心とする裁縫教育は，1947（昭和 22）年の学校

教育法の公布に至るまでの約70年間，女子を対象に家庭生活に関する生活技術の習熟のための教育として，女子教育の中で確固たる地位を保ち続けてきた。当時のわが国では，衣生活に関する生活習慣，産業の貧困，科学の未発達などから，被服製作や被服整理の大部分は家庭の主婦の仕事であり，それにはかなり高度な技術が要求された。このような事情を考えると，女子教育として裁縫教育が重視されたことはむしろ当然であったと考えられる。

　以上，裁縫教育では裁縫技術の習得，練磨とともに，これを通じて精神陶冶，婦徳の涵養，節約の習慣，工夫の力などを培う教育がなされ，変動する社会の要求に対応してきた。

2　家事教育

　学制期においては，読物科のなかで「西洋衣食住」「家政要旨」など家事的内容のものが取り上げられてはいたが，初等教育において，家事的内容が教科として指導されるようになったのは，1881（明治14）年の小学校教則綱領の公布からであった。ここでは，男子に対する経済科に代えて女子には家庭経済科が置かれた。その内容は「衣服，洗濯，住居，什器，食物，割烹，理髪，出納等ノ一家ノ経済ニ関スル事項」であった。しかし，家庭経済科は5年後の小学校令の公布に伴って消滅し，家事的内容に関する指導は学校教育で行われなくなった。その後，1911（明治44）年の小学校令施行規則の改正で，第7・8学年の高等小学校の女子の理科のなかで家事の大要を指導するようになった。1914（大正3）年には「理科家事」と称する国定教科書も刊行された。教科として独立してはいないが，理科の中で家庭生活を科学的に処理する教育が推進された。さらに，1919（大正8）年の小学校令の改正では，高等小学校の女子に随意科目ではあるが家事科が置かれ，ここに初めて初等教育における独立教科としての家事科の成立をみることになった。内容は，「衣食住，看病，育児其ノ他一家ノ経済ニ関スル事項の大要」であった。その後，1941（昭和16）年の国民学校令において，国民学校高等科女子を対象に芸能科の一科目として芸能科家事となった。

　中等教育では1895（明治28）年公布の高等女学校規程において，必修科目

と定められており，最終学年及びその前学年の 2 学年に課された。内容は，「衣食住，家計簿記，家事衛生，育児其ノ他一家ノ整理経済等ニ関スル事項ヲ授ク，家事ヲ授クルニハ成ルヘク実習セシメ努メテ実用ニ適セシメンコトニ注意スヘシ」とある。その後 1943（昭和 18）年中等学校令高等女学校規程の公布により，裁縫科と統合して家政科となった。このうち，家政，育児，保健の 3 科目が従来の家事的内容であった。

　要するに，家事科の教育は良妻賢母の育成であり，「家庭をいかに整えるか」ということがその内容の主眼であった。そして，昭和 10 年代に入ると，戦時下の国家的要請に基づく事項が次第に増加していった。

第 2 節　戦後の家庭科教育

1　家庭科の誕生

　1945（昭和 20）年 8 月 15 日，第二次大戦は終結し，連合国軍の占領のもとに教育の改革が進められた。1946（昭和 21）年 3 月 6 日にはアメリカ教育使節団が来日し，日本の教育改革の方針について発表した。1946（昭和 21）年 11 月 3 日，日本国憲法の公布，続いて 1947（昭和 22）年 3 月 31 日，教育基本法，学校教育法が公布された。従来の複線型の学校体系は 6・3・3・4 の単線型に改められ，国民学校は再び小学校と改称された。教育課程およびその扱いは学習指導要領によるとされ，1947（昭和 22）年 3 月 20 日，学習指導要領一般編と各科編が発行された。裁縫・家事はなくなり，小学校には，男女共学の「家庭科」が誕生した。新制の中学校には「職業科」が設けられ，家庭はこの中の一科目として置かれた。新制の高等学校では，家庭は選択教科「実業」の一科目として置かれた。

　1947（昭和 22）年発行「学習指導要領家庭科編（試案）」には，そのはじめのことばで「家庭科すなわち家庭建設の教育は，各人の家庭の有能な一員となり，自分の能力にしたがって，家庭に，社会に貢献できるようにする全教育の一分野である。この教育は家庭内の仕事や，家族関係に中心を置き，各人が家

庭建設に責任をとることができるようにするのである」と述べ，家庭科教育全般に対する考え方を明示した。また，家庭科教育に対する総目標として，次の3点を挙げた。

①家庭において（家族関係によって）自己を生長させ，また家庭及び社会の活動に対し自分の受け持つ責任のあることを理解すること。

②家庭生活を幸福にし，その充実向上を図っていく常識と技能とを身に付けること。

③家庭人としての生活上の能率と教養とを高めて，いっそう広い活動や奉仕の機会を得るようにすること。

このように新しい教育理念に基づく教育目標を掲げ，小・中・高等学校の家庭科は誕生した。

2　昭和20年代（1947〜1954）

（1）　小 学 校

新しく誕生した男女共学の家庭科について「学習指導要領家庭科編（試案）」では，そのはじめのことばの最後に，「裁縫という科目で，今まで女子のみに与えられていた科目に代わったこの新しい第五，六学年の家庭科を，今までの古い考え方で考えないように，その目的も内容も，考え方も，今までとは全く違ったものであり，すべての家庭生活を営むことの重要さを基礎にしていることを，よく注意すべきである。」と述べられている。

また，第三章指導内容では，従来の教科・科目とは全く異なる男女共学の新しい家庭科の考え方として，「新しい日本を作るために，今までより，もっとよい家庭生活をすることを目的として男女ともにわかち合う経験の発展であり，又それは当然男も女も同様責任のあることであって男子も子共のときから理解しなければならないことである。」というように男女共学の新しい家庭科の考え方を繰り返し強調していた。

しかし，「学習指導要領一般編」には，「家庭科はこれまでの家事科と違って男女ともにこれを課することをたてまえとする。ただ，料理や裁縫のような内容が女子にだけ必要だと認められる場合には，男子にはこれに代えて，家庭工

表10.1　小学校家庭科の目標・内容の変遷

	目　標	内　　容 第5学年	内　　容 第6学年
昭和22〜30年度（22・5・15発行）	1. 家庭を営むという仕事の理解と性別，年齢の如何にかかわらず家庭人としての責任ある各自の役割の自覚。 2. 家人及び友人との間に好ましい間柄を実現する態度。 3. 自主的に自分の身のまわりの事に責任を持つ態度。 4. 食事の仕度や食品に興味を持ち，進んでこれを研究する態度。 5. 家庭生活に必要な技術の初歩。 　A　簡単な被服の仕立てと手入れ及び保存の能力。 　B　家庭の普通の設備や器具を利用したり，よく手入れをしたりする能力。	単元1. 主婦の仕事の重要さ 単元2. 家庭の一員としての子供 A 清潔　B 家庭における食事　C 針の使い方　D 前掛の製作（女）　E 掃除用具・台所用具の製作・修理（男） 単元3. 自分の事は自分で A 身なり　B 下ばきの製作（ミシンの初歩）（女）　C 身のまわりの片づけ方 単元4. 家庭における子供の仕事 A 家庭に対する責任　B 子守り　C 家庭を暖かくするには　D 清潔の責任 単元5. 自分の事は自分で（続き） A 家庭用品の製作・修理（男）　B シャツの製作（女） 単元6. 家事の手伝い A お使　B 来客	単元1. 健康な日常生活 A 家族の健康　B 住居と衛生　C 運動具・遊び道具の製作・修理（男）　D 運動服の製作（女）　E 簡単な洗たく　F 食物のとり方 単元2. 家庭と休養 A 適当な眠りと休息　B 家具・建てつけの手入れ（男）　C 寝まき又はじゅばんの製作（女）　D 家庭の楽しいひと時 単元3. 簡単な食事の支度 A 蒸しいも　B 青菜のひたし　C いり卵　D 台所用具とその扱い方 単元4. 老人の世話
昭和31〜35年度（31・2・24発行）	1. 家族の構造と機能の大要を知り，家庭生活が個人および社会に対してもつ意義を理解して，家庭を構成する一員としての責任を自覚し，進んでそれを果そうとする。 2. 家庭における人間関係に適応するために必要な態度や行動を習得し，人間尊重の立場から，互に敬愛し，力を合わせて，明るく，あたたかい家庭生活を営もうとする。 3. 被服・食物・住居などについて，その役割を理解し，日常必要な初歩の知識・技能・態度を身につけて，家庭生活をよりよくしようとする。 4. 労力・時間・物資・金銭をたいせつにし，計画的に使用して，家庭生活をいっそう合理化しようとする。 5. 家庭における休養や娯楽の意義を理解し，その方法を反省くふうして，いっそう豊かな楽しい家庭生活をしようとする。	家族関係　家庭の生活　家庭の人々　家庭の交際 生活管理　合理的な生活　労力と休養　時間の尊重　物質の尊重と活用　金銭の使い方 被　服　被服と生活　被服の着方　手入れと保存　洗たく　作り方 食　物　食物と栄養　食事のしたくとあとかたづけ　食事のしかた 住　居　すまいと生活　清掃　せいとんと美化　健康なすまい方	家庭生活の意義，家庭の仕事　家庭と社会 家族，家族としてのあり方 親しい人々，応接と訪問 生活の計画化，生活の能率化 労力の尊重，仕事の能率化，休養，娯楽 時間の尊重，規則的な生活　余暇利用 物質の尊重，物質の管理と活用，修理・更生廃品利用 買物，貯金 被服の機能，被服生活の計画 衛生的な着方，活動に便利な着方，整った着方 つくろいのしかた，簡単なしみぬき，あとしまつ，しまい方 洗たくのしかた，仕上げのしかた 用途と材料，裁ち方，縫い方，簡単な手芸 食事の意義，食品の選択，日常食の献立 材料の整え方，身支度，台所の整備　調理用具とその扱い方　燃料の使い方　調理　配ぜんとあとかたづけ 健康と食べ方　食事の作法 すまいの機能　すまいの合理化 そうじのしかた　そうじ用具 身のまわりのせいとん　室内のせいとんと美化 家具・道具・建具の扱い方

	目標	内容			
			第5学年		第6学年
昭和36〜45年度（33・10・1告示）	1. 被服・食物・すまいなどに関する初歩的，基礎的な知識・技能を習得させ，日常生活に役だつようにする。 2. 被服・食物・すまいなどに関する仕事を通して，時間や労力，物資や金銭を計画的，経済的に使用し，生活をいっそう合理的に処理することができるようにする。 3. 健康でうるおいのある楽しい家庭生活にするように，被服・食物・すまいなどについて創意くふうする態度や能力を養う。 4. 家庭生活の意義を理解させ，家族の一員として家庭生活をよりよくしようとする実践的な態度を養う。	被服	身なりの整え方と簡単な被服の修理，衛生的な被服の着方と簡単な洗たく，簡単な被服の手入れとしまつのしかた，台ふき・袋類の製作	被服	目的に応じた被服の着方，被服の手入れ，計画的な被服生活，カバー類または前かけの製作
		食物	食物のぜんだてやあとかたづけ，食物の栄養，野菜の生食，ゆで卵，青菜の油いためなどの調理，食事作法	食物	栄養的な食物の取り方の理解，ごはん，みそしる，目玉焼，こふきいも，サンドイッチ程度の簡単な調理，食事作法や会食
		すまい	清掃のしかたと簡単なそうじ用品の製作，整理・整とんのしかた・整理箱（袋）の製作	すまい	すまいの各場所の理解と健康なすまい方，調和のあるすまい方のくふう
		家庭	家族の一員としての自分の役割，応接や訪問のしかた	家庭	合理的な生活
昭和46〜54年度（43・7・11告示）	日常生活に必要な衣食住などに関する知識，技能を習得させ，それを通して家庭生活の意義を理解させ，家族の一員として家庭生活をよりよくしようとする実践的な態度を養う。このため 1. 被服，食物，すまいなどに関する初歩的，基本的な知識，技能を習得させ，日常生活に役だつようにする。 2. 被服，食物，すまいなどに関する仕事を通して，生活をいっそう合理的に処理することができるようにする。 3. 被服，食物，すまいなどについて創意くふうし，家庭生活を明るく楽しくしようとする能力と態度を養う。 4. 家族の立場や役割を理解させ，家族の一員として家庭生活に協力しようとする態度を養う。	被服	身なりの整え方と被服の簡単な手入れや修理，衛生的な下着の着方と簡単な洗たく，簡単な袋類の製作	被服	目的に応じた着方と被服生活の計画，日常着の簡単な手入れ，簡単なカバー類の製作
		食物	日常の食物の栄養，野菜の生食，ゆで卵，青菜の油いためなどの調理，食事作法	食物	献立の作成，ごはん，みそしる，目玉焼き，こふきいも，サンドイッチの調理や飲み物，食事作法や会食
		すまい	清掃や整理・整とんのしかたと簡単なものの製作	すまい	すまいの場所の理解と健康なすまい
		家庭	家族の一員としての自分の役割，応接や訪問のしかた		
昭和55〜平成3年度	日常生活に必要な衣食住などに関する実践的な活動を通して，基礎的な知識と技能を習得させるとともに家庭生活についての理解を深め，家族の一員として家庭生活をよりよくしようとする実践的な態度を育てる。	被服	被服のはたらきと季節に応じた着方，洗剤・用具の使い方と下着の洗たく，日常着の整理・整とんの仕方とボタン付け，小物，袋の製作	被服	目的に応じた着方と選び方，上着の洗たく，手入れの仕方とほころび直し，簡単なカバーやエプロンの製作
		食物	食品の栄養素とはたらき，食品を組み合わせてとる必要性，野菜の生食，ゆで卵，緑黄色野菜の油いための調理，すすめ方，食べ方の工夫と団らん	食物	1食分の献立作成，米飯，みそ汁，卵料理，じゃがいも料理，サンドイッチ，飲み物の調理，会食の意義と計画

	目標	内容			
		第5学年		第6学年	
（52・7・23告示）		住居と家族	整理・整とんと清掃，ごみの処理，家族の仕事と協力，仕事に役だつものの製作	住居と家族	住居のはたらき，防寒，防暑の住まい方，換気，買物の仕方や金銭収支の記録，室内の美化と家族の生活に役立つ簡単なものの製作
平成4〜13年度（元・3・15告示）	衣食住などに関する実践的な活動を通して，日常生活に必要な基礎的な知識と技能を習得させるとともに家庭生活についての理解を深め，家庭生活の一員として家庭生活をよりよくしようとする実践的な態度を育てる	被服	被服の働きと目的に応じた日常着の着方，日常着の整理・整とんとボタン付け，簡単な小物及び袋の製作	被服	日常着の選び方，被服の整え方，日常着の手入れの仕方，洗たく，ほころび直し，簡単なエプロンやカバー類の製作
		食物	栄養素の働き，栄養素を含む食品の種類，食品を組み合わせた取り方，野菜や卵の簡単な調理，簡単な間食の整え方，食べ方やすすめ方の工夫と団らん	食物	栄養を考えた食物のとり方，1食分の献立作成，簡単な調理　会食の意義と計画
		家族の生活と住居	家族の仕事や役割，家庭の仕事への協力，身の回りの整理・整とん，清掃，身の回りの品物の活用の仕方，不用品やごみの適切な処理	家族の生活と住居	生活時間の使い方の工夫，買物の仕方や金銭の使い方，住居の働き快適で安全な住まい方，家族の生活に役立つ簡単な物の製作
平成14〜22年度（10・12・14告示）	衣食住などに関する実践的・体験的な活動を通して，家庭生活への関心を高めるとともに日常生活に必要な基礎的な知識と技能を身に付け，家族の一員として生活を工夫しようとする実践的な態度を育てる。	(1)　家庭生活に関心をもって，家庭の仕事や家族との触れ合いができる (2)　衣服に関心をもって，日常着を着たり手入れしたりする (3)　生活に役立つ物を製作して活用できる (4)　日常の食事に関心をもって，調和のよい食事のとり方が分かる (5)　日常よく使用される食品を用いて簡単な調理ができる (6)　住まい方に関心をもって，身の回りを快適に整える (7)　身の回りの物や金銭の計画的な使い方を考え，適切に買物ができる (8)　近隣の人々との生活を考え，自分の家庭生活について環境に配慮した工夫ができる			
平成23〜令和元年度（20・3・28公示）	衣食住などに関する実践的・体験的な活動を通して，日常生活に必要な基礎的・基本的な知識及び技能を身に付けるとともに，家庭生活を大切にする心情をはぐくみ，家族の一員として生活をよりよくしようとする実践的な態度を育てる。	A　家庭生活と家族 (1)　自分の成長と家族 (2)　家庭生活と仕事 (3)　家族や近隣の人々とのかかわり B　日常の食事と調理の基礎 (1)　食事の役割 (2)　栄養を考えた食事 (3)　調理の基礎 C　快適な衣服と住まい (1)　衣服の着用と手入れ (2)　快適な住まい方 (3)　生活に役立つ物の製作 D　身近な消費生活と環境 (1)　物や金銭の使い方と買物 (2)　環境に配慮した生活の工夫			

作を課することに考えられている」と明記され，男子に対して調理実習や被服製作を学習させることに，いささか抵抗があったという当時の様子を表している。

　小学校第5・6学年を対象とした家庭科の目標は5項目からなり，内容は両学年で合計10単元からなる単元学習が示された。授業時数は各学年とも週3時間であった（表10.1）。

　新しい理念のもとに出発した家庭科ではあるが，現場の教師や父母の間では男子に家庭科を学習させることに戸惑いや混乱が生じ，家庭科廃止論も出始めた。このような状況の中で1951（昭和26）年に学習指導要領の改訂が行われた。この学習指導要領では教科を4つの大きな経験領域に分け，これにほぼ適切と考えられる時間を全体の時間（1050時間）に対する比率で示した。家庭科は音楽，図画工作とともに「創造的表現活動を発達させる教科」に組み入れられ，3教科で20〜25％を配当した。家庭科の授業時数は各学年とも2〜2.5時間となった。内容については家族の一員，手伝い，身なり，すまい，時間，金銭，労力の使い方，飼育や栽培のしごと，不時のできごとに対する処置，休息，趣味，娯楽などについて，その大要を学ぶことが望ましいとしていた。

　同年11月文部省は『小学校における家庭生活指導の手びき』を刊行した。家庭生活を，「家族の一員」，「身なり」，「食事」，「すまい」，「時間・労力・金銭・物の使い方」，「植物や動物の世話」，「不時のできごとに対する予防と処置」，「レクリエーション」の8領域に分けた。また，「家庭科の運営の方法としては学校の事情によって必ずしも家庭科としての固定した時間を特設しないでもよいというたてまえにした」と述べていたことから，家庭科を特設しない学校も出現し，家庭科教育は混乱した。

(2) 中　学　校

1947（昭和22）年，新制中学校では家庭科は農業，商業，水産，家庭を統合した職業科の一科目として発足した。生徒はこれらの科目の中から1科目または数科目を学習することになり，男子が家庭科を選択することも可能であった。職業科の授業時数は各学年とも必修としては週4時間で，内容は単元学習で示

表 10.2　中学校職業，職業・家庭科，技術・家庭科の目標・内容の変遷

目　　標	内　　　容		
	第 1 学年	第 2 学年	第 3 学年
職業（家庭）（22・5・昭和22〜25年度15発行） 1. 楽しく明るい家庭生活の要件を理解しその充実向上を図って行く態度。 2. 住居の科学的，能率的な使い方の会得。 3. 堅実な家事経理，特に時間と労力，物と金の上手な使い方のできる能力。 4. 家族の病気やけがの予防，手当てのできる能力。 5. 栄養が十分で，経済的で且つ楽しい食事をととのえ得る能力。 6. 自分及び家族の身なりをととのえ，保健や経済に適合するように経理し得る能力。 7. 乳幼児の生活を理解し，やさしく世話をすることのできる能力。 8. 家人や隣人との間に正しい間柄を実現する態度。	1 家庭生活 2 備えある生活 3 食物と栄養 4 備えある生活（続き） 5 幼い家族の世話（乳幼児の生活）	1 わが国住居その長所，短所 2 食物と健康及び保健献立 3 夏の生活 4 夏の装い 5 家庭の美しさ 6 秋の装い 7 上手な買物 8 冬の迎え方 9 簡単な病気の手当と病気の予防	1 家庭生活の能率 2 食生活の改善 3 被服の活動 4 乳幼児の保育 5 家庭の和楽 6 病人の看護 7 近所の交わり 8 帯と羽織，またはドレス 9 家事の経理
職業・家庭（26・12・昭和26〜31年度25発行） 家庭および社会の一員としてその家庭や社会の発展のために力を合わせることの意義を自覚し，それに必要な知識・技能・態度を身につけ，みずからの能力に応じた分野を受け持って，その力を充分に発揮するようになることにある。 1. 実生活に役だつ仕事をすることの重要さを理解する。 2. 実生活に役だつ仕事についての基礎的な知識・技能を養う。 3. 協力的な明るい家庭生活・職業生活のあり方を理解する。 4. 家庭生活・職業生活についての社会的，経済的な知識・理解を養う。 5. 家庭生活・職業生活の充実・向上を図ろうとする態度を養う。 6. 勤労を重んじ，楽しく働く態度を養う。 7. 仕事を科学的，能率的に，かつ安全に進める能力を養う。 8. 職業の業態および性能についての理解を深め，個性や環境に応じて将来の進路を選択する能力を養う。	〔仕事〕 第1類　栽培（農耕，園芸，造林）飼育（養畜，養蚕）漁（漁，養殖）食品加工（貯蔵，加工，醸造） 第2類　手技工作（手技工作，紡績・色染，裁縫，ししゅう，洗たく，手入れ）機械操作（組立，操作，分解修理）製図（製図，設計） 第3類　文書事務（書類作成，印刷筆記）経営記帳（記帳，経営管理，応接）計算（珠算，その他の器具計算） 第4類　調理（調理，解体）衛生保育（保健衛生，保育） 〔家庭生活・職業生活についての社会的・経済的な知識・理解〕 家庭生活のありかた，家族関係，家庭経済，衣食住の計画・管理，家庭と保育，能率と休養，わが国の産業と職業，各種産業における職業人，雇用と職業の安定，個性と適職		
職業・家庭（31・5・昭和32〜36年度28発行） われわれの生活に必要な知識・技能・態度を身につけ，家庭及び社会の一員として，その家庭や社会の発展のために力を合わせること	〔男女共通学習〕（第4群は男子の学習） 第1群　栽培（農耕園芸） 第2群　製図（機械製図）機械（整備修理）電気（保守修理） 第3群　経営（売買，金融）簿記（記帳） 第5群　食物（食生活，調理）被服（衣生活）住居（住生活） 第6群　産業と職業（産業とその特色，職業とその特色），職業と進路（学校と職業，個性と職業），職業生活（能率と安全，職業生活と適応） 〔女子の学習〕 第5群　食物（食生活，調理）被服（衣生活，被服製作，被服整理）住居（住生活，設備）家族（保育・家族，家庭看護）家庭経営（家庭経済，家事労働）		

区分	目　標	第1学年	第2学年	第3学年
技術・家庭（33・10・1告示）昭和37～46年度	1. 生活に必要な基礎的技術を習得させ，創造し生産する喜びを味わわせ，近代技術に関する理解を与え，生活に処する基本的な態度を養う。 2. 設計・製作などの学習経験を通して，表現・創造の能力を養い，ものごとを合理的に処理する能力を養う。 3. 製作・操作などの学習経験を通して，技術と生活との密接な関連を理解させ，生活の向上と技術の発展に努める態度を養う。 4. 生活に必要な基礎的技術についての学習経験を通して，近代技術に対する自信を与え，協同と責任と安全を重んじる実践的な態度を養う。	〔女子向き〕 1 調理 2 被服製作 3 設計・製図 4 家庭機械・家庭工作	1 調理 2 被服製作 3 家庭機械・家庭工作	1 調理 2 被服製作 3 保育 4 家庭機械・家庭工作
技術・家庭（44・4・14告示）昭和47～55年度	生活に必要な技術を習得させ，それを通して生活を明るく豊かにするためのくふう創造の能力および実践的な態度を養う。このため 1. 計画，製作，整備に関する基礎的な技術を習得させ，その科学的な根拠を理解するとともに，技術を実際に活用する能力を養う。 2. 家庭や社会における技術と生活との密接な関連を理解させ，生活を技術的な面からくふう改善し，明るく豊かにする能力と態度を養う。 3. 仕事を合理的，創造的に進める能力や協同，責任および安全を重んじる態度を養う。	〔女子向き〕 被服 食物 住居	被服 食物 家庭機械	被服 食物 保育 家庭電気
昭和52・7～平成3年度 技術・家庭（56・4告示）	生活に必要な技術を習得させ，それを通して家庭や社会における生活と技術との関係を理解させるとともに，工夫し創造する能力及び実践的な態度を育てる。	A 木材加工〔1，2〕　B 金属加工〔1，2〕　C 機械〔1，2〕　D 電気〔1，2〕　E 栽培　F 被服〔1，2，3〕　G 食物〔1，2，3〕　H 住居　I 保育（A～E技術系列　F～I家庭系列）		
平成3・5～15年度 技術・家庭（元・3・15告示）	生活に必要な基礎的な知識と技術の習得を通し，家庭生活や社会生活と技術とのかかわりについて理解を深め，進んで工夫し創造する能力と実践的な態度を育てる。	A 木材加工　B 電気　C 金属加工　D 機械　E 栽培　F 情報基礎　G 家庭生活　H 食物　I 被服　J 住居　K 保育		
技術・家庭 平成14～23年度（10・12・14告示）	生活に必要な基礎的な知識と技術の習得を通して，生活と技術とのかかわりについて理解を深め，進んで生活を工夫し創造する能力と実践的な態度を育てる。 〔技術分野〕 実践的・体験的な学習活動を通して，ものづくりやエネルギー利用及びコンピュータ活用等に関する基礎的な知識と技術を習得するとともに，技術が果たす役割について理解を深め，それらを適切に活用する能力と態度を育てる。 〔家庭分野〕 実践的・体験的な学習活動を通して，生活の自立に必要な衣食住に関する基礎的な知識と技術を習得するとともに，家庭の機能について理解を深め，課題をもって生活をよりよくしようとする能力と態度を育てる。	〔技術分野〕 A 技術とものづくり B 情報とコンピュータ 〔家庭分野〕 A 生活の自立と衣食住 (1) 中学生の栄養と食事 (2) 食品の選択と日常食の調理の基礎 (3) 衣服の選択と手入れ (4) 室内環境の整備と住まい方 (5) 食生活の課題と調理の応用 (6) 簡単な衣服の製作 B 家族と家庭生活 (1) 自分の成長と家族や家庭生活とのかかわり (2) 幼児の発達と家族 (3) 家庭と家族関係 (4) 家庭生活と消費 (5) 幼児の生活と幼児との触れ合い (6) 家庭生活と地域とのかかわり		

目　標	内　　容		
	第 1 学年	第 2 学年	第 3 学年
技術・家庭（20・3・28公示）平成24〜令和2年度　生活に必要な基礎的・基本的な知識及び技術の習得を通して，生活と技術とのかかわりについて理解を深め，進んで生活を工夫し創造する能力と実践的な態度を育てる。［技術分野］ものづくりなどの実践的・体験的な学習活動を通して，材料と加工，エネルギー変換，生物育成及び情報に関する基礎的・基本的な知識及び技術を習得するとともに，技術と社会や環境とのかかわりについて理解を深め，技術を適切に評価し活用する能力と態度を育てる。［家庭分野］衣食住などに関する実践的・体験的な学習活動を通して，生活の自立に必要な基礎的・基本的な知識及び技術を習得するとともに，家庭の機能について理解を深め，これからの生活を展望して，課題をもって生活をよりよくしようとする能力と態度を育てる。	［技術分野］ A　材料と加工に関する技術 B　エネルギー変換に関する技術 C　生物育成に関する技術 D　情報に関する技術 ［家庭分野］ A　家族・家庭と子どもの成長 (1)　自分の成長と家族 (2)　家庭と家族関係 (3)　幼児の生活と家族 B　食生活と自立 (1)　中学生の食生活と栄養 (2)　日常食の献立と食品の選び方 (3)　日常食の調理と地域の食文化 C　衣生活・住生活と自立 (1)　衣服の選択と手入れ (2)　住居の機能と住まい方 (3)　衣生活，住生活などの生活の工夫 D　身近な消費生活と環境 (1)　家庭生活と消費 (2)　家庭生活と環境		

された（表10.2）。この他に，さらに深い学習をする選択教科には，各学年週1〜4時間が当てられた。

　教育課程作成の過程では家庭科は職業科の中に構成されるものではなかったが，教育に対する男女の機会均等の原則，占領下でのvocational education（職業教育）の考え方，教科間の時間数のやり繰りなどの諸事情から，一応職業科の枠の中に入れておいたという経緯があった。実施に伴って，職業科の各科目の指導時間数の割り当てとともに論争の的となり，特に家庭科関係者からは職業科からの分離を要求する声が大きくなった。

　文部省は 1949（昭和 24）年，「新制中学校の教科と時間数について」の通達を出し，教育課程の一部を改訂した。教科の名称を「職業科」と「家庭科」とに分け，それに対して共通の時間を当てるという仕組みを示した。職業科は社会に必要な各種の職業についての知識・技能の啓発を主眼とするもので，職業科と家庭科を合わせて9分野を例示し，その中から3年間に少なくとも3分野を実施することが望ましいとした。また，男女いずれの生徒にも適切であると判断した単元については，両者に学習させるものとした。

　文部省は 1951（昭和 26）年に小学校，中学校，高等学校の学習指導要領の全面改訂を行った。教科名を「職業・家庭」と改めた。内容は，①仕事，②技能，③技術に関する知識・理解，④家庭生活・職業生活についての社会的，経済的な知識・理解，の 4 項目からなり，仕事は第 1 類［栽培・飼育・漁・食品加工］，第 2 類［手技工作・機械操作・製図］，第 3 類［文書事務・経営記帳・計算］，第 4 類［調理・衛生保育］，の 12 項目から構成されていた（表 10.2）。指導に当たってはこの 12 項目から，社会に必要なものや学校・生徒の実情に適したものを選択し，知識・理解との関連をもたせて指導することとした。学習指導要領には男子向きとして農村・都市工業地域・都市商業地域・漁村の 4 地域の例，女子向きとして農村・都市商業地域の 2 地域の例が示されていた。授業時数は各学年とも必修として週 3〜4 時間，選択として同様の時間が定められた。教科書は「家庭生活を中心として」「都市生活を中心として」「農村生活を中心として」の 3 種類が編集された。

　1953 年（昭和 28）年から，再びこの教科に関する問題について中央産業教育審議会は審議を行い，1954（昭和 29）年に「中学校職業・家庭科の教育内容について」の第二次建議を行った。

(3)　高等学校

　新制高等学校は 1948（昭和 23）年度から発足した。文部省は 1947（昭和 22）年，「新制高等学校の教科に関する件」の通達を出した。家庭科は実業（農業・工業・商業・水産・家庭）の一科目として位置づけられた。「学習指導要領家庭編（中学校第四・五学年用（試案））」には，住居及び家事経理，家庭衛生，食物，被服，家族関係と子供の 5 分野が示された（表 10.3）。1948（昭和 23）年には，「新制高等学校教育課程の改正について」の通達が出され，家庭科は実業から独立して一教科となり，「一般家庭」「家族」「保育」「家庭経理」「食物」「被服」の科目が示された。

　ニューヨーク市立ハンターカレッジ家政学部長ルイス（Lewis, D. S.）は 1948（昭和 23）年 6 月から 9 月まで民間情報教育局（CIE）に滞在して，ホームプロジェクトの指導，家族関係の重視，ユニットキッチンによる台所改善などにつ

表 10.3　高等学校家庭科の目標・内容の変遷

	目　　標	内　　容
実業（家庭）昭和23年度（22・7・16発行）	〔総目標は本文 188 ページ参照〕 　住居及び家事経理（略） 　家庭衛生（略） 　食物（略） 　被服（略） 　家族関係と子供（略） （学習指導要領家庭編（中等学校第四，五学年用）昭和 22 年度による）	〔1 学年〕　被服（良い身なりの重要さ，私の被服計画，男子用長着）　食物（家族の食事，調理技術の要点，保健的な食物の選択，調理技術の要点）家庭衛生（家庭の健康保持，看護の心得，家庭に常備すべき薬品とその使い方，病人の食事） 〔2 学年〕　被服（春の装い，幼い家族のきもの，暖かくするくふう，男子用羽織）　食物（食物の経済，調理技術の要点，米及び類似の炭水化物食品の研究と，それらのたんぱく質，脂肪に対する摂取の割合，上手な調味の研究）住居と家事経理（室内設備と安全性，自分の部屋及び家族の居間の装飾，家務処理の問題，家務処理の能率） 〔3 学年〕　被服（被服の更生，外出には，場合場合に適した服装，もっと上手に着るのには，男子服の研究，赤ちゃんの支度）　食物（家族の栄養を常に保つには，栄養とおいしい食事，片よらない弁当，物日及び接待用献立と正しい供し方，接待の仕方）家族関係と子供（友だちをつくるには，そして友情を保つには，成人になることの意味，住みよい家庭を作るには，結婚の準備，出産を待つ，乳幼児の理解，家庭の社会生活への責任）
家庭　昭和24～30年度（24・8・29発行）	総目標は昭和 22 年学習指導要領と同じ 　被服（略） 　家庭経理（略） 　家族（略） 　食物（略） 　衛生（略） 　育児（略） 　住居（略）	〔一般家庭〕 被服（被服生活の計画，製作，自分や家族の被服の手入れ・保存）家庭経済（家庭の収入，家庭の支出と予算，買物をじょうずにし物価騰貴をおさえるには，じょうずな消費，収入の余った場合不足した場合）家庭管理（家庭管理の重要性，時間と労力の管理，家務に対する責任の分担と協力，日常生活のよい処理と準備）家族（友だち，成人するということはどういうことか，私の家庭と家族，結婚の資格としたく）食物（日本人の食糧構成，家族の食事，調理の基本と応用）衛生（健康な家庭生活，家族の日常衛生，家族の病気および事故，家庭看護，家庭に常備する看護材料と薬品）育児（乳幼児の世話）住居（住居の機能，住居の選定，間取り，室内装備と家具，住まいの清潔，家具・器物の手入れの興味，住宅と安全，庭を生かすには，社会共同生活における住宅問題） 〔選択〕 被服，家庭経済，家庭管理，家族，食物，育児
	1.　家族の一員としてまた家庭を経営する者として，家族の衣食住その他の家庭生活に関する要求を適正に満たし，家族各員の向上をは	〔家庭一般〕 被服（衣生活の改善，日常被服の製作例） 家庭経営（家庭生活の意義，能率的な家庭

	目　　標	内　　容
家庭 昭和31〜37年度（31・2・1発行）	かることを理解し，これを実践する態度と技術を身につける。 2. 家庭消費の意義を知り，消費者としての立場と責任とを自覚し，国民経済に貢献する態度を養う。 3. 家庭生活に関する知識・理解を含め，地域の家庭生活の実態を知って，その改善につとめ国民生活の向上をはかる能力と態度を養う。 4. 生徒の進路や特性に応じてさらに深く学ぶ者は，基礎的な「家庭一般」の教養の上に，家庭生活全般に関する高度の教養あるいは専門的な知識・技能を身につけるようにする。 〔家庭一般〕 　家庭における生活のしかたや，家庭生活に必要な技術の基礎を身につけるとともに，家庭生活についての知識・理解を深め，実践的態度を養い，進んで家庭生活の改善向上をはかる資質を育成することを目標とする。	生活，計画的な経済生活，地域社会における家庭生活の風習とその改善）食物（食品群別摂取量の基準と献立，日常の食品とその調理実習および理論，食生活の改善）保育・家族（乳児の心身の発達とその生活および扱い方，乳児の栄養，育児法の改善，育児と結婚，結婚，衣食住その他に関する家族相互の調整） 〔家庭科のその他の科目〕 被服（Ⅰ，Ⅱ）　食物（Ⅰ，Ⅱ）　保育・家族 家庭経営　被服材料　被服経理　意匠　仕立　手芸・染色　被服史　栄養　食品　食品衛生　食物経理　献立・調理　大量炊事　小児保健　小児栄養　児童心理　児童問題　保育原理　保育技術　保育実習　家庭に関するその他の科目
家庭 昭和38〜47年度（35・10・15告示）	1. 衣食住保育その他の家庭生活に関する知識と技術を習得させる。 2. 家庭消費の意義を知り，消費者としての立場と責任とを理解し，国民経済に貢献する態度を養う。 3. 家庭を経営する者としての立場から家庭生活の改善向上を図り，進んで地域の家庭生活の改善を図る能力や態度を養う。 〔家庭一般〕 1. 家庭経営の立場から家庭生活全領域にわたる知識理解を深め，食物，被服，住居ならびに保育などの基礎的技術を総合的に習得させ，特に食生活に重点をおいて家庭生活の改善向上を図る実践的態度を養う。 2. 家庭生活の重要性を認識し，家族の幸福と健康の維持増進を図る能力と態度を養う。 3. 衣食住その他の家庭生活を科学的，能率的，経済的に運営する能力と態度を養う。 4. 保育における家庭環境と生活指導の重要性を理解し，乳幼児保育についての知識と技術を習得するとともに，それらを基礎として正しい児童観を養う。	〔家庭一般〕 1. 家庭生活と家庭経営（家庭生活の意義，家庭経営の意義） 2. 計画的な経済生活（予算生活，購入と消費） 3. 能率的な家庭生活（生活時間の計画，家事労働の能率化） 4. 食生活の経営（栄養と献立，家族の献立，日常の食品，食品の選択と取り扱い，調理，食生活の合理化） 5. 衣生活の経営（被服の機能，被服計画，家族の被服製作，被服の合理化） 6. 住生活の経営（住居の機能と各室の配置，住居の能率，住居の衛生と安全，住居の管理と美化） 7. 乳幼児の保育（こどもの健全な成長と家庭，乳幼児の心身の発達，乳幼児の食物と被服，乳幼児の生活指導，育児と結婚） 8. 家庭生活の改善向上（改善を要する問題，改善向上の方法） 〔家庭科のその他の科目〕 被服Ⅰ　被服Ⅱ　食物Ⅰ，食物Ⅱ　保育　家庭経営　被服材料　被服経理　意匠　被服製作　手芸　栄養　食品　食品衛生　食物経理　献立・調理　大量炊事　小児保健　児童心理　児童福祉　育児原理　保育技術
家庭 昭和48〜56年度	1. 被服，食物，住居，保育，家庭経営などに関する知識と技術を習得させ，これらに関する仕事を適切に行う能力と態度を養う。 2. 家庭生活を明るく合理的に営み，その充実向上を図るとともに，進んで地域の家庭生活の改善を図る能力と態度を養う。 3. 消費者としての立場と責任を理解させ，家庭経済の安定向上を図り，国民経済に貢献する態度を養う。	〔家庭一般〕 1. 家族と家庭経営（家族と家庭生活，家庭生活の経営，家庭生活の充実向上） 2. 家族の生活時間と労力（生活時間の計画，家事労働の能率，余暇の充実） 3. 家庭の経済生活（予算生活，購入と消費） 4. 食生活の経営（家族の食生活，食品とその選択，家族の献立，調理） 5. 衣生活の経営（被服の機能，被服材料とその選択，家族の被服管理，被服製作）

	目　　標	内　　容
（45・10・15告示）	〔家庭一般〕 1. 家庭生活に必要な衣食住保育などに関する知識と技術を家庭経営の立場から総合的に習得させ，各自の家庭生活や地域の家庭生活の充実向上を図る能力と実践的態度を養う。 2. 家庭生活の重要性を認識させ，家族の幸福と健康の保持増進を図る能力と態度を養う。 3. 衣食住その他の家庭生活を合理的に営む能力と態度を養う。 4. 保育における家庭環境と生活指導の重要性を理解させ，正しい児童観を養うとともに，こどもの健全な成長に果たす親の役割について理解を深める。	6. 住生活の経営（住居の機能と各室の配置，住居と能率，住居の衛生，住居の安全，住居の管理と美化） 7. 乳幼児の保育（乳幼児の心身の発達，乳幼児の食物と被服，乳幼児の生活指導，乳幼児の成長と家庭，育児と結婚） 〔家庭科のその他の科目〕 被服Ⅰ，被服Ⅱ　食物Ⅰ，食物Ⅱ　保育　家庭経営　被服材料　被服管理　服飾デザイン　服飾史　被服製作　手芸　栄養　食品　食品衛生　食物管理　献立・調理　集団給食　公衆衛生　小児保健　児童心理　児童福祉　保育原理　保育技術
家庭（昭和53・8・30告示～平成5年度・57）	被服，食物，住居，保育，家庭経営などに関する基礎的・基本的な知識と技術を習得させ，家庭生活の意義を理解させるとともに，家庭生活及びこれらに関する職業に必要な能力と実践的態度を育てる。 〔家庭一般〕 衣食住及び保育などに関する基礎的な知識と技術を家庭経営の立場から体験的・総合的に習得させ，家庭生活を合理的に営み，その充実向上を図る能力と実践的態度を育てる。	〔家庭一般〕 1. 家庭生活の設計・家族　2. 衣生活の設計・被服製作　3. 食生活の設計・調理　4. 住生活の設計・住居の管理　5. 母性の健康・乳幼児の保育　6. ホームプロジェクト・学校家庭クラブ 〔家庭科のその他の科目〕 被服　食物　保育　家庭経営・住居　被服製作　被服材料　被服管理　服装デザイン　手芸　調理　栄養　食品　食品衛生　公衆衛生　保育原理・技術　小児保健　児童心理　児童福祉
家庭　平成6～14年度（元・3・15告示）	家庭生活の各分野に関する基礎的・基本的な知識と技術を習得させ，家庭生活の意義を理解させるとともに家庭生活及び関連する職業に必要な能力と主体的，実践的な態度を育てる。 〔家庭一般〕 衣食住，家族，保育などに関する基礎的・基本的な知識と技術を家庭経営の立場から総合的，体験的に習得させ，家庭生活の充実向上を図る能力と態度を育てる。 〔生活技術〕 衣食住，家族，電気，機械，情報処理などに関する基礎的・基本的な知識と技術を生活を合理的に管理する立場から実践的，体験的に習得させ，家庭生活の充実向上を図る能力と態度を育てる。 〔生活一般〕 衣食住，保育，家庭経済などに関する基礎的・基本的な知識と技術を家族の健康な生活を管理する立場から重点的，体験的に習得させ，家庭生活の充実向上を図る能力と態度を育てる。	〔家庭一般〕 1. 家族と家庭生活　2. 家庭経済と消費　3. 衣生活の設計と被服製作　4. 食生活の設計と調理　5. 住生活の設計と住居の管理　6. 乳幼児の保育と親の役割　7. ホームプロジェクトの実践と学校家庭クラブ活動 〔生活技術〕 1. 家族と家庭生活　2. 子供の成長と親の役割　3. 家庭経済と消費　4. 衣食住の生活管理と技術　5. 家庭生活と情報　6. 家庭生活と電気・機械　7. ホームプロジェクトの実践と学校家庭クラブ活動　8. 家庭園芸 〔生活一般〕 1. 家族と家庭生活　2. 子供の成長と親の役割　3. 家庭経済と消費　4. 家族の健康管理　5. 衣生活と被服製作　6. 食生活と調理　7. 住生活と住居の計画　8. 乳幼児の保育　9. 家庭生活と情報　10. ホームプロジェクトの実践と学校家庭クラブ活動 〔家庭科のその他の科目〕 家庭情報処理　課題研究　被服　食物　保育　家庭経営　住居　家庭看護・福祉　消費経済　被服製作　被服材料　被服管理　服飾デザイン　手芸　調理　栄養　食品　食品衛生　公衆衛生　保育原理・技術　小児保健　児童心理　児童福祉

目　　　標	内　　　容
家庭　平成15〜24年度（11・3・29告示）	普通教科「家庭」 人間の健全な発達と生活の営みを総合的にとらえ，家族・家庭の意義，家族・家庭と社会とのかかわりについて理解させるとともに，生活に必要な知識と技術を習得させ，男女が協力して家庭や地域の生活を創造する能力と実践的な態度を育てる。 〔家庭基礎〕 人の一生と家族・福祉，衣食住，消費生活などに関する基礎的・基本的な知識と技術を習得させ，家庭生活の充実向上を図る能力と実践的な態度を育てる。 〔家庭総合〕 人の一生と家族，子どもの発達と保育，高齢者の生活と福祉，衣食住，消費生活などに関する知識と技術を総合的に習得させ，生活課題を主体的に解決するとともに，家庭生活の充実向上を図る能力と実践的な態度を育てる。 〔生活技術〕 人の一生と家族・福祉，消費生活，衣食住，家庭生活と技術革新などに関する知識と技術を体験的に習得させ，生活課題を主体的に解決するとともに，家庭生活の充実向上を図る能力と実践的な態度を育てる。 専門教科「家庭」 家庭の各分野に関する基礎的・基本的な知識と技術を習得させ，生活産業の社会的な意義や役割を理解させるとともに，家庭の各分野に関する諸課題を主体的，合理的に解決し，社会の発展を図る創造的な能力と実践的な態度を育てる。	普通教科「家庭」の科目 〔家庭基礎〕 1.　人の一生と家族・福祉　2.　家族の生活と健康　3.　消費生活と環境　4.　ホームプロジェクトと学校家庭クラブ活動 〔家庭総合〕 1.　人の一生と家族・家庭　2.　子どもの発達と保育・福祉　3.　高齢者の生活と福祉　4.　生活の科学と文化　5.　消費生活と資源・環境　6.　ホームプロジェクトと学校家庭クラブ活動 〔生活技術〕 1.　人の一生と家族・福祉　2.　消費生活と環境　3.　家庭生活と技術革新　4.　食生活の設計と調理　5.　衣生活の設計と製作　6.　住生活の設計とインテリアデザイン　7.　ホームプロジェクトと学校家庭クラブ活動 専門教科「家庭」の科目 生活産業基礎　課題研究　家庭情報処理 消費生活　発達と保育　児童文化 家庭看護・福祉　リビングデザイン 服装文化　被服製作　ファッションデザイン　服飾手芸 フードデザイン　食文化　調理　栄養 食品　食品衛生　公衆衛生
家庭　平成25〜令和3年度（21・3・9告示）	人間の生涯にわたる発達と生活の営みを総合的にとらえ，家族・家庭の意義，家族・家庭と社会とのかかわりについて理解させるとともに，生活に必要な知識と技術を習得させ，男女が協力して主体的に家庭や地域の生活を創造する能力と実践的な態度を育てる。 〔家庭基礎〕 人の一生と家族・家庭及び福祉，衣食住，消費生活などに関する基礎的・基本的な知識と技術を習得させ，家庭や地域の生活課題を主体的に解決するとともに，生活の充実向上を図る能力と実践的な態度を育てる。 〔家庭総合〕 人の一生と家族・家庭，子どもや高齢者とのかかわりと福祉，消費生活，衣食住などに関する知識と技術を総合的に習得させ，家庭や地域の生活課題を主体的に解決するとともに，生活の充実向上を図る能力と実践的な態度を育てる。 〔生活デザイン〕 人の一生と家族・家庭及び福祉，消費生活，衣食住などに関する知識と技術を体験的に習得させ，家庭や地域の生活課題を主体的に解決するとともに，生活の充実向上を図る能力と実践的な態度を育てる。	〔家庭基礎〕 (1)　人の一生と家族・家庭及び福祉 (2)　生活の自立及び消費と環境 (3)　ホームプロジェクトと学校家庭クラブ活動 〔家庭総合〕 (1)　人の一生と家族・家庭 (2)　子どもや高齢者とのかかわりと福祉 (3)　生活における経済の計画と消費 (4)　生活の科学と環境 (5)　生涯の生活設計 (6)　ホームプロジェクトと学校家庭クラブ活動 〔生活デザイン〕 (1)　人の一生と家族・家庭 (2)　子どもや高齢者とのかかわりと福祉 (3)　生活における経済の計画と消費 (4)　生活の科学と環境 (5)　生涯の生活設計 (6)　ホームプロジェクトと学校家庭クラブ活動

いて助言した。1948（昭和 23）年 2 月文部省は『新制高等学校家庭科家庭実習（ホームプロジェクト）の手引き』を全国高等学校に配布し，その普及に務め，「一般家庭」7 単位のうち 2 単位はホームプロジェクトの単位として認めることとした。また，学校家庭クラブは同年 CIE の農業担当のアイヴァン・ネルソン（Ivan Nelson）の指導によって始められたもので，1953（昭和 28）年全国家庭クラブ連盟が結成された。CIE 家庭科担当官として来日したコロラド州立大学名誉教授モード・ウィリアムソン（Moude Williamson）は，被服製作に型紙を使用する指導法やホームプロジェクト，学校家庭クラブ活動の推進を図った。

　文部省は，1949（昭和 24）年 8 月，「学習指導要領家庭科編」を発行し，家庭生活の内容を「被服」「家庭経済」「家庭管理」「家族」「食物」「衛生」「育児」「住居」の 8 分野に分けた。それぞれの内容について「一般家庭」で指導する単元と「選択」で指導する単元とを設定し，指導計画を示した（表 10.3）。

　1951（昭和 26）年「学習指導要領一般編」の改訂が行われた。これは 1947（昭和 22）年のものを改訂したもので，家庭に関する教科は，家庭生活の面に重点をおいた「家庭科」と職業生活の面に重点を置いた「家庭技芸科」とに分かれた。家庭科では生徒は「一般家庭」の他に，「家族」「保育」「家庭経理」「食物」「被服」を自由に選択し，家庭技芸科の一部の科目を選ぶこともできた。家庭技芸科では，保育，食物，被服などの課程に分化された。また，家庭科に関する教科を学ぶ生徒は，ホームプロジェクトを行い，家庭クラブなどを組織して有効な学習を進めていくのが望ましいとした。文部省は『家庭科ホームプロジェクトの手引き』(1952)，『家庭クラブの手引き』(1953) を発行して，これらの具体的資料を提供した。

3　昭和 30 年代（1955〜1964）

(1)　小　学　校

　家庭科教育に関して激しい議論が交わされた後，1956（昭和 31）年「学習指導要領家庭科編」が発行された。これは 1947（昭和 22）年の「学習指導要領家庭科編（試案）」を改訂したもので，家庭科の位置や性格を明確にし，内容を 5 つの分野に整理し，さらに各内容に対する具体的な指導の要点を示した（表

10.1)。5項目の目標が示され，内容については，学年の区別はなく，「家族関係」「生活管理」「被服」「食物」「住居」の5項目に分けて示された。

　1956（昭和31）年文部省は，近年の文化，科学，産業などの進展に即応し得るような国民を育成することを目的とする教育課程の改善を教育課程審議会に諮問した。その結果，教科間の重複の検討，道徳教育の検討，科学技術教育の振興などを趣旨とする答申を受けて1958（昭和33）年，学習指導要領の全面改訂が行われた。

　家庭科では4項目の目標が示され，被服，食物，すまいなどの生活技術を中心とした家庭生活の理解や実践的態度を養うことをねらいとした（表10.1）。内容は「被服」「食物」「すまい」「家庭」の4領域に分けられ，各領域における第5，6学年の指導内容が明確にされた。授業時数は各学年とも週2時間となった。

　1960（昭和35）年には『小学校学習指導書』が文部省から刊行され，さらに指導資料として『第5学年の家庭科の学習指導』(1961)，『第6学年の家庭科の学習指導』(1962)が刊行された。なお，1961（昭和36）年度から家庭科の検定教科書を使用するようになった。1963（昭和38）年には全国小学校家庭科教育研究会が発足した。

(2) 中学校

　中央産業教育審議会の審議結果を踏まえ，文部省は1956（昭和31）年に「学習指導要領職業・家庭科編」を発行した。内容は6群22分野で組織し，各分野をさらに分けて全体を52項目で組織した。第4群を除く各群については少なくとも週1時間，各生徒が必修で学ぶものとし，残りを男子は2つの群以上にわたり，女子は第5群を主とした学習計画を立てるようにした（表10.2）。

　昭和30年代に入ると我が国の産業構造に変化が現れ始めた。また，スプートニクショックにより科学技術振興策を打ち出し，科学技術の水準の向上が叫ばれた。こうした事態に対応して1957（昭和32）年4月，文部省は中央教育審議会に対して「科学技術教育の振興方策について」諮問した。同年11月審議会は「高等学校及び中・小学校を通じて基礎学力ないし科学技術の基礎であ

る数学（算数）・理科教育等を強化するとともに，高等学校においては産業教育，中学校においては職業に関する基礎教育を強化する必要がある」との答申を行った。1957（昭和32）年，教育課程審議会では「職業・家庭科を改めこれと図画工作科において取り扱われてきた生産的技術に関する部分とを合わせて技術科を編成し，内容に2系列を設け，男子向きには工的内容を中心にする系列，女子向きには家庭科的内容を中心とする系列を学習させる」を答申に入れた。

　1958（昭和33）年改訂の学習指導要領では，職業・家庭は「技術・家庭」と改称された。新編成された技術・家庭科では男子向きには工的内容を中心に，女子向きには家庭科的内容を中心に，科学技術に関する教育を身に付けるための教科として，実践的活動を通して学習させるものとした。家庭科の内容は技術中心に構成され，家庭経済，家庭管理，家族の内容は分散あるいは消滅した（表10.2）。1962（昭和37）年度から実施され，授業時数は各学年とも週3時間となった。なお，選択教科として各学年に週2時間の家庭科が用意され，内容は「被服」「食物」「保育」「看護」「住居・家庭経営」の4領域であった。

(3)　高等学校

　昭和30年代は戦後の混乱期から抜け出し，社会情勢の変化に対応するその対策を教育に求めた時代であった。1955（昭和30）年には「学習指導要領一般編」が，1956（昭和31）年には「学習指導要領家庭科編」が改訂された。一般編は昭和26年のものを，家庭科編は昭和24年のものを改訂したものである。前回の改訂より必修科目の指定科目数が増加し，女子については家庭科4単位を履修することが望ましいとした。また，従来の「家庭科」と「家庭技芸科」の2教科を「家庭科」1教科とし，家庭生活に関する内容を総合的に学習する科目と専門的に学習する科目とに分けた。「一般家庭」は「家庭一般」と科目名が改称され，内容は「被服」「家庭経営」「食物」「保育・家族」の4領域から構成された（表10.3）。また，普通科では「家庭一般」以外の家庭に関する科目を履修させる場合は，「被服」「食物」「保育・家族」「家庭経営」のうちから選択させた。家庭に関する課程には，被服課程，食物課程，保育課程，家庭

課程を設けることができるとした。

　文部省は1959（昭和34）年「高等学校の教育課程の改善」を教育課程審議会に諮問し，1960（昭和35）年に学習指導要領を告示した。この改訂では，教養の偏りを少なくするために必修科目を多くするとともに，内容を精選することを基本方針とした。女子については「家庭一般」4単位を必修とすることが示された。ただし，特別の事情がある場合は2単位まで減ずることができるとした。普通科で「家庭一般」以外の家庭に関する科目を履修する場合は，「被服Ⅰ」「食物Ⅰ」「保育」「家庭経営」のうちから選択させた。家庭科の目標，内容については表10.3に示す。職業教育を主とする学科のうち，家庭に関する学科には，家政科，被服科，食物科，保育科が設置された。

4　昭和40年代（1965～1974）

（1）小学校

1967（昭和42）年，教育課程審議会は「小学校の教育課程の改善について」の答申を文部省に行った。小学校の教育は，人間形成における基礎的な能力の伸長を図り，国民育成の基礎を養うものであること。望ましい人間形成の上から調和と統一のある教育課程の実現を図ること。指導内容は，義務教育9年間を見通し，小学校段階として有効適切な基本的事項を精選することという基本方針を示した。

　小学校家庭科では，教科の目標を明確にすること，内容を基本的事項に精選し，指導の重点を明確にすること，他教科との関連について配慮すること，中学校の技術・家庭科との関連を考慮することという方針のもとに，1968（昭和43）年に学習指導要領が改訂された。従来，4項目にわたって示され重点がつかみにくいとされた目標は，総括目標として示され，その上で具体的目標が4項目に分けて示された。内容は前回の学習指導要領と同様，「被服」「食物」「すまい」「家庭」の4領域であった（表10.1）。授業時数も各学年週2時間であった。

（2）中学校

1960年代は高度経済成長期を迎え，科学技術の発達，経済・文化・社会の急激な進展などから中学校教育の刷新充実を図る必要があり，1965（昭和40）

年文部省は教育課程審議会に対して「中学校の教育課程の改善について」を諮問した。1968（昭和43）年の答申の技術・家庭科に関する要点は，①目標については，生活に必要な基礎的技術に関する実践的な学習を中心とする教科の性格が把握されるように表現を明確にする。②内容については，基本的事項を精選し，その範囲と程度を明確にする。③各領域の取り扱いについては，弾力的な指導ができるように配慮するであった。これに基づき1969（昭和44）年に中学校の学習指導要領が改訂された。従来どおり男子向き，女子向きの2系列で構成され，授業時数は各学年とも週3時間であった（表10.2）。内容も製作技術的なものに変化し，男女の特性論に基づく男性の技術養成，女性の主婦養成という理想が強く打ち出された。なお，選択教科として設けられている家庭科の内容は，「被服」「食物」「住居」「保育」の4領域となった。

(3)　高等学校

1967（昭和42）年1月，中央産業教育審議会は「高等学校家庭科の振興方策について」の審議を開始し，同年11月建議した。この要点は①家庭科教育の当面の問題点と課題，②家庭科教育振興の基本的方策，③家庭科教育に関する社会の教育と理解の3項目で家庭科教育の方向性を明示した。1967（昭和42）年8月理科教育及び産業教育審議会（中央産業教育審議会が名称変更）から「高等学校における職業教育について」の答申が出され，職業教育に関する学科，新設科目，内容などが示された。

1969（昭和44）年，教育課程審議会の「高等学校教育課程の改善について」の答申では，時代の進展や要請に応ずるとともに能力，適性，進路の多様な生徒の学習効果を一層高めることができるように考慮して，性格，目標，内容などの充実が図られた。1970（昭45）年には学習指導要領が告示された。「家庭一般」は，引き続きすべての女子に4単位必修と定められた。実践的活動や実習が重視され，技術・技能の習得が中心であった。普通科において，家庭に関する科目を履修する場合には，「被服Ⅰ」「食物Ⅰ」「保育」「家庭経営」などと定め，家庭に関する主な学科には，家政科，被服科，服飾デザイン科，食物科，保育科などが設置された。

5 昭和50年代（1975〜1984）

(1) 小 学 校

　経済は安定成長の時代に入り，高等学校進学率は90％以上となり，その教育の在り方や教育内容の検討が必要となった。教育課程審議会は1976（昭和51）年，「小学校，中学校及び高等学校の教育課程の改善について」の答申を行った。答申の全体的ねらいは，人間性豊かな児童・生徒を育てること，ゆとりのあるしかも充実した学校生活を送れるようにすること，国民として必要とされる基礎的・基本的な内容を重視するとともに児童・生徒の個性や能力に応じた教育が行われるようにすることであった。家庭科全体に対しては「小学校，中学校及び高等学校を通じて，実践的・体験的な学習を行う教科としての性格が一層明確になるように留意して内容の精選を行い，その構成を改善する」との答申が出された。小学校の家庭科に対しては，「児童の衣食住などに関する実践的な学習を通してつくることや働くことの喜びを味わわせるとともに，家族の一員としての自覚や家庭生活に協力しようとする態度を養うことを重視する」とされた。

　これを受けて，学習指導要領の改訂が1977（昭和52）年に行われた。この改訂では，目標において「実践的な活動を通して知識と技能を習得させる」と小学校家庭科の性格を一層明確にした。内容では，領域を統合して従来の4領域から「被服」「食物」「住居と家族」の3領域に改訂した。従来よりも教師の創意や地域の実態に合わせた弾力的な扱いができるようになった。授業時数は前回の学習指導要領と同様，各学年週2時間であった（表10.1）。

(2) 中 学 校

　学習塾など学校外の教育も盛んになり詰め込み教育に対する実態が問題視されるようになった。一方，国際社会では1975（昭和50）年の国連第30回総会において，1976（昭和51）年〜1985（昭和60）年の10年間を「国際婦人の10年」とする宣言がなされ，「平等・発展・平和」の目標が確認された。

　文部省は教育課程審議会に「小学校，中学校及び高等学校の教育課程の改善について」の諮問を行い，1977（昭和52）年には学習指導要領の改訂が行われ

た。技術・家庭科は，実践的・体験的に学習を行う教科としての性格を一層明確にし，男女の履修方法の関連を明確にし，地域や学校の実態及び生徒の必要に応じて弾力的に扱うという基本的方針が示された。技術・家庭科成立以来の男子向き，女子向きの 2 系列学習の方法は廃止された。ある程度の規制はあるものの技術系列，家庭系列を男女が学習できるように選択的な扱いとして弾力を持たせ，いわゆる相互乗り入れという履修の形態をとった。内容は木材加工 I から保育までの 17 領域に分かれ（表 10.2），これらの中から 3 年間に男子の場合は技術系列から 5 領域，家庭系列から 1 領域を選択し，あと 1 領域以上を選択して合計が 7 領域以上になるようにした。女子の場合は家庭系列から 5 領域，技術系列から 1 領域を選択し，合計 7 領域以上となるようにした。授業時数は第 1，2 学年に週 2 時間，第 3 学年に週 3 時間となり，従来より減少した。

(3)　高等学校

　1975（昭和 50）年国際連合では「国際婦人年世界会議」が開催され，同年，国連第 30 回総会で「国際婦人の 10 年」が宣言された。1976（昭和 51）年，教育課程審議会は「小学校，中学校及び高等学校の教育課程の改善について」の答申を受け，1978（昭和 53）年に学習指導要領の改訂が行われた。家庭科では従来どおり女子に「家庭一般」4 単位必修としたが，男子は選択とし，この場合は中学校の男女の学習内容にかなり相違があるので，その学習経験を踏まえて適切な指導をするように指示した。生活設計という観点から学習内容が構成され，実験・実習が授業時数の半分以上となり，技術・技能の習得が一層強化された。家庭に関する学科の標準的なものとして，家政科，被服科，食物科，保育科の 4 学科が示された。

　1979（昭和 54）年，国連第 34 回総会では「女子に対するあらゆる形態の差別撤廃に関する条約」（女子差別撤廃条約）が採択された。1984（昭和 59）年に文部省は，現行の家庭科は女子差別撤廃条約に違反するとして外務省，婦人団体，研究者団体などから改善を求められ，「家庭科教育に関する検討会議」を発足させた。

6 昭和60年代，平成元年代（1985〜1997）

(1) 小 学 校

1987（昭和62）年，教育課程審議会は，中央教育審議会および臨時教育審議会の提言を踏まえて，「教育課程の基準の改善に関する基本方法について」の答申を行った。教育課程の基準の改善のねらいとして，①心豊かな人間の育成，②自己教育力の育成，③基礎・基本の重視と個性を生かす教育の充実，④文化と伝統の尊重と国際理解の推進の4点が示された。家庭科については，「家庭を取り巻く環境や社会の変化に対応し，男女が協力して家庭生活を築いていくことや生活に必要な知識や技術を習得させるという観点を配慮し，その内容及び履修のあり方について改善を図るとともに，実践的・体験的な学習が一層充実するように改善を図る」とされた。

これを受けて，1989（平成元）年学習指導要領が改訂され，目標の基本的な考え方は従来と同様であるが，第5・6学年の2個学年を通して示された。領域は「住居と家族」が改められ，「被服」「食物」「家族の生活と住居」の3領域となった。実験・実習・調査などの実践的・体験的な活動が強調され，社会の変化に対応して，消費者としての態度の育成の重視も図られた。授業時数は，前回同様であった（表10.1）。

1996（平成8）年，中央教育審議会では「21世紀を展望した我が国の教育の在り方について」の答申を行った。ここでは，これからの学校教育の在り方として「ゆとり」の中で自ら学び自ら考える力など「生きる力」の育成をその基本として掲げ，教育内容の精選と基礎・基本の徹底，一人ひとりの個性を生かすための教育の改善，豊かな人間性とたくましい体を育むための教育の改善，横断的・総合的な指導のための「総合的な学習の時間」の設置，完全学校週5日制の導入などが提言された。

(2) 中 学 校

1985（昭和60）年に「男女雇用機会均等法」（雇用の分野における男女の均等な機会及び待遇の確保等に関する法律）が成立し，同年「女子差別撤廃条約」の批准をふまえ，文部省は，同年教育課程審議会に教育課程の見直しを諮問し

た。1987（昭和 62）年の答申において，中学校の技術・家庭科については，情報や家庭生活に関わる内容を加えるほか，すべての生徒に共通に履修させる領域と生徒の興味・関心などに応じて履修させる領域を設定するとの改善の基本方針を示した。

　これを受けて 1989（平成元）年に学習指導要領の改訂が行われた。情報化の進展や家庭の機能の変化への対応から，「情報基礎」「家庭生活」の領域が新設されるとともに構成の見直しが行われ，11 領域で構成された（表 10.2）。履修方法は 11 領域の中から 7 領域以上履修させ，さらに「木材加工」「電気」「家庭生活」「食物」の 4 領域については，すべての生徒に履修させることとなった。授業時数は第 1・2 学年は週 2 時間，第 3 学年は週 2～3 時間となった。第 2～3 学年には選択教科としての技術・家庭科も設けられていた。必修領域が設けられたことによって，男女共学による学習を実施する学校が増加した。一方，第 3 学年の技術・家庭科の授業時数は学校により異なるが一般的には減少した。

(3)　高等学校

　1985（昭和 60）年の「男女雇用機会均等法」の成立，「女子差別撤廃条約」の批准を踏まえ，家庭科は「家庭を取り巻く環境の変化に対応し，親となるための自覚を高め，良き家庭人として家庭生活の充実向上を図る実践的な態度を育てること，さらに男女が協力して家庭生活を築いていくことや，生活に必要な知識や技術を習得させることを重視する」となった。1989（平成元）年改訂の学習指導要領では，家庭科は普通教育として「家庭一般」「生活技術」「生活一般」を設け，男女ともに 4 単位選択必修となった。「家庭一般」は家庭経営の立場から，「生活技術」は生活を合理的に管理する立場から，「生活一般」は家族の健康な生活を管理する立場から学ばせるとした。学習内容の中で「家族と家庭生活」「家庭経済と消費」「ホームプロジェクトの実践と学校家庭クラブ活動」については 3 科目共通であった。

7　平成 10 年代（1998～2007）

(1)　小 学 校

　1998（平成 10）年 7 月，教育課程審議会では教育課程の基準の改善方針とし

表 10.4　家庭科年表

	学習指導要領			関連事項
	小学校	中学校	高等学校	
1947 (昭22)	一般編 家庭科編	一般編 家庭科編	家庭科編	教育基本法，学校教育法，食品衛生法，新制中学校発足，「新制高等学校の教科課程に関する件」（文部省）
(23)				新制高等学校発足，「新制高等学校教科課程の改正について」（文部省），ルイス来日，「六つの基礎食品」発表（厚生省）
(24)		一般編 (一部改訂)	家庭科編	ウイリアムソン来日，『高等学校家庭科家庭学習の手びき』配布（文部省），日本家政学会発足，職業教育研究会発足，工業標準化法
1950 (25)				全国家庭科教育協会（ZKK）発足，農林物資規格（JAS法）
(26)	一般編	一般編 職業・家庭編	一般編	『小学校における家庭生活指導の手びき』刊行（文部省），計量カップ・スプーンの基準決定（ZKK），産業教育振興法，計量法
(27)				『型紙の使い方の手びき』・『家庭科ホームプロジェクトの手びき』刊行（文部省），栄養改善法
(28)				全国高等学校家庭クラブ連盟発足，全国高等学校協会家庭部会発足，教員養成大学学科教官研究集会発足，『家庭クラブの手びき』刊行（文部省）
(29)				職業教育研究会を産業教育研究連盟に改称，『高等学校家庭被服指導書』刊行（文部省），学校給食法
1955 (30)			一般編	
(31)	家庭科編 (実施31年度)	職業・家庭編 (実施32年度)	家庭科編 (実施31年度)	食品群別摂取量のめやす作成，『高等学校食物指導書』刊行（文部省）
(32)				『中学校職業・家庭科学習指導書』・『保育学習指導書』刊行（文部省）
(33)	家庭科 (実施36年度)	技術・家庭科 (実施37年度)		ピクチャーフード作成（ZKK） 日本家庭科教育学会発足
(34)				『ホームプロジェクトの手びき』・『中学校技術・家庭指導書』刊行（文部省），家庭クラブ会館竣工
1960 (35)			家庭科 (実施38年度)	全国高等学校家庭科技術検定発足，家庭に関する科目の文部省著作教科書編集，『小学校家庭指導書』刊行（文部省）
(36)				小学校検定教科書使用，全国中学校技術・家庭科研究会発足
(37)				第1回小学校教育課程研究発表大会（文部省），第1回中学校教育課程研究発表大会（文部省），家庭用品品質表示法
(38)				第1回高等学校教育課程研究発表大会（文部省），全国小学校家庭科教育研究会発足，義務教育諸学校の教科用図書の無償措置に関する法律

(39)				
1965 (40)				
(41)				家庭科教育研究者連盟発足
(42)				
(43)	家庭科 (実施 46 年度)			消費者保護基本法，公害対策基本法
(44)		技術・家庭科 (実施 47 年度)		『小学校指導書家庭編』刊行（文部省）
1970 (45)			家庭科 (実施 48 年度)	『中学校指導書技術・家庭編』刊行（文部省）
(46)				複式用教科書使用
(47)				
(48)				
(49)				家庭科の男女共修をすすめる会発足
1975 (50)				国際婦人 10 年世界会議
(51)				
(52)	家庭科 (実施 55 年度)	技術・家庭科 (実施 56 年度)		
(53)			家庭科 (実施 57 年度)	『小学校指導書家庭編』・『中学校指導書技術・家庭編』刊行（文部省）
(54)				『高等学校学習指導要領解説家庭編』刊行（文部省），女子差別徹廃条約採択
1980 (55)				
(56)				
(57)				
(58)				
(59)				臨時教育審議会発足
1985 (60)				男女雇用均等法，女子差別撤廃条約批准，年金法改正
(61)				
(62)				臨時教育審議会最終答申
(63)				
(平成 1)	家庭科 (実施 4 年度)	技術・家庭科 (実施 5 年度)	家庭科 (実施 6 年度)	『小学校指導書家庭編』・『中学校指導書技術・家庭編』刊行（文部省）
1990 (2)				『高等学校学習指導要領解説家庭編』刊行（文部省），生涯学習振興法
(3)				小・中学校の指導要録改訂
(4)				地球サミット
(5)				高等学校指導要録改訂
(6)				児童の権利に関する条約公布，PL 法
1995 (7)				育児休業・介護休業法，世界女性会議
(8)				中央教育審議会第一次答申
(9)				容器包装リサイクル法施行
(10)	家庭科 (実施 14 年度)	技術・家庭科 (実施 14 年度)		理科及び産業教育審議会，教育課程審議会答申

212

(11)			家庭科 （実施15年度）	『小学校学習指導要領解説家庭編』・『中学校学習指導要領解説技術・家庭編』刊行（文部省）
2000 (12)				『高等学校学習指導要領解説家庭編』刊行（文部省）文部省が文部科学省となる 消費者契約法
(13)				家電リサイクル法完全実施 小・中・高等学校指導要録改訂
(14)				健康増進法
(15)	家庭科 一部改正	技術・家庭科 一部改正	家庭科 一部改正	食品安全基本法
(16)				消費者保護基本法の一部改正
2005 (17)				食育基本法
(18)				改正教育基本法
(19)				学校教育法の一部改正
(20)	家庭科 （実施23年度）	技術・家庭科 （実施24年度）		中央教育審議会答申 『小学校学習指導要領解説家庭編』・『中学校学習指導要領解説技術・家庭編』（文部科学省）
(21)			家庭科 （実施25年度）	消費者庁発足 消費者契約法改正
2010 (22)				『高等学校学習指導要領解説家庭編』（文部科学省）
(23)				東日本大震災
(24)				
(25)				教育再生会議、いじめ防止対策推進法成立
(26)				中央教育審議会「道徳に係る教育課程の改善について」答申
2015 (27)				
(28)				中央教育審議会答申，2015年度OECD調査公表
(29)	家庭科 （実施令和2年度）	技術・家庭科 （実施令和3年度）		
(30)			家庭科 （実施令和4年度）	民法の一部改正成立（成年年齢18歳に引き下げ）
31・ 令和元)				全国学力状況調査公表
2020 (2)				
(3)				

て，①豊かな人間性や社会性，国際社会に生きる日本人としての自覚を育成することと。②自ら学び，自ら考える力を育成すること。③ゆとりのある教育活動を展開する中で，基礎・基本の確実な定着を図り個性を生かす教育を重視すること。④各学校が創意工夫を生かし特色のある教育，特色ある学校づくりを進めることの4点が示された。家庭科に関しては，㋐生活に必要な知識・技能の習得や生活をよりよくしようとする意欲と実践的な態度の育成を一層重視すること。㋑家庭の在り方や家族の人間関係，子育ての意味などの内容を一層重視し，生活と技術の関わり，情報手段の活用などの内容の充実を図ること。㋒実践的・体験的な学習を重視するとともに，自ら課題を見いだし解決を図る問題解決の学習の充実を図ること。㋓学校における学習と社会における実践との結びつきに留意して内容の改善を図ることが示された。

　1998（平成10）年12月，学習指導要領が改訂された。家庭科は従来どおり，第5・6学年に位置づけられた。授業時数は第5学年が60単位時間，第6学年55単位時間を標準とした。この改訂では各学校において教科の年間授業時数を確保しつつ，適切に定めるものとされた。「総合的な学習の時間」が特設されたことにより家庭科に関する学習を教科の中だけでなく，総合的に学習することもできるとした。家庭科は家族の生活との関連において衣食住を扱うことを一層明確にし，児童の実態に応じて弾力的な指導ができるように大綱的な扱いに改められた。目標，内容ともに2個学年まとめて示された。したがって，教科書は第5・6学年共通で1冊となった。内容では従来3領域で示されていたものが，「家庭生活と家族」「衣生活への関心」「生活に役立つ物の製作」「食事への関心」「簡単な調理」「住まい方への関心」「物や金銭の使い方と買物」「家庭生活の工夫」の8つの内容項目になった。

　授業時間の減少とそれに伴う学習内容の削減に対し，児童・生徒の学力低下への不安が高まり，文部科学省は2003（平成15）年，学習指導要領の一部を改正した。この改正で学習指導要領は全ての児童・生徒に対して，指導する内容を示したものであって，内容の範囲の程度については学習指導要領に示していない内容であっても，児童・生徒の実態において指導することができるもの

とした。

(2) 中 学 校

1996（平成8）年の中央教育審議会の答申を受けて，教育課程審議会では
1998（平成10）年の7月教育課程の基準を改訂する答申を行った。これを受け
て1998（平成10）年12月，学習指導要領が改訂された。生活と技術との関わ
りについて，生活の視点に立って総合的な学習ができるように，11領域に細
分化されていた構成を改め，「技術」「家庭」の2分野構成となった。このため，
教科書は「技術」と「家庭」の2分冊となった。技術分野の内容は「A技術
とものづくり」「B情報とコンピュータ」であり，家庭分野の内容は「A生活
の自立と衣食住」「B家族と家庭生活」であった（表10.2）。各分野のA，Bそ
れぞれには(1)〜(6)までの項目があり，そのうち(1)〜(4)までの項目は全ての生徒
が履修するものとした。家庭分野では，衣食住など生活の自立に必要な基礎的・
基本的内容と幼児の発達と家族・家族関係・消費などに関する内容が必修とな
った。(5)(6)の項目は，分野ごとに4項目のうち1または2項目を選択して履修
することになった。授業時数は第1・2学年が週2時間，第3学年が週1時間
となった。技術・家庭科は，この必修教科のほかに学校や生徒の実態を考慮し
て，選択教科として開設することもできた。

2003（平成15）年学習指導要領の一部改正が行われ，2006（平成18）年教育
基本法が，続いて2007（平成19）年には学校教育法が一部改正された。

(3) 高等学校

1996（平成8）年の中央教育審議会，1998（平成10）年の理科教育及び産業
教育審議会の答申を受けて，1999（平成11）年学習指導要領が改訂された。家
庭科には普通教育の「家庭」と家庭生活に関する職業に従事するための能力を
育成する専門教育の「家庭」がある。これまでこの両者の「家庭」は同一教科
として扱われていたが，今回の改訂で普通教科「家庭」と専門教科「家庭」が
それぞれ独立し，教科目標も区別して示され，その違いが明確となった。

普通教科「家庭」では，男女共同参画社会の推進，少子高齢化等への対応を
考慮して，生活の営みを総合的にとらえて，家庭生活を主体的に営む能力と態

度の育成を重視して改訂された。科目は「家庭基礎」（2 単位），「家庭総合」（4 単位）「生活技術」（4 単位）の 3 科目が用意され，これらの中から 1 科目をすべての生徒が選択履修することとした。家族・家庭についての意義や社会との関わりなどの理解，生活に必要な知識・技術の習得，共に生きる生活感の育成，家庭生活を主体的に取り組む態度の育成，家庭や地域の生活を想像する態度や実践的態度の育成等をめざしていた。

　専門教科「家庭」では，職業に関する専門教育としての性格が明確となり，生活産業に関わる将来のスペシャリストに必要な資質や能力の育成を目指した。そのため，科目の構成は，従来の 23 科目が整理統合されて 19 科目となった。その中で「生活産業基礎」「課題研究」は，原則としてすべての生徒が履修する科目となった。新設された「生活産業基礎」は生活産業との関わりについて理解させ，生活関連の職業への関心を高め，家庭に関する専門的な学習への動機付けや卒業後の進路についての意識を深めさせることを目的としていた。「課題研究」は課題を設定し，その課題の解決を図る学習を通して問題解決能力や自発的・創造的学習態度の育成をめざしていた。

　職業に関する学科には，「家政」学科の他に「生活文化」「生活デザイン」「生活ビジネス」「生活福祉」などの名称が用いられていた。そのほかに，「食物」「調理科学」「服飾デザイン」「保育」などの学科が設置された。

8　平成 20 年代（2008〜2019）

（1）　小 学 校

　知識基盤社会の中で異なる文化や文明との共存や国際協力の必要性が増大してきている 21 世紀において，確かな学力，豊かな心，健やかな体の調和を重視する生きる力を育むことの重要性が問われてきた。このため 2005（平成 17）年 2 月には，文部科学大臣から 21 世紀を生きる子どもたちの教育の充実を図るため，教育課程の基準全体の見直しについて検討するよう中央教育審議会に対して要請があり，審議が開始された。この間，2006（平成 18）年，教育基本法が改正，2007（平成 19）年，学校教育法が一部改正された。知・徳・体のバランスとともに，基礎的・基本的な知識・技能，思考力・判断力・表現力

および学習意欲を重視し，学校教育においては調和的に育むことが必要である旨が法律上規定された。

　中央教育審議会は，2008（平成20年）1月に「幼稚園，小学校，中学校，高等学校及び特別支援学校の学習指導要領等の改善について」答申を行った。この答申において，①改正教育基本法を踏まえた学習指導要領の改訂，②「生きる力」という理念の共有，③基礎的・基本的な知識・技能の習得，④思考力・判断力・表現力等の育成，⑤確かな学力を確認するために必要な授業時数の確保，⑥学習意欲の向上や学習習慣の確立，⑦豊かな心や健やかな体の育成のための指導の充実，を基本的な考え方として各学校段階や各教科等にわたる学習指導要領の改善の方向性が示された。この答申を踏まえ，同年3月28日学校教育法施行規則を改正するとともに幼稚園教育要領，小学校学習指導要領及び中学校学習指導要領を公示した。

　家庭科は，前回と同様，第5及び第6学年にそれぞれ60，55単位時間が設定された。また，小学校家庭科では，「生活を工夫する楽しさや物を作る喜び，家族の一員としての自覚を持った生活を実感するなど，実践的・体験的な学習活動，問題解決的な学習を通して自分の成長を理解し，家庭生活を大切にする心情を育むとともに生活を支える基礎的・基本的な能力と実践的な態度を育成することを重視する」ことが強調された。また，中学校の内容との体系化を図り，「家庭生活と家族」「日常の食事と調理の基礎」「快適な衣服と住まい」「身近な消費生活と環境」の4内容で構成することになった。

(2) 中 学 校

　2008（平成20）年の中央教育審議会の答申を受けて同年3月に，中学校の学習指導要領が改訂された。これまでと同様，「技術」と「家庭」の2分野で構成され，授業時数も同様であった。しかし，選択教科等に当てる授業時数が削減された。技術分野の内容は「A材料と加工に関する技術」「Bエネルギー変換に関する技術」「C生物育成に関する技術」「D情報に関する技術」であった。家庭分野の内容は「A家族・家庭と子どもの成長」「B食生活と自立」「C衣生活・住生活と自立」「D身近な消費生活と環境」であった。各分野のA～Dは

2〜3項目で構成されていた。家庭分野には「生活の課題と実践」に関する指導事項を3年間で1または2事項を選択するということも示されていた。

　技術分野においては，ものづくりを支える能力などを一層高めるとともに，よりよい社会を築くために，技術を適切に評価し活用できる能力と実践的な態度を育成することを重視した。また，家庭分野においては，自己と家庭，家庭と社会とのつながりを重視し，これからの生活を展望して，よりよい生活を送るための能力と実践的な態度の育成を重視した。教科書は3年間で技術分野と家庭分野の2分冊が発行された。

(3)　高等学校

　21世紀は「知識基盤社会」の時代であるといわれ，グローバル化は，国際競争を加速させる一方で，異なる文化や文明との共存や国際協力の必要性を増大させてきた。このような状況において，確かな学力，豊かな心，健やかな体の調和を重視する「生きる力」をはぐくむことがますます重要になってきた。他方，OECD（経済協力開発機構）のPISA調査など各種の調査から，我が国の児童・生徒に対するさまざまな課題が表出した。そのため，2005（平成17）年2月には，文部科学大臣から，21世紀を生きる子どもたちの教育の充実を図るため，教員の資質・能力の向上や教育条件の整備などと併せて，国の教育課程の基準全体の見直しについて検討するよう，中央教育審議会に対して要請し，2008（平成20）年1月に「幼稚園，小学校，中学校，高等学校及び特別支援学校の学習指導要領等の改善について」答申を行った。それに基づき学習指導要領が改訂され，普通教育においてすべての生徒が履修する科目として「家庭基礎」（2単位），「家庭総合」（4単位），「生活デザイン」（4単位）の3科目が設定され，生徒の能力，適性，興味・関心等に応じて1科目を選択して履修することになった。

　2013（平成25）年から段階的に実施された各学科に共通する教科「家庭」は，人間の発達と生涯を見通した生活の営みを総合的にとらえ，家族・家庭の意義と社会とのかかわりについて理解させるとともに，生活に必要な知識と技術を習得させ，家庭や地域の生活を創造する能力と主体的に実践する態度を育てる

ことを重視した。「家庭基礎」は自立した生活を営むための基礎的・基本的なことに重点を置き，「家庭総合」は生涯を見通したライフステージごとの生活を科学的に理解させることに重点を置き，「生活デザイン」は生活の質を高め，豊かな生活を楽しみ，味わい，作るうえで必要な実践力を養成することに重点を置いた。

　また，主として専門学科において開設される教科「家庭」では，衣食住，ヒューマンサービスなどに関わる生活産業への消費者ニーズの的確な把握や必要なサービス提供等を行う企画力・マネージメント能力を身に付け，生活文化を伝承し創造する人材を育成する観点から，科目の新設や再構成，内容が見直された。そして生徒たちが生活産業における将来のスペシャリストに必要な資質や能力を育成することを目指した。

参考文献

教育養成大学・学部教官研究集会家庭科教育部会（1978）『家庭科教育の研究』学芸図書

文部省（1956）『産業教育七十年史』雇用問題研究会

文部省（1956）『産業教育八十年史』大蔵省印刷局

文部省（1956）『産業教育九十年史』東洋館出版社

文部省，文部科学省「小学校・中学校・高等学校学習指導要領」昭和 22〜平成 21 年

第11章　諸外国の家庭科教育

第1節　諸外国の家庭科教育を学ぶ意義

　地球上には200を超える国や地域がある。これらの国々は自然環境も社会・文化環境も異なり，制度や宗教，慣習や国民性などもさまざまである。しかし，今日，科学技術とりわけ通信技術の急速な発達は，瞬時の情報伝達のみならず画像を伴った双方向のコミュニケーションを可能とした。その結果，地理的距離は短縮され，社会的・経済的・時間的流動化を促し，従来，地域や国別の問題とされていたことが，地球上の共通の問題としてクローズアップされ，共有されるようになってきた。その典型的な例が，地球温暖化を始めとした環境問題や人口，食糧，エネルギー問題などである。これらは地球という惑星に共生・共存する人間の生活の営みに関わる重要な問題である。

　日々の生活の営みを通して人間としての自立と共生を学び，生活環境や文化の創造を目指す家庭科教育は，また社会の安定や人類の福祉に貢献していく大きな役割を担っている。

　外国の教育制度や教育課程について学ぶことは，その国の政治・経済や歴史・文化を理解することであり，わが国との同質性や異質性を比較・分析することで，わが国の教育政策を見直す契機ともなる。また，国境を超えた共通の問題について認識を深め，人類の生活の向上に寄与する国際協力を推進していく大きな原動力となる。

　しかし，家庭科教育の分野においても比較教育の研究は限定的であり，本書ではユネスコによる世界調査の資料を紐解きながら，世界の家庭科教育の趨勢を概観したうえで，履修形態や内容に特徴がある国々の家庭科教育の動向について述べる。

第2節　世界の家庭科教育の動向

　歴史上類をみない急速な経済的・社会的変革の時代において，ユネスコは成人の役割についての準備教育を行うことなしに，どの国も国民の生活水準の向上を図ることはむずかしいとの認識に基づき，国際家政学会の協力を得て，ユネスコ加盟国 121 カ国を対象に世界調査を実施し，その報告書を 1972 年にまとめた。この調査は，有効回答 77 カ国（有効回答率 64%）の世界の基礎情報を，加盟国において普通教育としての家庭科教育を強化・推進するための施策に役立て，教育課程の改善に資することを目的に行われたものである。

　それによれば，国情の違いに関わりなく，家庭科教育の重要度は増すと回答した国が多数を占めた（政府見解とした約 8 割）。その理由として，アフリカ・アジア・ラテンアメリカ諸国は「個人，家庭，地域社会や国民生活の福祉向上」に貢献することを期待し，北アメリカ・アジア・ラテンアメリカ・東ヨー

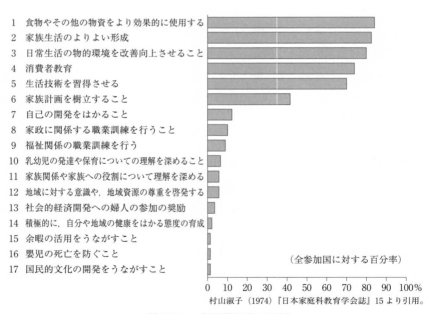

1　食物やその他の物資をより効果的に使用する
2　家族生活のよりよい形成
3　日常生活の物的環境を改善向上させること
4　消費者教育
5　生活技術を習得させる
6　家族計画を樹立すること
7　自己の開発をはかること
8　家政に関係する職業訓練を行うこと
9　福祉関係の職業訓練を行う
10　乳幼児の発達や保育についての理解を深めること
11　家族関係や家族への役割について理解を深める
12　地域に対する意識や，地域資源の尊重を啓発する
13　社会的経済開発への婦人の参加の奨励
14　積極的に，自分や地域の健康をはかる態度の育成
15　余暇の活用をうながすこと
16　嬰児の死亡を防ぐこと
17　国民的文化の開発をうながすこと

（全参加国に対する百分率）

0　10　20　30　40　50　60　70　80　90　100%

村山淑子（1974）『日本家庭科教育学会誌』15 より引用。

図 11.1　家庭科教育の目標

表 11.1　家庭科教育の目標（地域別）

地　　域	有効回答国数	順位による目標 1	2	3	4	5	6	7	8	9	10	11	12	13	14	15	16	17
ア フ リ カ	17	17	14	15	12	9	8		2	1	1			1			1	1
北 ア メ リ カ	2	2	2	2	2	2	2	1	1	1	2	2	2					
ラ テ ン ア メ リ カ	11	11	10	11	8	3	1	3			1	1	1	1				
ア ラ ブ 諸 国	8	7	5	6	6	7	5											
ア ジ ア	14																	
イ ン ド	(1)	1	1	1	1	1	1		1	1								
日 本	(1)	1	1	1	1	1	1											
その他の諸国	(12)	7	9	8	6	10	4	3			1	1	1					
ヨ ー ロ ッ パ	21																	
西 部 諸 国	(5)	3	4	2	5	5	1		1	1								
南 部 諸 国	(6)	6	6	6	5	6	4		1	1	1				2	1		
東 部 諸 国	(3)	2	1	1	3	1	1											
北 部 諸 国	(7)	5	7	6	7	5	2	1				1	1					
オ セ ア ニ ア	2	2		2	2	2												
ソビエト・ウクライナ共和国	2		2			2								1				
総　　数	77	64	63	61	58	54	31	9	8	7	6	5	5	3	2	1	1	1
％		83.1	81.8	79.2	75.3	70.1	40.3	11.7	10.4	9.1	7.5	6.5	6.5	3.9	2.6	1.3	1.3	1.3

前掲『日本家庭科教育学会誌』より筆者加筆・作成。

ロッパ・アラブ諸国は「急速な社会的・経済的・技術的変化が家族に及ぼす圧力の増大や緊張状態の認識」に不可欠であるとし，アフリカ・北アメリカ・北欧諸国は「消費者教育の必要」を挙げていた。

　それは開発途上国であるか否かを問わず，都市化や工業化の進展に伴う家族や地域社会の変化，乳児や高齢者の看護，通信手段の発達による地理的・社会的流動化の促進，労働時間の短縮と余暇時間の増大など，変革の著しい時代の現象や結果を憂慮して，あるいは今後予測される事態を見通して家庭科教育への期待を表明していた。

　このように国情により家庭科教育に寄せる期待はさまざまであるが，トータルな目標として掲げられたのが図11.1である。調査結果の地域分類・有効回答国数及び目標の地域別割合を表11.1に併せて示した。初等・中等学校の現在と未来の家庭科の内容領域と目標との関連性が表11.2である。また，当時の家庭科教育における男子の学習状況が表11.3である。これらのことを踏まえて，報告書は次のように結んでいる。「結婚生活で夫婦が協力するというこ

表 11.2　家庭科内容領域の現在と将来

教科内容領域	学校種別の内容領域実施の参加国に対する百分率						表明された目標
	小学校		中等学校（普通）		中等学校（職業）		
	現在	将来	現在	将来	現在	将来	
消費者教育	(36.4)	+ 11.7	(53.2)	+ 20.8	(57.1)	+ 14.3	75.3 消費者教育
予算計画	(36.4)	+ 1.3	(59.7)	+ 6.5	(67.5)	+ 3.9	79.2 生活の物的環境を改善向上させること
家庭管理	(40.3)	—	(66.2)	+ 6.5	(66.2)	+ 3.9	
住居 室内装飾と設備	(36.4)	+ 2.6	(57.1)	+ 6.5	(66.2)	+ 3.9	
管理と清掃	(57.1)	+ 1.3	(70.1)	+ 6.5	(68.8)	+ 5.2	
被服製作	(50.6)	+ 3.9	(67.5)	+ 1.3	(70.1)	+ 7.8	
食物調製（調理）	(59.7)	+ 5.2	(76.6)	+ 6.5	(68.8)	+ 7.8	83.1 食物やその他の物資をより効果的に使用する
栄養（健康に関係する）	(63.6)	+ 9.1	(75.3)	+ 5.2	(68.8)	+ 2.6	
家族関係	(31.2)	+ 1.3	(42.9)	+ 9.1	(57.1)	+ 6.5	6.5 家族関係や家族への役割りについて理解を深める
家族と社会	(31.2)	—	(44.2)	+ 7.8	(48.1)	+ 5.2	6.5 地域社会への意識を啓発する
衛生　健康と看護	(71.4)	+ 10.4	(75.3)	+ 7.8	(68.8)	+ 9.1	2.6 積極的に自分や地域社会の健康をはかる態度の育成
性教育	(14.3)	+ 3.9	(36.4)	+ 6.5	(35.1)	+ 10.4	40.3 家族計画を樹立すること 11.7

注）「家族生活のよりよい形成」は 81.8％の国が目標としてあげており，全順位で第 2 位を示す。
　　この目標は家庭科のほとんどすべての内容領域に共通なので，一つあるいは一組の内容領域への関連づけは行なわなかった。順位 5 位の「生活技術を習得させる」についても同様である。

前掲『日本家庭科教育学会誌』より。

とは，世界の大部分の国における重大な考え方であり，それは家政の仕事，子どもの養育，老人の世話，支出の計画，予算での重点の決定などに関して男女が協力すること」であり，「年齢と成熟度により男子の必要に関係するものがあり，男子のみでなく混合クラスで学習するのが効果がある方面もある」。

　この世界調査の報告書から 50 年が経とうとしている。世界の家庭科教育の状況はどのような変化を遂げているのであろうか。その後，世界調査に匹敵するような調査は行われていないため，世界的規模での動向を把握することは困難である。しかし，世界各国とも急激な技術革新やグローバル化による社会的・経済的・生活的課題を前に，教育課程上の位置づけや教科内容の変容を迫られている。家庭科は，従前の家庭生活の衣食住に関わる知識と技術の習得に偏りがちであった内容から，衣食住の生活を個人，家族，技術，経済，資源，環境，消費者教育，キャリア，職業生活など多様な視点と幅広い分野との関連に

表 11.3　家庭科教育における男子の参加

地域	家庭科教育			行っている教育段階					
	行って いる	行って いない	無回答	初等学校		中等学校(普通)		中等学校(職業)	
				必修	選択	必修	選択	必修	選択
ア　フ　リ　カ	7	5	5	1	6	2	4	1	5
北　ア　メ　リ　カ	2				2		2		2
ラテンアメリカ	6	3	2	2	1	4	2	2	1
ア ラ ブ 諸 国	2	4	2	1	1	1	1	1	1
ア　ジ　ア									
イ　ン　ド	1				1				
日　　　本	1			1					1
その他の諸国	3	7	2		2		3		2
ヨ　ー　ロ　ッ　パ									
西 部 諸 国	5			1	1	2	2	3	2
南 部 諸 国	4		2	2	1			1	1
東 部 諸 国	3			3		1	1	2	
北 部 諸 国	7			4		2	4	3	2
オ セ ア ニ ア	2				1		2		
ソビエト・ウクライナ共和国	2			1			1		
総　　数	45	19	13	16	16	12	22	13	17
%	58.4	24.7	16.9	20.8	20.8	15.6	28.6	16.9	22.1

注)　回答国は 77 ヵ国。家庭科教育を行っている国は 45 ヵ国(58.4％)，行っていない国は 19 ヵ国(24.7％)。
　　初等学校で行っている国は 32 ヵ国(41.6％)で，必修と選択は 16 ヵ国 (20.8％) ずつである。
　　中等学校は普通課程で 34 ヵ国(44.2％)が行い，必修は 12 ヵ国(15.6％)，選択は 22 ヵ国(28.6％) である。
　　職業課程では 30 ヵ国(39％)が行い，必修が 13 ヵ国(16.9％)，選択が 17 ヵ国(22.1％)である。
　　　　　　　　　　　　　　　　　　　　　　　　　　　前掲『日本家庭科教育学会誌』より。

　おいて捉えるよう変化してきている。そのため，教科名にも変化が見られる。

　家庭科教育の強化や推進に大きな役割を果たしたのは，国連を中心に展開された婦人の地位向上をめぐる取り組みである。わが国に関していえば，「女子差別撤廃条約」の批准は，この調査報告書に述べられていることを実現するための改革への道筋をつける契機となったといえる。今日，わが国は，家庭科先進国として，世界の手本となるような家庭科教育の充実と発展にいっそう努めていくことが求められている。

　次節では，履修形態や内容に特徴があるアメリカ，イギリス，フィンランドの家庭科教育の動向について述べる。各国の学校系統図が図 11.2 である。

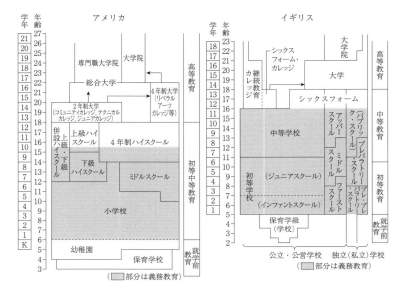

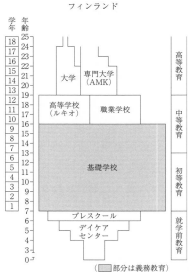

出典：文部科学省（2018）『諸外国の初等中等教育』明石書店

図 11.2　各国の学校系統図

第 3 節　各国の教育制度と家庭科教育

1　アメリカ

（1）　学校教育制度

　アメリカの学校制度は単線型の学校体系をとっているが，初等・中等教育段階の就学年限は，6・3・3制，6・6制，8・4制，さらに 1960 年代後半に急増したミドルスクールによる 4・4・4制，5・3・4制など多様である。就学義務開始年齢は 6 歳とする州がもっとも多いが，義務教育年限は 8〜12 年と州によって異なるが，9 年がもっとも多い。

　このような制度の違いは，教育行政の実質的な権限と責任を州や郡などの地方学区におく地方分権制に基づくものである。連邦政府は主に教育の奨励や補助金の交付などに責任を負い，「金は出すが，口は出さない」という support and no control の考え方を採っている。したがって，学校の設置・維持・管理は州の定める基準の枠内で学区ごとに行われ独立性が強い。反面，学区の財政力の差が教育諸条件における地域格差となって現れ，近年，学区の統合を含む再編成や州の財政援助の増大に伴う権限の強化も議論されている。

　1980 年代以降の教育改革には，従来各州政府によってさまざまに展開されてきた教育内容について，「教育スタンダード」の策定による共通化・基準化を図っていこうとする動向が共通にみられる。それは教育課程の編成において，わが国の学習指導要領にあたる法的拘束力をもつものがないからである。近年，初等・中等教育における修了要件として，履修科目の種類と単位数に加えて州が指定する学力テストの受験・合格を課す州が増えている。

（2）　家庭科教育のカリキュラム

　アメリカは各州によって教育内容も異なり，国による教科書検定制度もない。アメリカの家庭科カリキュラムの指針は，1967 年の連邦政府教育局による「概念と通則：中等家庭科カリキュラム開発における位置づけ」に代表される「概念アプローチ」以来，70 年代の「能力形成アプローチ」を経て，80 年代には「実践問題アプローチ」による開発が採用されるようになってきている。この

カリキュラム開発理論の意図は，「知識のとらえ直しを迫る視座をもち」ながら，「知識と日常生活との有機的な関連性を追求」し，「自律的・批判的かつ創造的な思考を持つ学習者を育成し，実践問題を解決する」ところにあるという。

　各州による教育内容の策定に向けて多様な取り組みが行われているが，全米家族関係協議会（NCFR：National Council on Family Relations）が作成した"Family Life Education"—人間の発達とセクシュアリティ，対人関係，家族の相互関係，家族の資源管理（家庭経営），親になることの教育，倫理，家族と社会の7領域に区分し，児童期・青少年期・成人期の3つのライフステージに基づいて21のキー概念が示された—が各州のカリキュラム策定の拠り所となっていた。

　しかし，全米職業技術教育連合会（V-TECS：Vocational-Technical Education Consortium of States）が中心となって1998年に「家庭科教育の全国的なスタンダード」（National Standard of Family and Consumer Science：NSFCS）が作成されて以降，各州や学校のカリキュラムの策定の基準となっている。NSFCSの枠組みは，16の学習領域と学習過程と能力・技能，学校家庭クラブ・職場体験学習のためのカリキュラムや組織から成っている。16の学習領域は，①家族とキャリア・地域の関係，②消費者と家族の資源（人的・経済的・環境的資源），③消費者サービス，④乳幼児の教育とサービス，⑤施設・設備と管理，⑥家族，⑦家族と地域サービス，⑧食品の製造と供給，⑨食品科学と食事療法，栄養，⑩観光，レクリエーション産業ともてなし，⑪住居，インテリア，家具，⑫人間の発達，⑬人間関係，⑭栄養と健康，⑮親の役割，⑯繊維と衣服である。①②⑥⑫⑭⑮以外の内容は，すべて職業に必要な知識，技能，実践を総合することとされている。このスタンダードは州の教育委員会により重点の置き方が異なり，職業教育，健康教育，個人や家族の教育に重点を置く州などさまざまに活用されている。

　アメリカの家庭科教育は，職業教育として発展してきた経緯が示すとおり，広い概念としてのキャリア教育の一環としてとらえられ，「総合制」「男女共学制」を基本とする中等学校で主に行われている。小学校には家庭科を置く州は

少なく，中学校では男女共学の必修教科として，高等学校では男女共学の選択教科として位置づけている州が多い。しかし，家庭科関係科目の開講の有無や選択・必修の形態はもちろん，その単位数などは学校長の判断に委ねられている。

　教科の名称は，家族と消費者の学習（Family and Consumer Science Education），健康・体育・家庭科（Health, Physical Education and Family and Consumer Science），職業家庭・技術科（Home Economics Career and Technology Education）など州によって異なる。これは NSFCS をベースに州独自に作成したスタンダードの違いに基づくものである。ニューヨーク州やカリフォルニア州は健康教育に力点が置かれており，健康に結びつけた家庭科教育は小学校から高等学校段階まで必修であり，特異な例である。テキサス州は職業教育に，ウィスコンシン州やインディアナ州は個人や家族に力点が置かれている。

　教科の名称は異なっても，家族と消費者（Family and Consumer Science）の内容は共通に位置づいている。しかし，複数の内容を含むことは教科のアイデンティティが失われることにもなったといわれる。また，教科書に検定制度はなく，大手出版社より出版されたものを使用している。

2　イギリス

(1)　学校教育制度

　イギリスの学校制度の基本は「1944 年教育法」であり，「すべての者に中等教育を」を標榜した教育機会の均等と，国，地方教育当局，学校の三者のパートナーシップによる地方分権を特色としてきた。しかし，社会階層による教育への影響が明らかになるにつれ，中等学校への入学機会の平等を保障する総合制中等学校（comprehensive school）を誕生させ（1976 年教育法），中等学校全体の9割を占めるに至っている。義務教育年限は5～16 歳の 11 年間であるが，16～18 歳の2年間（シックスフォーム）は大学入学資格のための教育や職業資格のための訓練に充てられている。義務教育資格修了試験である GCSE（General Certificate of Secondary Education）は 16 歳で，大学入学資格試験である GCE（General Certificate of Education）の上級（A レベル）は 18 歳で受験する。

家庭科の内容を含む義務教育資格修了試験である GCSE の試験科目は「デザイン&テクノロジー」である。

一方，教育課程の編成は地方教育当局や学校長に裁量権があるが，中等教育修了資格試験によって実質的に教育内容は規制されている。

サッチャー政権時代，経済の活性化，全国的な教育水準の確保など積年の課題を解決する教育改革の集大成として「1988 年教育改革法」が成立した。この法律は，戦後初の初等・中等教育段階に「全国共通カリキュラム」（National Curriculum：NC）を導入し，到達目標や学習プログラムの設定，「全国テスト」（National Test）の実施とその結果の公表など共通基準を確定し，中央政府の権限を強化した。NC は当初，必修 10 教科で編成されたが，その後の改訂で「公民」と「コンピューティング」が加わり，現在は 12 教科である。

EU 統合後の国際市場における経済的優位を目指すイギリスは，教育界にも市場原理による競争と効率性，成果に対する責任などを導入し，人的資源の開発における経済と教育のパートナーシップを強固にしつつあった。この方針は，EU 離脱後，一層の緊急性を増している。

(2) 家庭科教育のカリキュラム

イギリスの家庭科カリキュラムの変革は，技術と家庭科目間の著しい性差別の存在を明らかにした 1973 年の調査から始まった。1975 年に制定された「性差別禁止法」は，学校のカリキュラムの男女平等を求めた。

1981 年の「学校教育課程」（School Curriculum）では，教育内容の機会均等の推進が謳われ，1985 年に公表された「5～16 歳の家庭科」（Home economics from 5 to 16）では，中等教育第 3 学年までの家庭科の必修が打ち出された。その内容は，家庭と家族，食物・栄養，テキスタイルを主要 3 領域と定め，総合的な学習の必要性が強調された。そして家庭生活における男女両性の共同責任を反映した教育内容とコンピュータの利用を含めた内容・方法の開発を推奨している。それは「学校教育課程」において，知的・人格的発達に必要な身体的・実践的技能の習得や，生徒の個人的・社会的発達に必要不可欠な認識——例えば親になり家庭生活を送る準備，あるいは家庭生活と職業生活——に貢献する

内容について，教育課程の全体にわたって構成することの必要性が謳われていることと関係している。

　「1988 年教育改革法」に基づく「全国共通カリキュラム」（NC）は，国語・数学・理科・歴史・地理・テクノロジー・音楽・美術・体育・外国語（中等学校から）の 10 の必修教科と宗教教育で構成され，全授業時数の 80〜90％の時間を充てる。家庭科は必修教科から選択教科へとその位置づけを変えた。選択教科には，理科・第二外国語・古典語・家庭科・歴史・地理・ビジネススタディ・美術・音楽・ドラマ・宗教教育などがあり，授業充当時間は 10〜20％である。選択教科や内容編成の決定は，地方教育当局と学校理事会に委譲されており，すべての学校で家庭科が履修できるわけではなくなった。

　必修教科「テクノロジー」のなかに，材料のデザインと製作工程の学習内容として「フード・テクノロジー」と「テキスタイル・テクノロジー」が組み込まれている。

　「全国共通カリキュラム」（NC）は 2〜3 学年を一つにまとめた 4 つの教育段階（キー・ステージ：Key Stage＝KS）に分けられ（KS1；初等学校 1〜2 学年，KS2；初等学校 3〜6 学年，KS3；中等学校 7〜9 学年，KS4；中等学校 10〜11 学年），教育段階ごとに学習計画や達成目標が設定されている。また，そこには 4 つの発達目標と 6 つの基本的スキル，5 つの思考スキルが示されているが，いずれも大綱的な記述であり，具体的な学習内容は各学校や教師に委ねられている。しかし，KS4 では GCSE 試験が行われるため，それが各教科の学習内容を規定する一定の効果を果たしている。

　しかし，GCSE 試験の科目により履修科目を選択する 14〜16 歳の生徒では，履修科目に明らかな性差がみられる一方，家庭科関連科目の履修者が減少していることが確認されており，資格試験の専門性さえも危惧されている。そこで，1993 年，家庭科固有のコースとして学校試験評価審議会は食物・テキスタイル・消費者教育・子どもの発達の 4 コースを提案したが，具体的な職種との適合がむずかしく保留となった。

　「全国共通カリキュラム」（NC）は，1993 年の改訂で内容の精選を行い，必

修教科の授業時数の目安を80％程度とし，1995年には「テクノロジー」を「デザイン＆テクノロジー」と「情報（ICT）」に分離し，基礎教科を11とした。

　2014年度から初等学校でも「調理と栄養」が必修となり，すべての学校段階で「フード・テクノロジー」と「テキスタイル・テクノロジー」は必修となった。また，教科横断的な学習が特徴の選択領域の「人格と社会性の形成および健康に関する教育」（Personal, Social and Health Education：PSHE）には，消費者問題と環境，家族，家庭経営，高齢者問題，健康などの内容が含まれ，多くの中等学校のカリキュラムに位置づけられるようになった。これらの内容は，初等学校では「PSHE＆市民教育」（PSHE & citizen-ship），中等学校では「PSHE」として実施されている。また，2002年から中等学校において「市民教育」（citizen-ship）は必修となった。その他，持続可能な開発のための教育（Education for Sustainable Development）も重点目標の一つとなっており，「デザイン＆テクノロジー」「PSHE＆市民教育」のいずれにも学習内容として取り入れられている。

　人間的成長を促す包括的な教育課程の策定を進めた改革から，雇用と市場ニーズに適合した教育課程への転換のなかで生産に視点を置いた学習内容に変化したが，選択領域では学校全体を通じて個人，家族，社会の一員として必要な資質や特性を育成する「現在と将来の生活」のための「生活（人生）のためのカリキュラム」も推奨されており，家庭科の教科としての価値の理念的な探究が続いている。こうした価値の探究は，わが国にも該当することであり，教育改革の考え方，方針についての比較も今後の課題である。

3　フィンランド

(1)　学校教育制度

　北欧の福祉国家の一翼を担うフィンランドの教育に熱い視線が向けられるようになったのは，経済協力開発機構（OECD）による「生徒の学習到達度調査」（PISA）における高得点に由来する。

　1960～1970年代において福祉国家の概念が確立したフィンランドにおいて，「多様な人間が共存し助け合う平等な社会」が国民の合意となり，その理念が

教育政策に具体化されていった。1970 年代には 11 歳で教育内容を分ける分岐型から総合制学校に移行し，そして 1985 年には習熟度別編成は廃止された。

　フィンランドの学校制度は，6・3・3 制をベースにしながら 6・6 制や 9 年制などもある。義務教育年限は 7 歳〜16 歳の 9 年間である。基礎教育学校の最終学年での評点（国家教育委員会に付属する全国的な評価会議により評定基準が決められる）により上級学校への進学が決まる。すべての学校を通じて授業料及び高校までの給食費は無料である。また，学用品をはじめ高校・大学での自宅外通学者には住宅補助費も支給される。

　1994 年の改革により，国の多くの権限を地方自治体に移管し，国は「国家カリキュラム大綱（ナショナル・コア・カリキュラム）」を指定するだけとなった。

　国の基準である「全国教育課程基準」を基に，学校段階別・学校種別に教育課程の基準が定められている。国の教育課程基準は 10 年に一度改訂される。これを受けて，どの学年で，何を，どう学ぶかというカリキュラム大綱の具体化は，地方自治体と学校の裁量に委ねられることになった。直近の改訂は 2014 年である。

(2)　家庭科教育のカリキュラム

　男女平等を理念とする教育課程において，基礎教育学校の教科時間数は「総合学校カリキュラム基準」に基づいて定められている。2014 年の改訂では教育の国家目標を，人間としての成長および社会の一員としての成長，必須の知識とスキル，知識と能力・平等・生涯学習の促進とし，社会の変化に対応して「横断的能力」の育成が重視されている。すべての教科における横断的能力として，①思考と学習，②文化的能力，相互作用および自己表現，③自分への配慮と日常生活の管理，④マルチリテラシー，⑤ICT 能力，⑥労働生活能力と起業家精神，⑦持続可能な未来への参加，関与，構築の 7 つの目標が設定された。新たな基礎教育学校のカリキュラムは，母語・文学，外国語，数学，環境，生物・地理，物理・化学，健康教育，宗教・倫理，歴史・社会，音楽，美術，手工，体育，家庭科，芸術・実践系選択科目，キャリア教育，選択教科から成る。

　家庭科は，基礎教育における独立教科として後期課程（7〜9学年）の7学年で男女必修（週3時間），8〜9学年は選択教科として設置されている。2014年の改訂で，新たに前期課程（1〜6学年）にも選択教科として設置することが可能となった。家庭科を含む芸術・実践教科の選択教科の授業時間は，前期課程が週6時間，後期課程が5時間配当されている。2004年まで後期課程の必修教科であった「手工・技術・織物科」は前期課程の木工などを扱う「手工」と同一の教科になった。

　後期課程（7〜9学年）の家庭科の使命は，「日々の生活を管理し，福祉を促進する持続可能な生活の方法を実践するために必要な知識，技能，態度，レディネスを養う」ことであり，主な内容は「食品の知識と技能および食文化」「住まい，共に暮らす」「家庭での消費者，金銭的技能」の3つである。なかでも食生活領域の比重が高く，調理技能が重視されている。被服領域は家庭科の内容にはなく，他教科に含まれる。

　前期課程（1〜6学年）の家庭科は，その設置も時間数も内容も各学校の裁量に委ねられているが，週2時間（1単位時間45分），半年間の授業を提供している学校が多い。内容は平易な調理実習が行われることが多いが，専用の家庭科室もなく，教科の免許状をもたない初等教育の教師が担当しており，教師の専門性にも課題が残る。

　教科書検定は1992年に廃止され，教師や教員組合の代表が協力して教科書を作成している。その内容は家族・家庭・人間関係，食生活，洗濯と掃除，消費生活，環境問題などから構成されているが，食生活のページ占有率が70〜80％と高いのは，家庭科カリキュラムにおいて食教育にウエイトが置かれていることと符合する。

第4節　各国の教育課程上の位置づけと内容構成の特徴

　前節で取り上げた国々における必修教科としての家庭科の名称は，「健康・体育・家庭科」「家族と消費者の学習」「職業家庭・技術科」（アメリカ），「デ

ザイン＆テクノロジー」（イギリス），「家庭科」「手工」（フィンランド）などに
みられるように複数の領域を統合した，あるいは教科の中の一部を占める教科
名であることが特徴である。学習内容は，どの国も政府によってその大綱が制
定されている。履修形態については，アメリカでは前期中等教育段階で必修，
後期段階で選択，イギリスでは初等・中等教育段階とも必修，選択教科として
「PSHE＆市民教育」「PSHE」があり，フィンランドでは初等教育段階で「芸
術・実践」の選択科目，前期中等教育段階で必修である。科目開設の有無や履
修形態，単位数あるいは学習計画の実質的な作成主体は学校長や教師にあるた
め，学習計画は多彩である。わが国に比べ学習計画における教師の裁量権の大
きさはまた，一国の教育事情の把握をむずかしくしているともいえる。

　上記三カ国以外の国々においても，この 50 年間に家庭科は大きな変貌を遂
げている。それぞれの国情を反映しつつも，衣食住を基本とした家庭科から
well-being を目指して社会問題や地球規模の課題解決に取り組み，持続可能な
生活の構築に向けた幅広い分野を対象とした学習内容へと変化してきており，
それが教科名にも表れている。教育政策的には一昔前になるが，国立教育政策
研究所がまとめた「家庭科のカリキュラムの改善に関する研究―諸外国の動向」
は，各国の家庭科に対する考え方や家庭科の現状，わが国との比較などについ
てコンパクトにまとめられているので，比較研究の一助として推奨したい。

参考文献

村山淑子（1974）「世界の家庭科教育の現状（第 1 報）」『日本家庭科教育学会誌』15，25-
　34
牧野カツコ（1998）「アメリカにおける家庭科教育の動向」『新しい時代の家庭科教育』（家
　庭科教育実践講座第 1 巻），ニチブン，138-143
青木幸子（1998）「イギリスにおける家庭科教育の動向」『新しい時代の家庭科教育』（家
　庭科教育実践講座第 1 巻），ニチブン，144-149
表真美（2019）『ヨーロッパの学校における食教育・家庭科教育』ナカニシヤ出版
日本家庭科教育学会欧米カリキュラム研究会（2000）『イギリス・アメリカ・カナダの家
　庭科カリキュラム』
国立教育政策研究所（2005）『家庭科のカリキュラムの改善に関する研究―諸外国の動向』
国立教育政策研究所（2013）『諸外国における教育課程の基準―近年の動向を踏まえて―』

文部科学省（2018）『諸外国の初等中等教育』明石書店
外務省ウェブサイト「諸外国・地域の学校情報」
https://www.mofa.go.jp/mofa/toko（2022 年 4 月 5 日アクセス）
文部科学省ウェブサイト「世界の学校体系」
https://www.mext.go.jp/detail（2022 年 4 月 5 日アクセス）

第12章　家庭科教育の課題と展望

第1節　家庭科教育の課題

1　家庭科の標準授業数及び単位数

　小学校第5・6学年の「家庭」の標準授業時数は，各60単位時間，55単位時間，中学校「技術・家庭」は第1〜3学年までそれぞれ70，70，35単位時間となり，高等学校「家庭」は「家庭基礎」2単位，「家庭総合」4単位に設定された。少子高齢化や家庭の機能が十分果たされていない状況において，2016（平成28）年の中央教育課程審議会の答申をうけて，学習指導要領の改善事項として，「家族・家庭生活に関する内容の充実」「食育の推進に関する内容の充実」「日本の生活文化に関する内容の充実」「自立した消費者の育成」等が挙げられている。また，実験・実習や地域との交流など実践的な学習指導法が奨励されている。しかし，先に述べた時間数や単位数では十分な指導ができないため，小学校「家庭」の標準授業時数第5学年・第6学年ともに各70単位時間に，また，中学校「技術・家庭」の第3学年の標準授業時数を，35単位時間から最低70単位時間へ，また高等学校「家庭」では，最低どの科目も4単位必要であると考えられる。

　日本家庭科教育学会は，「中学校，高等学校に最低1人の家庭科専任教員の配置を要望」日本家庭科教育学会第61回大会決議（2018），「小学校家庭科及び中学校技術・家庭科の授業時数の確保」日本家庭科教育学会第60回大会決議（2017），「中学校技術・家庭科及び高等学校家庭科の単位（時間）数確保の要望」に対する意見（2015），「高等学校家庭科のすべての生徒における4単位必修の確保」日本家庭科教育学会第58回大会決議（2015）など，文部科学省，日本教育大学協会，他関係機関に要望書を提出し，家庭科の重要性や授業時数

の増加を要望している。学習指導要領の改訂の趣旨を考えると，授業時数や単位数が不足しており，指導の徹底ができないという矛盾が起きている。

2　家庭科教育と総合的な学習の時間や生活科

　総合的な学習の時間は，1996（平成8）年の中央教育審議会の第一次答申において「ゆとりの中で『生きる力』をはぐくむ」ことの中で創設が提言された。そして，2002（平成14）年度（高等学校は2003年度）から学校現場で実施され，さまざまな実践が行われてきている。総合的な学習の時間は，横断的・総合的な学習や児童の興味・関心等に基づく学習など創意工夫を生かした教育活動を行う。そして，問題を解決する資質や能力を育成し，学び方やものの見方を身に付け，主体的・創造的に取り組む態度を育成することをねらいとしている。学習指導要領には，総合的な学習の時間に取り上げる課題として，①横断的・総合的な課題（国際理解，情報，環境，福祉・健康），②子どもの興味・関心に基づく課題，③地域や学校の特色に応じた課題が示されている。例えば①横断的・総合的な課題は，家庭科の学習内容と関連づけることができる。

　家庭科が総合的な学習の時間に参画し，家庭科の教育的な独自性を果たすことにより総合的な学習の時間は一層充実したものになる。しかし，家庭科がその中に取り込まれてしまうのではなく，総合的な学習の時間に貢献する教科であり続けるためには，家庭科独自の役割を明確にしなければならない。今日の教育の目的や子どもたちの生活の現状，社会的な要請等を斟酌して，家庭科の教育ビジョンを明示し，ミニマム・エッセンシャルズを規定することが必要である。そして，それらの教材化や指導法の検討も課題といえる。

　また，生活科は第1・2学年に設定され，子どもが生活者としての立場にたち，家庭生活や学校生活，社会生活において必要とされる習慣や技能を習得し，生活の中で生かすことができるようにすることをねらいとしている。家庭科と生活科は目標や学習内容，学習方法が類似している点が多々ある。生活科では家族や家庭生活に関する内容が取り上げられ，子どもの身の回りや家庭生活を見つめる体験的学習が行われている。しかし，小学校低学年で学習した家庭生活に関する内容は，中学年の2年間は学習する機会がなく，第5・6学年で再

度取り扱われることになり，系統性がなく学習の定着にも問題がある。小学校低学年から高等学校までを通して，家庭生活に関わる学習をすることは生活者として必要なことであり，総合的な学習の時間とともに，低学年の生活科から高学年の家庭科へ効果的にリンクさせるには指導計画や学習指導を検討していくことが課題である。

3　家庭科教育と消費者教育・環境教育

　消費者教育は，1986（昭和 61）年，国民生活審議会の「学校における消費者教育について」の答申により，学校教育への導入が要請された。モノの安全性や表示に関する消費者トラブルは顕在化しているが，契約や販売方法に関する多様・複雑な問題が，特に若者がターゲットにされて起きている場合がある。また，2022（令和 4）年から成年年齢が 18 歳に引き下げられたことにより，高校生に対する消費者教育は急務となっている。家庭科において生活の主体者として自ら意思決定できる児童・生徒を育成することが，将来，社会・家庭生活を営む段階においても必要不可欠である。

　家庭科の学習が，消費者としての主体性を育成する機会となるためには，どのような内容や指導方法を工夫したらよいかを検討しなければならない。消費者が購入行動をするとき，商品が環境保全にとってどうであるか，販売方法はどうかなど，環境保全の点から判断して行動するのがグリーンコンシューマーである。消費生活の進展につれ，モノやサービスの契約・購入・使用・消費・廃棄から生じる問題が多様化・複雑化し，人類が対応に苦慮する事態に陥っている。便利で快適な生活の追求によってもたらされたのが，環境問題である。特に環境問題は切実であり，地球規模の課題ともなっている。家庭科の指導には，フードマイレージに着眼した授業や地産地消の意義や輸入に頼った生活の在り方などを問う授業実践に取り組んでいる事例が紹介されている。環境に配慮した行動を教師が示し，児童・生徒がそれを実行するのではなく，児童・生徒自身がどうしたらよいのか主体的に決定していくのが，本来の環境教育といえる。要するに環境教育は消費者教育とも関連し，双方を関連させながら環境教育を展開していくことは，より重要性を増してくると思われる。今後は，家

庭科の中で日常の生活現象に目を向け，環境に配慮したライフスタイルを形成していくことが必要となってくる。

4　家庭科教育と福祉・高齢者問題

日本人の平均寿命は女性 87.74 歳，男性 81.64 歳（2020 年）と，世界でも女性は 1 位，男性は 2 位となった。少子高齢化による日本の人口問題やそれに伴う高齢者介護や年金の問題など，今後の福祉対策は大きな転換期を迎えている。まさに，家庭科では家族や家庭生活，高齢者との関わり，高齢者と住まい，生活設計など，これまで以上に学習内容の充実を図っていく必要性が強調されている。

また，共生の立場から多様な人との暮らしを考えていくために，障がいを持った人の生活にも目を向け，ユニバーサルな環境を志向しながら生活を作ることも必要であろう。そのためにも，児童・生徒が家庭科を学習することにより，将来を見据え，自らの生活に活かしていけるような内容を家庭科教育で構築していくことが要求される。

5　家庭科教育と生活技術

家庭科の目標に挙げられているように，技術・技能の習得は，日常生活を主体的に送っていくためには必要なことである。実践的・体験的学習を進めていく家庭科にとって，技術・技能の習得は大きな課題である。しかし，科学技術が発達し，生活の合理化が図られると，必要とされる生活上の技術や技能は変化してきている。

家庭科は戦後，単なる技能教科ではないという理念のもとで発足した。しかし，これまで技術の定着を図り，実習を重視した指導を展開してきたことは否定できない。当時の社会においては，生活技術の習得は家族が生活する上では必要不可欠であり，必須の生活力といえた。ところが，現代社会では，家庭においては，生産よりは消費への転換が図られたため，生活のための技術は，以前ほどは必要なくなり，必要とされる技術そのものが変化してきた。河村美穂は，生活に関わる技術とは，生活の場面に関連したものであること，将来に向けて応用性を持ったものであること，子ども自身がそれを必要としていること

であると述べている。これを「生活スキル」と称し，家庭科教育では体系化されたスキル，現在の社会生活や家庭生活で求めているスキルとは何かを見極め，再度考えていかなければ，現代の家庭科に対する世論の要請に応えることにはならないだろう。家庭科教育では技術を転移性，応用性のあるものとして習得していくこと，習得した知識や技能が相互に関連しあうよう総合化していくことが望まれる。

6　家庭科教育と食育

　近年，偏った栄養摂取など食生活の乱れ，肥満・痩身傾向など，子どもの健康を取り巻く問題が深刻化している。このような状況を踏まえ，2005（平成17）年に食育基本法が制定され，これに基づく食育推進基本計画では朝食を食べない児童をなくすことなどの目標が掲げられた。また，栄養教諭制度が始まり，学校における食育の取り組みが進められた。

　食育は2008（平成20）年1月，中央教育審議会答申において「幼稚園，小学校，中学校，高等学校及び特別支援学校の学習指導要領等の改善について」で「教科等を横断して改善すべき事項」の一つに挙げられた。家庭科は給食の時間とともに食育を担うことになった。学習指導要領でも，「食育の推進を図るため，食事の役割や栄養・調理に関する内容を一層充実する」ことが示された。従来，家庭科では食生活に関する内容を学習題材として扱い指導してきたが，学校教育や社会，家庭でも食育を推進することとなり，これまでの家庭科の実践が認められてこなかったことではないかと懸念する。しかし，現在の日本人の食生活や健康状態に鑑みるに，食育を推進することは理に適っている。食育について家庭科独自の学びを考えると，山田綾は食生活を多面的に探求し，総合的に捉える見方をすること，観察・実験・調理や調査などにより，具体的に検討すること，子ども自らが判断する場面をつくること，多様な見解が尊重する組織で学びを進めることを提言している。このような学びをすることにより，家庭科独自の指導が可能となってくるであろう。そこで家庭科単独で，或いは給食の時間や栄養士，栄養教諭とどのように連携を持ちつつ，家庭科独自の内容や指導を考えていくことができるかが課題といえる。

7　家庭科教育と情報化・国際化

　現代社会においていろいろな所に情報化の波が押し寄せ，家庭生活の中にも例外なく入り込んできている。生活に身近な問題として，フードファディズムやネットショッピングによる被害など，情報機器が開発され，情報量が増え，四六時中情報が入ってくる状態に置かれているため，日常生活に新しい問題が起こってきている。これらは全て児童・生徒の生活の周辺に起きている生活課題であるし，将来も起こりうることである。

　また，国際化の進展により，ヒト，モノ，金，情報などが，日本と海外を頻繁に行き来している。外国で製造された衣服を着たり，街中で外国人と話したりなど，現在は日常生活の中で異文化を意識せずに生活することは不可能である。輸入した安い食品を買うことが本当によいのか，その裏にある現実を捨象してよいものかなど，例えば，フェアトレードなどに目を向けさせて，自己の考えをまとめさせる授業なども実践されている。このように，生活を近視眼的に捉えるのではなく，グローバルな視点に立って，生活の本質を見抜く家庭科教育の在り方を考察していくことが必要である。

8　家庭科教育と男女共同参画社会

　男女共同参画社会の構築は，政治，経済，社会などあらゆる分野において期待され，実現へ向けて努力されている。しかし，まだ実現途上であり，職業生活においても，女性の地位は高いとはいえない。世界経済フォーラム（World Economic Forum：WEF）が 2021 年 3 月，「The Global Gender Gap Report 2021」を公表し，各国における男女格差を測るジェンダーギャップ指数（Gender Gap Index：GGI）を発表した。この指数は，「経済」「政治」「教育」「健康」の 4 つの分野のデータから作成され，0 が完全不平等，1 が完全平等を示している。2021 年の日本の総合スコアは 0.656，順位は 156 カ国中 120 位（前回は 153 カ国中 121 位）であった。この数値は「男は仕事・女は家庭」といういわゆる性別役割分業意識が残存していることにより，仕事と育児の両立に悩む女性の姿は，現代社会の縮図ともいえる。男女共同参画基本計画（第二次）（2005）では，「男女共同参画を推進し多様な選択を可能にする教育・学習の充実」にお

いて，「家庭科教育の充実」が挙げられている。さらに，改正教育基本法では，目標の箇所に「男女平等」を尊重する態度を養うことを掲げている。第 5 次男女共同参画基本計画（2020）では，「2030 年代には，誰もが性別を意識することなく活躍でき，指導的地位にある人々の性別に偏りがないような社会となることを目指す」「2020 年代の可能な限り早期に指導的地位に占める女性の割合が 30％程度となるよう目指して取組を進める」を新しい目標として掲げた。

9　家庭科教育と SDGs（Sustainable Development Goals）

1992 年の国連の地球サミットにおいて，「持続可能な開発」の概念が提起され，2000 年に保健，衛生，教育，女性のエンパワーメントなどで国際社会の支援を必要とする課題に取り組む MDGs（Millennium Development Goals）を設定し，2015 年を期限として取り組みを進めた。2015 年 9 月，「持続可能な開発のための 2030 アジェンダ」が国連で採択された。地球上の誰一人として置き去りにしないを理念として取り組みが進められている。17 の目標と 169 のターゲットが示されており，2030 年までにこれらの目標が達成されることが求められている。

例えば，G1「貧困をなくそう」，G2「飢餓をゼロに」，G3「すべての人に健康と福祉を」，G5「ジェンダー平等を実現しよう」，G6「安全な水とトイレを世界中に」，G7「エネルギーをみんなにそしてクリーンに」，G8「働きがいも経済成長も」，G11「住み続けられるまちづくりを」，G12「つくる責任つかう責任」，G14「海の豊かさを守ろう」，G15「陸の豊かさも守ろう」などは，家庭科の学習と関連が深い。つまり，家庭科は，学習内容の中に SDGs と関わる内容が多数あり，生活をより良くする主体を育てることを目標としている。したがって，家庭科は SDGs の理念を理解し，その実現のために主体的に行動する力を生活の視点から身に付けさせることができる教科といえる。

家庭生活を学習対象とする家庭科教育において，家族や家庭生活，保育，家事労働，家庭経営，高齢者介護，消費，環境などの学習をとおして，男女平等の再確認，男女が協働して家庭を営むこと，人間としての自立を図る資質を培うこと，持続可能な社会を構築することが重要である。これを受け持つ教科は，

家庭科をおいて他にないと考える。児童・生徒が家庭科学習をすることによって，ジェンダーの再生産をしないように，教師の発言や指示，児童・生徒の活動への支援には配慮しなければならない。

第2節　家庭科教育の展望

　前述の家庭科教育の課題をふまえて，今後の家庭科教育の方向性や展望についてまとめ，さらなる家庭科教育の発展を図っていきたい。

　日本家庭科教育学会は家庭科教育の重要性についての意見書や学習指導要領の改訂に伴った要望書などを，文部科学省他関係機関に提出し，家庭科の重要性や授業時数・単位数の増減を要望している。この要望書等が受けいれられ，家庭科教育の小・中・高等学校の授業時数や単位数が増加するよう，家庭科教育の重要性を世論に訴えていかなければならない。

　家庭科は人と生活についての教育を扱い，生きる力を育てることを意図しているので，学習指導要領の改訂の趣旨を端的にとらえた教科である。衣食住の各生活や，生命と環境を守るための基礎知識や生活スキルを学ぶだけでなく，「自立」を目標に，「ものづくり」や「乳幼児や高齢者とかかわる」「地域社会とかかわる」という体験をしながら，環境問題をはじめ，環境に負荷を与えない消費生活への転換を追求し，現実の生活のさまざまな課題をみつめてその解決のために実践することを学ぶ総合的な視点をもつのが家庭科の役目ともいえる。

　家庭科教育は社会的な自立の基礎を培い，家庭の在り方や家族の人間関係などへの理解，子育ての大切さや親の役割について深める教育を目指している。また，生涯を見通した人間の生き方と生活設計や，衣食住の伝統文化を継承・発展するための教育を充実していく。生活の根本にある食を見直しその意義を知るための食育の充実も進めていかなければならない。そして，家庭科教育の一層の充実が行われるよう働きかけなければならない。

　本田由紀は学習者である子どもたちの現在・将来の「家庭」に対し，教育内

容がリアリティと有用性を持つものとして感じられること，つまりレリバンス（relevance）を家庭科教育が持たなければならないと述べている。家庭科教育は学習者にとって「家庭」という身近な領域に関わる分野であるから，レリバンスの調達という面では重要であると主張している。そして，家庭科が学習対象とする家庭の将来像に対する個々人の展望を，男女共同参画社会の構築，家族形態の多様性を認めつつ，明確にしなければならない。

　グローバル化が進展してきた今日，人，モノ，金，情報など，さまざまなモノやコトが国境を越え行き来し，これまでの規範の中だけではとらえきれない事態を招いている。そのため，価値の多様化が進むと，異なる考え方を持つ人と異なる事情の中で暮らしていくためには，限られた資源を分配しながらどのように生活していけばよいか，これまでの生活にはなかった知恵を使って生活していかなければならない。朴木佳緒留は，「良い生活」を送るためだけではなく，「良い生活」をつくる手法，新たな共同体を生み出す手法として，シティズンシップ教育（市民となる教育，市民性教育）の必要性を力説している。シティズンシップ教育は，めまぐるしく変化する社会のなかで，子どもたちが将来，市民としての役割を十分に果たすことができるようにするための教育であると理解されている。今日のグローバル化とシティズンシップ教育と家庭科教育が連携を持つことの必然性が生まれてくる。また，SDGs の目標や消費者市民社会を実現することは，生活者として生活に責任を持ち，よりよい生活を作る生活主体者を育成することは，家庭科教育に課されたミッションといえよう。

参考文献

荒井紀子・高木幸子・石島恵美子・鈴木真由美・小高みさほ・平田京子（2020）『SDGs と家庭科カリキュラム・デザイン』教育図書，pp. 9-10

柴田義松監修（2010）『家庭科の本質がわかる授業①生活を見つめる　食』日本標準

日本家庭科教育学会編（2007）『（シリーズ生活をつくる家庭科第 1 巻）個人・家族・社会をつなぐ生活スキル』ドメス出版

日本家庭科教育学会編（2007）『（シリーズ生活をつくる家庭科第 3 巻）実践的なシティズンシップ教育の創造』ドメス出版

本田由紀「教育社会学の視点から家庭科教育への提起」『日本家庭科教育学会誌』第 52 巻

　　1号

内閣府男女共同参画局（2021）「共同参画」2021年5月号，gender.go.jp（2022年3月19
　　日アクセス）

第5次男女共同参画基本計画～すべての女性が輝く令和の社会へ～000748308.pdf,mhlw.go.
　　jp（2022年3月19日アクセス）

資　料

●日本国憲法（抄）（1946.11.3公布，1947.5.3施行）

　日本国民は，正当に選挙された国会における代表者を通じて行動し，われらとわれらの子孫のために，諸国民との協和による成果と，わが国全土にわたつて自由のもたらす恵沢を確保し，政府の行為によつて再び戦争の惨禍が起ることのないやうにすることを決意し，ここに主権が国民に存することを宣言し，この憲法を確定する。そもそも国政は，国民の厳粛な信託によるものであつて，その権威は国民に由来し，その権力は国民の代表者がこれを行使し，その福利は国民がこれを享受する。これは人類普遍の原理であり，この憲法は，かかる原理に基くものである。われらは，これに反する一切の憲法，法令及び詔勅を排除する。

　日本国民は，恒久の平和を念願し，人間相互の関係を支配する崇高な理想を深く自覚するのであつて，平和を愛する諸国民の公正と信義に信頼して，われらの安全と生存を保持しようと決意した。われらは，平和を維持し，専制と隷従，圧迫と偏狭を地上から永遠に除去しようと努めてゐる国際社会において，名誉ある地位を占めたいと思ふ。われらは，全世界の国民が，ひとしく恐怖と欠乏から免かれ，平和のうちに生存する権利を有することを確認する。

　われらは，いづれの国家も，自国のことのみに専念して他国を無視してはならないのであつて，政治道徳の法則は，普遍的なものであり，この法則に従ふことは，自国の主権を維持し，他国と対等関係に立たうとする各国の責務であると信ずる。

　日本国民は，国家の名誉にかけ，全力をあげてこの崇高な理想と目的を達成することを誓ふ。

第14条（法の下の平等，貴族制度の否認，栄典）　すべて国民は，法の下に平等であつて，人種，信条，性別，社会的身分又は門地により，政治的，経済的又は社会的関係において，差別されない。

②　華族その他の貴族の制度は，これを認めない。

③　栄誉，勲章その他の栄典の授与は，いかなる特権も伴はない。栄典の授与は，現にこれを有し，又は将来これを受ける者の一代に限り，その効力を有する。

第26条（教育を受ける権利，教育の義務）　すべて国民は，法律の定めるところにより，その能力に応じて，ひとしく教育を受ける権利を有する。

②　すべて国民は，法律の定めるところにより，その保護する子女に普通教育を受けさせる義務を負ふ。義務教育は，これを無償とする。

●教育基本法（1947.3.31法25号，最終改正：2006.12.22法120号）

　我々日本国民は，たゆまぬ努力によって築いてきた民主的で文化的な国家を更に発展させるとともに，世界の平和と人類の福祉の向上に貢献することを願うものである。

　我々は，この理想を実現するため，個人の尊厳を重んじ，真理と正義を希求し，公共の精神を尊び，豊かな人間性と創造性を備えた人間の育成を期するとともに，伝統を継承し，新しい文化の創造を目指す教育を推進する。

　ここに，我々は，日本国憲法の精神にのっとり，我が国の未来を切り拓く教育の基本を確立し，その振興を図るため，この法律を制定する。

第1章　教育の目的及び理念
（教育の目的）

第1条　教育は，人格の完成を目指し，平和で民主的な国家及び社会の形成者として必要な資質を備えた心身ともに健康な国民の育成を期して行われなければならない。

246

（教育の目標）

第2条　教育は，その目的を実現するため，学問の自由を尊重しつつ，次に掲げる目標を達成するよう行われるものとする。

　1　幅広い知識と教養を身に付け，真理を求める態度を養い，豊かな情操と道徳心を培うとともに，健やかな身体を養うこと。

　2　個人の価値を尊重して，その能力を伸ばし，創造性を培い，自主及び自律の精神を養うとともに，職業及び生活との関連を重視し，勤労を重んずる態度を養うこと。

　3　正義と責任，男女の平等，自他の敬愛と協力を重んずるとともに，公共の精神に基づき，主体的に社会の形成に参画し，その発展に寄与する態度を養うこと。

　4　生命を尊び，自然を大切にし，環境の保全に寄与する態度を養うこと。

　5　伝統と文化を尊重し，それらをはぐくんできた我が国と郷土を愛するとともに，他国を尊重し，国際社会の平和と発展に寄与する態度を養うこと。

（生涯学習の理念）

第3条　国民一人一人が，自己の人格を磨き，豊かな人生を送ることができるよう，その生涯にわたって，あらゆる機会に，あらゆる場所において学習することができ，その成果を適切に生かすことのできる社会の実現が図られなければならない。

（教育の機会均等）

第4条　すべて国民は，ひとしく，その能力に応じた教育を受ける機会を与えられなければならず，人種，信条，性別，社会的身分，経済的地位又は門地によって，教育上差別されない。

②　国及び地方公共団体は，障害のある者が，その障害の状態に応じ，十分な教育を受けられるよう，教育上必要な支援を講じなければならない。

③　国及び地方公共団体は，能力があるにもかかわらず，経済的理由によって修学が困難な者に対して，奨学の措置を講じなければならない。

第2章　教育の実施に関する基本

（義務教育）

第5条　国民は，その保護する子に，別に法律で定めるところにより，普通教育を受けさせる義務を負う。

②　義務教育として行われる普通教育は，各個人の有する能力を伸ばしつつ社会において自立的に生きる基礎を培い，また，国家及び社会の形成者として必要とされる基本的な資質を養うことを目的として行われるものとする。

③　国及び地方公共団体は，義務教育の機会を保障し，その水準を確保するため，適切な役割分担及び相互の協力の下，その実施に責任を負う。

④　国又は地方公共団体の設置する学校における義務教育については，授業料を徴収しない。

（学校教育）

第6条　法律に定める学校は，公の性質を有するものであって，国，地方公共団体及び法律に定める法人のみが，これを設置することができる。

②　前項の学校においては，教育の目標が達成されるよう，教育を受ける者の心身の発達に応じて，体系的な教育が組織的に行われなければならない。この場合において，教育を受ける者が，学校生活を営む上で必要な規律を重んずるとともに，自ら進んで学習に取り組む意欲を高めることを重視して行われなければならない。

（大学）

第7条　大学は，学術の中心として，高い教養と専門的能力を培うとともに，深く真理を探究して新たな知見を創造し，これらの成果を広く社会に提供することにより，社会の発展に寄与するものとする。

②　大学については，自主性，自律性その他の大学における教育及び研究の特性が尊重されなければならない。

（私立学校）

第8条　私立学校の有する公の性質及び学校教育において果たす重要な役割にかんがみ，国及び地方公共団体は，その自主性を尊重しつつ，助成その他の適当な方法によ

って私立学校教育の振興に努めなければならない。

（教員）

第9条　法律に定める学校の教員は，自己の崇高な使命を深く自覚し，絶えず研究と修養に励み，その職責の遂行に努めなければならない。

②　前項の教員については，その使命と職責の重要性にかんがみ，その身分は尊重され，待遇の適正が期せられるとともに，養成と研修の充実が図られなければならない。

（家庭教育）

第10条　父母その他の保護者は，子の教育について第一義的責任を有するものであって，生活のために必要な習慣を身に付けさせるとともに，自立心を育成し，心身の調和のとれた発達を図るよう努めるものとする。

②　国及び地方公共団体は，家庭教育の自主性を尊重しつつ，保護者に対する学習の機会及び情報の提供その他の家庭教育を支援するために必要な施策を講ずるよう努めなければならない。

（幼児期の教育）

第11条　幼児期の教育は，生涯にわたる人格形成の基礎を培う重要なものであることにかんがみ，国及び地方公共団体は，幼児の健やかな成長に資する良好な環境の整備その他適当な方法によって，その振興に努めなければならない。

（社会教育）

第12条　個人の要望や社会の要請にこたえ，社会において行われる教育は，国及び地方公共団体によって奨励されなければならない。

②　国及び地方公共団体は，図書館，博物館，公民館その他の社会教育施設の設置，学校の施設の利用，学習の機会及び情報の提供その他の適当な方法によって社会教育の振興に努めなければならない。

（学校，家庭及び地域住民等の相互の連携協力）

第13条　学校，家庭及び地域住民その他の関係者は，教育におけるそれぞれの役割と責任を自覚するとともに，相互の連携及び協力に努めるものとする。

（政治教育）

第14条　良識ある公民として必要な政治的教養は，教育上尊重されなければならない。

②　法律に定める学校は，特定の政党を支持し，又はこれに反対するための政治教育その他政治的活動をしてはならない。

（宗教教育）

第15条　宗教に関する寛容の態度，宗教に関する一般的な教養及び宗教の社会生活における地位は，教育上尊重されなければならない。

②　国及び地方公共団体が設置する学校は，特定の宗教のための宗教教育その他宗教的活動をしてはならない。

第3章　教育行政

（教育行政）

第16条　教育は，不当な支配に服することなく，この法律及び他の法律の定めるところにより行われるべきものであり，教育行政は，国と地方公共団体との適切な役割分担及び相互の協力の下，公正かつ適正に行われなければならない。

②　国は，全国的な教育の機会均等と教育水準の維持向上を図るため，教育に関する施策を総合的に策定し，実施しなければならない。

③　地方公共団体は，その地域における教育の振興を図るため，その実情に応じた教育に関する施策を策定し，実施しなければならない。

④　国及び地方公共団体は，教育が円滑かつ継続的に実施されるよう，必要な財政上の措置を講じなければならない。

（教育振興基本計画）

第17条　政府は，教育の振興に関する施策の総合的かつ計画的な推進を図るため，教育の振興に関する施策についての基本的な方針及び講ずべき施策その他必要な事項について，基本的な計画を定め，これを国会に報告するとともに，公表しなければならない。

②　地方公共団体は，前項の計画を参酌し，その地域の実情に応じ，当該地方公共団体における教育の振興のための施策に関する基本的な計画を定めるよう努めなければな

らない。

第4章　法令の制定

第18条　この法律に規定する諸条項を実施するため，必要な法令が制定されなければならない。

●**学校教育法**（1947. 3. 31法26号，最終改正：2018. 6. 1法39号，一部改正：2019. 6. 26法44号）

第1章　総　則

第1条　この法律で，学校とは，幼稚園，小学校，中学校，高等学校，中等教育学校，特別支援学校，大学及び高等専門学校とする。

第2章　義務教育

第21条　義務教育として行われる普通教育は，教育基本法（平成18年法律第120号）第5条第2項に規定する目的を実現するため，次に掲げる目標を達成するよう行われるものとする。

1　学校内外における社会的活動を促進し，自主，自律及び協同の精神，規範意識，公正な判断力並びに公共の精神に基づき主体的に社会の形成に参画し，その発展に寄与する態度を養うこと。

2　学校内外における自然体験活動を促進し，生命及び自然を尊重する精神並びに環境の保全に寄与する態度を養うこと。

3　我が国と郷土の現状と歴史について，正しい理解に導き，伝統と文化を尊重し，それらをはぐくんできた我が国と郷土を愛する態度を養うとともに，進んで外国の文化の理解を通じて，他国を尊重し，国際社会の平和と発展に寄与する態度を養うこと。

4　家族と家庭の役割，生活に必要な衣，食，住，情報，産業その他の事項について基礎的な理解と技能を養うこと。

5　読書に親しませ，生活に必要な国語を正しく理解し，使用する基礎的な能力を養うこと。

6　生活に必要な数量的な関係を正しく理解し，処理する基礎的な能力を養うこと。

7　生活にかかわる自然現象について，観察及び実験を通じて，科学的に理解し，処理する基礎的な能力を養うこと。

8　健康，安全で幸福な生活のために必要な習慣を養うとともに，運動を通じて体力を養い，心身の調和的発達を図ること。

9　生活を明るく豊かにする音楽，美術，文芸その他の芸術について基礎的な理解と技能を養うこと。

10　職業についての基礎的な知識と技能，勤労を重んずる態度及び個性に応じて将来の進路を選択する能力を養うこと。

第4章　小学校

第29条　小学校は，心身の発達に応じて，義務教育として行われる普通教育のうち基礎的なものを施すことを目的とする。

第30条　小学校における教育は，前条に規定する目的を実現するために必要な程度において第21条各号に掲げる目標を達成するよう行われるものとする。

②　前項の場合においては，生涯にわたり学習する基盤が培われるよう，基礎的な知識及び技能を習得させるとともに，これらを活用して課題を解決するために必要な思考力，判断力，表現力その他の能力をはぐくみ，主体的に学習に取り組む態度を養うことに，特に意を用いなければならない。

第33条　小学校の教育課程に関する事項は，第29条及び第30条の規定に従い，文部科学大臣が定める。

第34条　小学校においては，文部科学大臣の検定を経た教科用図書又は文部科学省が著作の名義を有する教科用図書を使用しなければならない。

②　前項に規定する教科用図書（以下この条において「教科用図書」という。）の内容を文部科学大臣の定めるところにより記録した電磁的記録（電子的方式，磁気的方式その他人の知覚によつては認識することができない方式で作られる記録であつて，電子計算機による情報処理の用に供されるものをいう。）である教材がある場合には，同項の規定にかかわらず，文部科学大臣の定めるところにより，児童の教育の充実を

図るため必要があると認められる教育課程の一部において，教科用図書に代えて当該教材を使用することができる。

③　前項に規定する場合において，視覚障害，発達障害その他の文部科学大臣の定める事由により教科用図書を使用して学習することが困難な児童に対し，教科用図書に用いられた文字，図形等の拡大又は音声への変換その他の同項に規定する教材を電子計算機において用いることにより可能となる方法で指導することにより当該児童の学習上の困難の程度を低減させる必要があると認められるときは，文部科学大臣の定めるところにより，教育課程の全部又は一部において，教科用図書に代えて当該教材を使用することができる。

④　教科用図書及び第2項に規定する教材以外の教材で，有益適切なものは，これを使用することができる。

⑤　第1項の検定の申請に係る教科用図書に関し調査審議させるための審議会等（国家行政組織法（昭和23年法律第120号）第8条に規定する機関をいう。以下同じ。）については，政令で定める。

第5章　中学校

第45条　中学校は，小学校における教育の基礎の上に，心身の発達に応じて，義務教育として行われる普通教育を施すことを目的とする。

第46条　中学校における教育は，前条に規定する目的を実現するため，第21条各号に掲げる目標を達成するよう行われるものとする。

第48条　中学校の教育課程に関する事項は，第45条及び第46条の規定並びに次条において読み替えて準用する第30条第2項の規定に従い，文部科学大臣が定める。

第6章　高等学校

第50条　高等学校は，中学校における教育の基礎の上に，心身の発達及び進路に応じて，高度な普通教育及び専門教育を施すことを目的とする。

第51条　高等学校における教育は，前条に規定する目的を実現するため，次に掲げる目標を達成するよう行われるものとする。

1　義務教育として行われる普通教育の成果を更に発展拡充させて，豊かな人間性，創造性及び健やかな身体を養い，国家及び社会の形成者として必要な資質を養うこと。

2　社会において果たさなければならない使命の自覚に基づき，個性に応じて将来の進路を決定させ，一般的な教養を高め，専門的な知識，技術及び技能を習得させること。

3　個性の確立に努めるとともに，社会について，広く深い理解と健全な批判力を養い，社会の発展に寄与する態度を養うこと。

第52条　高等学校の学科及び教育課程に関する事項は，前2条の規定及び第62条において読み替えて準用する第30条第2項の規定に従い，文部科学大臣が定める。

第7章　中等教育学校

第63条　中等教育学校は，小学校における教育の基礎の上に，心身の発達及び進路に応じて，義務教育として行われる普通教育並びに高度な普通教育及び専門教育を一貫して施すことを目的とする。

第64条　中等教育学校における教育は，前条に規定する目的を実現するため，次に掲げる目標を達成するよう行われるものとする。

1　豊かな人間性，創造性及び健やかな身体を養い，国家及び社会の形成者として必要な資質を養うこと。

2　社会において果たさなければならない使命の自覚に基づき，個性に応じて将来の進路を決定させ，一般的な教養を高め，専門的な知識，技術及び技能を習得させること。

3　個性の確立に努めるとともに，社会について，広く深い理解と健全な批判力を養い，社会の発展に寄与する態度を養うこと。

第67条　中等教育学校の前期課程における教育は，第63条に規定する目的のうち，小学校における教育の基礎の上に，心身の発達に応じて，義務教育として行われる普通教育を施すことを実現するため，第21条各号に掲げる目標を達成するよう行われるも

のとする。

② 中等教育学校の後期課程における教育は，第63条に規定する目的のうち，心身の発達及び進路に応じて，高度な普通教育及び専門教育を施すことを実現するため，第64条各号に掲げる目標を達成するよう行われるものとする。

第68条 中等教育学校の前期課程の教育課程に関する事項並びに後期課程の学科及び教育課程に関する事項は，第63条，第64条及び前条の規定並びに第70条第1項において読み替えて準用する第30条第2項の規定に従い，文部科学大臣が定める。

●学習指導要領
①小学校：学習指導要領（2017.3.31 告示）
第2章各教科　第8節家庭

第1　目　標

生活の営みに係る見方・考え方を働かせ，衣食住などに関する実践的・体験的な活動を通して，生活をよりよくしようと工夫する資質・能力を次のとおり育成することを目指す。

(1) 家族や家庭，衣食住，消費や環境などについて，日常生活に必要な基礎的な理解を図るとともに，それらに係る技能を身に付けるようにする。

(2) 日常生活の中から問題を見いだして課題を設定し，様々な解決方法を考え，実践を評価・改善し，考えたことを表現するなど，課題を解決する力を養う。

(3) 家庭生活を大切にする心情を育み，家族や地域の人々との関わりを考え，家族の一員として，生活をよりよくしようと工夫する実践的な態度を養う。

第2　各学年の内容
〔第5学年及び第6学年〕

1　内　容

A　家族・家庭生活

次の(1)から(4)までの項目について，課題をもって，家族や地域の人々と協力し，よりよい家庭生活に向けて考え，工夫する活動を通して，次の事項を身に付けることができるよう指導する。

(1) 自分の成長と家族・家庭生活

　　ア　自分の成長を自覚し，家庭生活と家族の大切さや家庭生活が家族の協力によって営まれていることに気付くこと。

(2) 家庭生活と仕事

　　ア　家庭には，家庭生活を支える仕事があり，互いに協力し分担する必要があることや生活時間の有効な使い方について理解すること。

　　イ　家庭の仕事の計画を考え，工夫すること。

(3) 家族や地域の人々との関わり

　　ア　次のような知識を身に付けること。

　　　(ア)　家族との触れ合いや団らんの大切さについて理解すること。

　　　(イ)　家庭生活は地域の人々との関わりで成り立っていることが分かり，地域の人々との協力が大切であることを理解すること。

　　イ　家族や地域の人々とのよりよい関わりについて考え，工夫すること。

(4) 家族・家庭生活についての課題と実践

　　ア　日常生活の中から問題を見いだして課題を設定し，よりよい生活を考え，計画を立てて実践できること。

B　衣食住の生活

次の(1)から(6)までの項目について，課題をもって，健康・快適・安全で豊かな食生活，衣生活，住生活に向けて考え，工夫する活動を通して，次の事項を身に付けることができるよう指導する。

(1) 食事の役割

　　ア　食事の役割が分かり，日常の食事の大切さと食事の仕方について理解すること。

　　イ　楽しく食べるために日常の食事の仕方を考え，工夫すること。

(2) 調理の基礎

ア　次のような知識及び技能を身に付けること。

(ア)　調理に必要な材料の分量や手順が分かり，調理計画について理解すること。

(イ)　調理に必要な用具や食器の安全で衛生的な取扱い及び加熱用調理器具の安全な取扱いについて理解し，適切に使用できること。

(ウ)　材料に応じた洗い方，調理に適した切り方，味の付け方，盛り付け，配膳及び後片付けを理解し，適切にできること。

(エ)　材料に適したゆで方，いため方を理解し，適切にできること。

(オ)　伝統的な日常食である米飯及びみそ汁の調理の仕方を理解し，適切にできること。

イ　おいしく食べるために調理計画を考え，調理の仕方を工夫すること。

(3)　栄養を考えた食事

ア　次のような知識を身に付けること。

(ア)　体に必要な栄養素の種類と主な働きについて理解すること。

(イ)　食品の栄養的な特徴が分かり，料理や食品を組み合わせてとる必要があることを理解すること。

(ウ)　献立を構成する要素が分かり，1食分の献立作成の方法について理解すること。

イ　1食分の献立について栄養のバランスを考え，工夫すること。

(4)　衣服の着用と手入れ

ア　次のような知識及び技能を身に付けること。

(ア)　衣服の主な働きが分かり，季節や状況に応じた日常着の快適な着方について理解すること。

(イ)　日常着の手入れが必要であることや，ボタンの付け方及び洗濯の仕方を理解し，適切にできること。

イ　日常着の快適な着方や手入れの仕方を考え，工夫すること。

(5)　生活を豊かにするための布を用いた製作

ア　次のような知識及び技能を身に付けること。

(ア)　製作に必要な材料や手順が分かり，製作計画について理解すること。

(イ)　手縫いやミシン縫いによる目的に応じた縫い方及び用具の安全な取扱いについて理解し，適切にできること。

イ　生活を豊かにするために布を用いた物の製作計画を考え，製作を工夫すること。

(6)　快適な住まい方

ア　次のような知識及び技能を身に付けること。

(ア)　住まいの主な働きが分かり，季節の変化に合わせた生活の大切さや住まい方について理解すること。

(イ)　住まいの整理・整頓や清掃の仕方を理解し，適切にできること。

イ　季節の変化に合わせた住まい方，整理・整頓や清掃の仕方を考え，快適な住まい方を工夫すること。

C　消費生活・環境

次の(1)及び(2)の項目について，課題をもって，持続可能な社会の構築に向けて身近な消費生活と環境を考え，工夫する活動を通して，次の事項を身に付けることができるよう指導する。

(1)　物や金銭の使い方と買物

ア　次のような知識及び技能を身に付けること。

(ア)　買物の仕組みや消費者の役割が分かり，物や金銭の大切さと計画的な使い方について理解すること。

(イ)　身近な物の選び方，買い方を理解し，購入するために必要な情報の収集・整理が適切にできること。

イ　購入に必要な情報を活用し，身近な物の選び方，買い方を考え，工夫すること。

(2)　環境に配慮した生活

ア　自分の生活と身近な環境との関わりや環境に配慮した物の使い方などについて理解すること。

イ　環境に配慮した生活について物の使

い方などを考え，工夫すること。

2　内容の取扱い

(1)　内容の「A家族・家庭生活」については，次のとおり取り扱うこと。

　ア　(1)のアについては，AからCまでの各内容の学習と関連を図り，日常生活における様々な問題について，家族や地域の人々との協力，健康・快適・安全，持続可能な社会の構築等を視点として考え，解決に向けて工夫することが大切であることに気付かせるようにすること。

　イ　(2)のイについては，内容の「B衣食住の生活」と関連を図り，衣食住に関わる仕事を具体的に実践できるよう配慮すること。

　ウ　(3)については，幼児又は低学年の児童や高齢者など異なる世代の人々との関わりについても扱うこと。また，イについては，他教科等における学習との関連を図るよう配慮すること。

(2)　内容の「B衣食住の生活」については，次のとおり取り扱うこと。

　ア　日本の伝統的な生活についても扱い，生活文化に気付くことができるよう配慮すること。

　イ　(2)のアの(エ)については，ゆでる材料として青菜やじゃがいもなどを扱うこと。(オ)については，和食の基本となるだしの役割についても触れること。

　ウ　(3)のアの(ア)については，五大栄養素と食品の体内での主な働きを中心に扱うこと。(ウ)については，献立を構成する要素として主食，主菜，副菜について扱うこと。

　エ　食に関する指導については，家庭科の特質に応じて，食育の充実に資するよう配慮すること。また，第4学年までの食に関する学習との関連を図ること。

　オ　(5)については，日常生活で使用する物を入れる袋などの製作を扱うこと。

　カ　(6)のアの(ア)については，主として暑さ・寒さ，通風・換気，採光，及び音を取り上げること。暑さ・寒さについ

ては，(4)のアの(ア)の日常着の快適な着方と関連を図ること。

(3)　内容の「C消費生活・環境」については，次のとおり取り扱うこと。

　ア　(1)については，内容の「A家族・家庭生活」の(3)，「B衣食住の生活」の(2)，(5)及び(6)で扱う用具や実習材料などの身近な物を取り上げること。

　イ　(1)のアの(ア)については，売買契約の基礎について触れること。

　ウ　(2)については，内容の「B衣食住の生活」との関連を図り，実践的に学習できるようにすること。

第3　指導計画の作成と内容の取扱い

1　指導計画の作成に当たっては，次の事項に配慮するものとする。

(1)　題材など内容や時間のまとまりを見通して，その中で育む資質・能力の育成に向けて，児童の主体的・対話的で深い学びの実現を図るようにすること。その際，生活の営みに係る見方・考え方を働かせ，知識を生活体験等と関連付けてより深く理解するとともに，日常生活の中から問題を見いだして様々な解決方法を考え，他者と意見交流し，実践を評価・改善して，新たな課題を見いだす過程を重視した学習の充実を図ること。

(2)　第2の内容の「A家族・家庭生活」から「C消費生活・環境」までの各項目に配当する授業時数及び各項目の履修学年については，児童や学校，地域の実態等に応じて各学校において適切に定めること。その際，「A家族・家庭生活」の(1)のアについては，第4学年までの学習を踏まえ，2学年間の学習の見通しをもたせるために，第5学年の最初に履修させるとともに，「A家族・家庭生活」，「B衣食住の生活」，「C消費生活・環境」の学習と関連させるようにすること。

(3)　第2の内容の「A家族・家庭生活」の(4)については，実践的な活動を家庭や地域などで行うことができるよう配慮し，2学年間で一つ又は二つの課題を設定して履修させること。その際，「A家族・家庭生活」の(2)又は(3)，「B衣食住

の生活」，「C 消費生活・環境」で学習した内容との関連を図り，課題を設定できるようにすること。

(4)　第2の内容の「B 衣食住の生活」の(2)及び(5)については，学習の効果を高めるため，2学年間にわたって取り扱い，平易なものから段階的に学習できるよう計画すること。

(5)　題材の構成に当たっては，児童や学校，地域の実態を的確に捉えるとともに，内容相互の関連を図り，指導の効果を高めるようにすること。その際，他教科等との関連を明確にするとともに，中学校の学習を見据え，系統的に指導ができるようにすること。

(6)　障害のある児童などについては，学習活動を行う場合に生じる困難さに応じた指導内容や指導方法の工夫を計画的，組織的に行うこと。

(7)　第1章総則の第1の2の(2)に示す道徳教育の目標に基づき，道徳科などとの関連を考慮しながら，第3章特別の教科道徳の第2に示す内容について，家庭科の特質に応じて適切な指導をすること。

2　第2の内容の取扱いについては，次の事項に配慮するものとする。

(1)　指導に当たっては，衣食住など生活の中の様々な言葉を実感を伴って理解する学習活動や，自分の生活における課題を解決するために言葉や図表などを用いて生活をよりよくする方法を考えたり，説明したりするなどの学習活動の充実を図

ること。

(2)　指導に当たっては，コンピュータや情報通信ネットワークを積極的に活用して，実習等における情報の収集・整理や，実践結果の発表などを行うことができるように工夫すること。

(3)　生活の自立の基礎を培う基礎的・基本的な知識及び技能を習得するために，調理や製作等の手順の根拠について考えたり，実践する喜びを味わったりするなどの実践的・体験的な活動を充実すること。

(4)　学習内容の定着を図り，一人一人の個性を生かし伸ばすよう，児童の特性や生活体験などを把握し，技能の習得状況に応じた少人数指導や教材・教具の工夫など個に応じた指導の充実に努めること。

(5)　家庭や地域との連携を図り，児童が身に付けた知識及び技能などを日常生活に活用できるよう配慮すること。

3　実習の指導に当たっては，次の事項に配慮するものとする。

(1)　施設・設備の安全管理に配慮し，学習環境を整備するとともに，熱源や用具，機械などの取扱いに注意して事故防止の指導を徹底すること。

(2)　服装を整え，衛生に留意して用具の手入れや保管を適切に行うこと。

(3)　調理に用いる食品については，生の魚や肉は扱わないなど，安全・衛生に留意すること。また，食物アレルギーについても配慮すること。

②中学校：学習指導要領 (2017.3.31 告示)
第2章各教科　第8節技術・家庭分野

第1　目　標

生活の営みに係る見方・考え方や技術の見方・考え方を働かせ，生活や技術に関する実践的・体験的な活動を通して，よりよい生活の実現や持続可能な社会の構築に向けて，生活を工夫し創造する資質・能力を次のとおり育成することを目指す。

(1)　生活と技術についての基礎的な理解を図るとともに，それらに係る技能を身に

付けるようにする。

(2)　生活や社会の中から問題を見いだして課題を設定し，解決策を構想し，実践を評価・改善し，表現するなど，課題を解決する力を養う。

(3)　よりよい生活の実現や持続可能な社会の構築に向けて，生活を工夫し創造しようとする実践的な態度を養う。

第2　各分野の目標及び内容

〔家庭分野〕

1　目　標

生活の営みに係る見方・考え方を働かせ，衣食住などに関する実践的・体験的な活動を通して，よりよい生活の実現に向けて，生活を工夫し創造する資質・能力を次のとおり育成することを目指す。

(1)　家族・家庭の機能について理解を深め，家族・家庭，衣食住，消費や環境などについて，生活の自立に必要な基礎的な理解を図るとともに，それらに係る技能を身に付けるようにする。

(2)　家族・家庭や地域における生活の中から問題を見いだして課題を設定し，解決策を構想し，実践を評価・改善し，考察したことを論理的に表現するなど，これからの生活を展望して課題を解決する力を養う。

(3)　自分と家族，家庭生活と地域との関わりを考え，家族や地域の人々と協働し，よりよい生活の実現に向けて，生活を工夫し創造しようとする実践的な態度を養う。

2　内　容

A　家族・家庭生活

次の(1)から(4)までの項目について，課題をもって，家族や地域の人々と協力・協働し，よりよい家庭生活に向けて考え，工夫する活動を通して，次の事項を身に付けることができるよう指導する。

(1)　自分の成長と家族・家庭生活

ア　自分の成長と家族や家庭生活との関わりが分かり，家族・家庭の基本的な機能について理解するとともに，家族や地域の人々と協力・協働して家庭生活を営む必要があることに気付くこと。

(2)　幼児の生活と家族

ア　次のような知識を身に付けること。

(ア)　幼児の発達と生活の特徴が分かり，子供が育つ環境としての家族の役割について理解すること。

(イ)　幼児にとっての遊びの意義や幼児との関わり方について理解すること。

イ　幼児とのよりよい関わり方について

考え，工夫すること。

(3)　家族・家庭や地域との関わり

ア　次のような知識を身に付けること。

(ア)　家族の互いの立場や役割が分かり，協力することによって家族関係をよりよくできることについて理解すること。

(イ)　家庭生活は地域との相互の関わりで成り立っていることが分かり，高齢者など地域の人々と協働する必要があることや介護など高齢者との関わり方について理解すること。

イ　家族関係をよりよくする方法及び高齢者など地域の人々と関わり，協働する方法について考え，工夫すること。

(4)　家族・家庭生活についての課題と実践

ア　家族，幼児の生活又は地域の生活の中から問題を見いだして課題を設定し，その解決に向けてよりよい生活を考え，計画を立てて実践できること。

B　衣食住の生活

次の(1)から(7)までの項目について，課題をもって，健康・快適・安全で豊かな食生活，衣生活，住生活に向けて考え，工夫する活動を通して，次の事項を身に付けることができるよう指導する。

(1)　食事の役割と中学生の栄養の特徴

ア　次のような知識を身に付けること。

(ア)　生活の中で食事が果たす役割について理解すること。

(イ)　中学生に必要な栄養の特徴が分かり，健康によい食習慣について理解すること。

イ　健康によい食習慣について考え，工夫すること。

(2)　中学生に必要な栄養を満たす食事

ア　次のような知識を身に付けること。

(ア)　栄養素の種類と働きが分かり，食品の栄養的な特質について理解すること。

(イ)　中学生の1日に必要な食品の種類と概量が分かり，1日分の献立作成の方法について理解すること。

イ　中学生の1日分の献立について考え，工夫すること。

(3) 日常食の調理と地域の食文化
ア　次のような知識及び技能を身に付け
ること。
㋐　日常生活と関連付け，用途に応じ
た食品の選択について理解し，適切
にできること。
㋑　食品や調理用具等の安全と衛生に
留意した管理について理解し，適切
にできること。
㋒　材料に適した加熱調理の仕方につ
いて理解し，基礎的な日常食の調理
が適切にできること。
㋓　地域の食文化について理解し，地
域の食材を用いた和食の調理が適切
にできること。
イ　日常の１食分の調理について，食品
の選択や調理の仕方，調理計画を考
え，工夫すること。
(4) 衣服の選択と手入れ
ア　次のような知識及び技能を身に付け
ること。
㋐　衣服と社会生活との関わりが分か
り，目的に応じた着用，個性を生か
す着用及び衣服の適切な選択につい
て理解すること。
㋑　衣服の計画的な活用の必要性，衣
服の材料や状態に応じた日常着の手
入れについて理解し，適切にできる
こと。
イ　衣服の選択，材料や状態に応じた日
常着の手入れの仕方を考え，工夫する
こと。
(5) 生活を豊かにするための布を用いた製
作
ア　製作する物に適した材料や縫い方に
ついて理解し，用具を安全に取り扱
い，製作が適切にできること。
イ　資源や環境に配慮し，生活を豊かに
するために布を用いた物の製作計画を
考え，製作を工夫すること。
(6) 住居の機能と安全な住まい方
ア　次のような知識を身に付けること。
㋐　家族の生活と住空間との関わりが
分かり，住居の基本的な機能につい
て理解すること。

㋑　家庭内の事故の防ぎ方など家族の
安全を考えた住空間の整え方につい
て理解すること。
イ　家族の安全を考えた住空間の整え方
について考え，工夫すること。
(7) 衣食住の生活についての課題と実践
ア　食生活，衣生活，住生活の中から問
題を見いだして課題を設定し，その解
決に向けてよりよい生活を考え，計画
を立てて実践できること。
　C　消費生活・環境
次の(1)から(3)までの項目について，課題を
もって，持続可能な社会の構築に向けて考
え，工夫する活動を通して，次の事項を身に
付けることができるよう指導する。
(1) 金銭の管理と購入
ア　次のような知識及び技能を身に付け
ること。
㋐　購入方法や支払い方法の特徴が分
かり，計画的な金銭管理の必要性に
ついて理解すること。
㋑　売買契約の仕組み，消費者被害の
背景とその対応について理解し，物
資・サービスの選択に必要な情報の
収集・整理が適切にできること。
イ　物資・サービスの選択に必要な情報
を活用して購入について考え，工夫す
ること。
(2) 消費者の権利と責任
ア　消費者の基本的な権利と責任，自分
や家族の消費生活が環境や社会に及ぼ
す影響について理解すること。
イ　身近な消費生活について，自立した
消費者としての責任ある消費行動を考
え，工夫すること。
(3) 消費生活・環境についての課題と実践
ア　自分や家族の消費生活の中から問題
を見いだして課題を設定し，その解決
に向けて環境に配慮した消費生活を考
え，計画を立てて実践できること。
3　内容の取扱い
(1) 各内容については，生活の科学的な理
解を深めるための実践的・体験的な活動
を充実すること。
(2) 内容の「A家族・家庭生活」につい

ては，次のとおり取り扱うものとする。

ア　(1)のアについては，家族・家庭の基本的な機能がAからCまでの各内容に関わっていることや，家族・家庭や地域における様々な問題について，協力・協働，健康・快適・安全，生活文化の継承，持続可能な社会の構築等を視点として考え，解決に向けて工夫することが大切であることに気付かせるようにすること。

イ　(1)，(2)及び(3)については，相互に関連を図り，実習や観察，ロールプレイングなどの学習活動を中心とするよう留意すること。

ウ　(2)については，幼稚園，保育所，認定こども園などの幼児の観察や幼児との触れ合いができるよう留意すること。アの(ア)については，幼児期における周囲との基本的な信頼関係や生活習慣の形成の重要性についても扱うこと。

エ　(3)のアの(イ)については，高齢者の身体の特徴についても触れること。また，高齢者の介護の基礎に関する体験的な活動ができるよう留意すること。イについては，地域の活動や行事などを取り上げたり，他教科等における学習との関連を図ったりするよう配慮すること。

(3)　内容の「B 衣食住の生活」については，次のとおり取り扱うものとする。

ア　日本の伝統的な生活についても扱い，生活文化を継承する大切さに気付くことができるよう配慮すること。

イ　(1)のアの(ア)については，食事を共にする意義や食文化を継承することについても扱うこと。

ウ　(2)のアの(ア)については，水の働きや食物繊維についても触れること。

エ　(3)のアの(ア)については，主として調理実習で用いる生鮮食品と加工食品の表示を扱うこと。(ウ)については，煮る，焼く，蒸す等を扱うこと。また，魚，肉，野菜を中心として扱い，基礎的な題材を取り上げること。(エ)については，だしを用いた煮物又は汁物を取

り上げること。また，地域の伝統的な行事食や郷土料理を扱うこともできること。

オ　食に関する指導については，技術・家庭科の特質に応じて，食育の充実に資するよう配慮すること。

カ　(4)のアの(ア)については，日本の伝統的な衣服である和服について触れること。また，和服の基本的な着装を扱うこともできること。さらに，既製服の表示と選択に当たっての留意事項を扱うこと。(イ)については，日常着の手入れは主として洗濯と補修を扱うこと。

キ　(5)のアについては，衣服等の再利用の方法についても触れること。

ク　(6)のアについては，簡単な図などによる住空間の構想を扱うこと。また，ア及びイについては，内容の「A 家族・家庭生活」の(2)及び(3)との関連を図ること。さらに，アの(イ)及びイについては，自然災害に備えた住空間の整え方についても扱うこと。

(4)　内容の「C 消費生活・環境」については，次のとおり取り扱うものとする。

ア　(1)及び(2)については，内容の「A 家族・家庭生活」又は「B 衣食住の生活」の学習との関連を図り，実践的に学習できるようにすること。

イ　(1)については，中学生の身近な消費行動と関連を図った物資・サービスや消費者被害を扱うこと。アの(ア)については，クレジットなどの三者間契約についても扱うこと。

第3　指導計画の作成と内容の取扱い

1　指導計画の作成に当たっては，次の事項に配慮するものとする。

(1)　題材など内容や時間のまとまりを見通して，その中で育む資質・能力の育成に向けて，生徒の主体的・対話的で深い学びの実現を図るようにすること。その際，生活の営みに係る見方・考え方や技術の見方・考え方を働かせ，知識を相互に関連付けてより深く理解するとともに，生活や社会の中から問題を見いだして解決策を構想し，実践を評価・改善し

て，新たな課題の解決に向かう過程を重
視した学習の充実を図ること。
(2)　技術分野及び家庭分野の授業時数につ
いては，3学年間を見通した全体的な指
導計画に基づき，いずれかの分野に偏る
ことなく配当して履修させること。その
際，各学年において，技術分野及び家庭
分野のいずれも履修させること。
　　　家庭分野の内容の「A家族・家庭生
活」の(4)，「B衣食住の生活」の(7)及び
「C消費生活・環境」の(3)については，
これら三項目のうち，一以上を選択し履
修させること。その際，他の内容と関連
を図り，実践的な活動を家庭や地域など
で行うことができるよう配慮すること。
(3)　技術分野の内容の「A材料と加工の
技術」から「D情報の技術」まで，及び
家庭分野の内容の「A家族・家庭生活」
から「C消費生活・環境」までの各項目
に配当する授業時数及び各項目の履修学
年については，生徒や学校，地域の実態
等に応じて，各学校において適切に定め
ること。その際，家庭分野の内容の「A
家族・家庭生活」の(1)については，小学
校家庭科の学習を踏まえ，中学校におけ
る学習の見通しを立てさせるために，第
1学年の最初に履修させること。
(4)　各項目及び各項目に示す事項について
は，相互に有機的な関連を図り，総合的
に展開されるよう適切な題材を設定して
計画を作成すること。その際，生徒や学
校，地域の実態を的確に捉え，指導の効
果を高めるようにすること。また，小学
校における学習を踏まえるとともに，高
等学校における学習を見据え，他教科等
との関連を明確にして系統的・発展的に
指導ができるようにすること。さらに，
持続可能な開発のための教育を推進する
視点から他教科等との連携も図ること。
(5)　障害のある生徒などについては，学習
活動を行う場合に生じる困難さに応じた
指導内容や指導方法の工夫を計画的，組
織的に行うこと。
(6)　第1章総則の第1の2の(2)に示す道徳
教育の目標に基づき，道徳科などとの関

連を考慮しながら，第3章特別の教科道
徳の第2に示す内容について，技術・家
庭科の特質に応じて適切な指導をするこ
と。
2　第2の内容の取扱いについては，次の
事項に配慮するものとする。
(1)　指導に当たっては，衣食住やものづく
りなどに関する実習等の結果を整理し考
察する学習活動や，生活や社会における
課題を解決するために言葉や図表，概念
などを用いて考えたり，説明したりする
などの学習活動の充実を図ること。
(2)　指導に当たっては，コンピュータや情
報通信ネットワークを積極的に活用し
て，実習等における情報の収集・整理
や，実践結果の発表などを行うことがで
きるように工夫すること。
(3)　基礎的・基本的な知識及び技能を習得
し，基本的な概念などの理解を深めると
ともに，仕事の楽しさや完成の喜びを体
得させるよう，実践的・体験的な活動を
充実すること。また，生徒のキャリア発
達を踏まえて学習内容と将来の職業の選
択や生き方との関わりについても扱うこ
と。
(4)　資質・能力の育成を図り，一人一人の
個性を生かし伸ばすよう，生徒の興味・
関心を踏まえた学習課題の設定，技能の
習得状況に応じた少人数指導や教材・教
具の工夫など個に応じた指導の充実に努
めること。
(5)　生徒が，学習した知識及び技能を生活
に活用したり，生活や社会の変化に対応
したりすることができるよう，生活や社
会の中から問題を見いだして課題を設定
し解決する学習活動を充実するととも
に，家庭や地域社会，企業などとの連携
を図るよう配慮すること。
3　実習の指導に当たっては，施設・設備
の安全管理に配慮し，学習環境を整備す
るとともに，火気，用具，材料などの取
扱いに注意して事故防止の指導を徹底
し，安全と衛生に十分留意するものとする。
　　その際，技術分野においては，正しい
機器の操作や作業環境の整備等について

指導するとともに，適切な服装や防護眼鏡・防塵（じん）マスクの着用，作業後の手洗いの実施等による安全の確保に努めることとする。

　家庭分野においては，幼児や高齢者と関わるなど校外での学習について，事故の防止策及び事故発生時の対応策等を綿密に計画するとともに，相手に対する配慮にも十分留意するものとする。また，調理実習については，食物アレルギーにも配慮するものとする。

③高等学校：学習指導要領 (2018. 3. 30 告示)
第2章各学科に共通する各教科　第9節家庭

第1款　目　標

　生活の営みに係る見方・考え方を働かせ，実践的・体験的な学習活動を通して，様々な人々と協働し，よりよい社会の構築に向けて，男女が協力して主体的に家庭や地域の生活を創造する資質・能力を次のとおり育成することを目指す。

　(1)　人間の生涯にわたる発達と生活の営みを総合的に捉え，家族・家庭の意義，家族・家庭と社会との関わりについて理解を深め，家族・家庭，衣食住，消費や環境などについて，生活を主体的に営むために必要な理解を図るとともに，それらに係る技能を身に付けるようにする。

　(2)　家庭や地域及び社会における生活の中から問題を見いだして課題を設定し，解決策を構想し，実践を評価・改善し，考察したことを根拠に基づいて論理的に表現するなど，生涯を見通して生活の課題を解決する力を養う。

　(3)　様々な人々と協働し，よりよい社会の構築に向けて，地域社会に参画しようとするとともに，自分や家庭，地域の生活を主体的に創造しようとする実践的な態度を養う。

第2款　各科目
第1　家庭基礎
　1　目　標

　生活の営みに係る見方・考え方を働かせ，実践的・体験的な学習活動を通して，様々な人々と協働し，よりよい社会の構築に向けて，男女が協力して主体的に家庭や地域の生活を創造する資質・能力を次のとおり育成することを目指す。

　(1)　人の一生と家族・家庭及び福祉，衣食住，消費生活・環境などについて，生活を主体的に営むために必要な基礎的な理解を図るとともに，それらに係る技能を身に付けるようにする。

　(2)　家庭や地域及び社会における生活の中から問題を見いだして課題を設定し，解決策を構想し，実践を評価・改善し，考察したことを根拠に基づいて論理的に表現するなど，生涯を見通して課題を解決する力を養う。

　(3)　様々な人々と協働し，よりよい社会の構築に向けて，地域社会に参画しようとするとともに，自分や家庭，地域の生活の充実向上を図ろうとする実践的な態度を養う。

　2　内　容

　A　人の一生と家族・家庭及び福祉

　次の(1)から(5)までの項目について，生涯を見通し主体的に生活するために，家族や地域社会の人々と協力・協働し，実践的・体験的な学習活動を通して，次の事項を身に付けることができるよう指導する。

　(1)　生涯の生活設計

　　ア　人の一生について，自己と他者，社会との関わりから様々な生き方があることを理解するとともに，自立した生活を営むために必要な情報の収集・整理を行い，生涯を見通して，生活課題に対応し意思決定をしていくことの重要性について理解を深めること。

　　イ　生涯を見通した自己の生活について主体的に考え，ライフスタイルと将来の家庭生活及び職業生活について考察し，生活設計を工夫すること。

　(2)　青年期の自立と家族・家庭

ア　生涯発達の視点で青年期の課題を理
解するとともに，家族・家庭の機能と
家族関係，家族・家庭生活を取り巻く
社会環境の変化や課題，家族・家庭と
社会との関わりについて理解を深める
こと。
イ　家庭や地域のよりよい生活を創造す
るために，自己の意思決定に基づき，
責任をもって行動することや，男女が
協力して，家族の一員としての役割を
果たし家庭を築くことの重要性につい
て考察すること。
(3)　子供の生活と保育
ア　乳幼児期の心身の発達と生活，親の
役割と保育，子供を取り巻く社会環
境，子育て支援について理解するとと
もに，乳幼児と適切に関わるための基
礎的な技能を身に付けること。
イ　子供を生み育てることの意義につい
て考えるとともに，子供の健やかな発
達のために親や家族及び地域や社会の
果たす役割の重要性について考察する
こと。
(4)　高齢期の生活と福祉
ア　高齢期の心身の特徴，高齢者を取り
巻く社会環境，高齢者の尊厳と自立生
活の支援や介護について理解するとと
もに，生活支援に関する基礎的な技能
を身に付けること。
イ　高齢者の自立生活を支えるために，
家族や地域及び社会の果たす役割の重
要性について考察すること。
(5)　共生社会と福祉
ア　生涯を通して家族・家庭の生活を支
える福祉や社会的支援について理解す
ること。
イ　家庭や地域及び社会の一員としての
自覚をもって共に支え合って生活する
ことの重要性について考察すること。
B　衣食住の生活の自立と設計
次の(1)から(3)までの項目について，健康・
快適・安全な衣食住の生活を主体的に営むた
めに，実践的・体験的な学習活動を通して，
次の事項を身に付けることができるよう指導
する。

(1)　食生活と健康
ア　次のような知識及び技能を身に付け
ること。
(ア)　ライフステージに応じた栄養の特
徴や食品の栄養的特質，健康や環境
に配慮した食生活について理解し，
自己や家族の食生活の計画・管理に
必要な技能を身に付けること。
(イ)　おいしさの構成要素や食品の調理
上の性質，食品衛生について理解
し，目的に応じた調理に必要な技能
を身に付けること。
イ　食の安全や食品の調理上の性質，食
文化の継承を考慮した献立作成や調理
計画，健康や環境に配慮した食生活に
ついて考察し，自己や家族の食事を工
夫すること。
(2)　衣生活と健康
ア　次のような知識及び技能を身に付け
ること。
(ア)　ライフステージや目的に応じた被
服の機能と着装について理解し，健
康で快適な衣生活に必要な情報の収
集・整理ができること。
(イ)　被服材料，被服構成及び被服衛生
について理解し，被服の計画・管理
に必要な技能を身に付けること。
イ　被服の機能性や快適性について考察
し，安全で健康や環境に配慮した被服
の管理や目的に応じた着装を工夫する
こと。
(3)　住生活と住環境
ア　ライフステージに応じた住生活の特
徴，防災などの安全や環境に配慮した
住居の機能について理解し，適切な住
居の計画・管理に必要な技能を身に付
けること。
イ　住居の機能性や快適性，住居と地域
社会との関わりについて考察し，防災
などの安全や環境に配慮した住生活や
住環境を工夫すること。
C　持続可能な消費生活・環境
次の(1)から(3)までの項目について，持続可
能な社会を構築するために実践的・体験的な
学習活動を通して，次の事項を身に付けるこ

とができるよう指導する。
(1) 生活における経済の計画
　　ア　家計の構造や生活における経済と社会との関わり，家計管理について理解すること。
　　イ　生涯を見通した生活における経済の管理や計画の重要性について，ライフステージや社会保障制度などと関連付けて考察すること。
(2) 消費行動と意思決定
　　ア　消費者の権利と責任を自覚して行動できるよう消費生活の現状と課題，消費行動における意思決定や契約の重要性，消費者保護の仕組みについて理解するとともに，生活情報を適切に収集・整理できること。
　　イ　自立した消費者として，生活情報を活用し，適切な意思決定に基づいて行動することや責任ある消費について考察し，工夫すること。
(3) 持続可能なライフスタイルと環境
　　ア　生活と環境との関わりや持続可能な消費について理解するとともに，持続可能な社会へ参画することの意義について理解すること。
　　イ　持続可能な社会を目指して主体的に行動できるよう，安全で安心な生活と消費について考察し，ライフスタイルを工夫すること。
　Ｄ　ホームプロジェクトと学校家庭クラブ活動
　生活上の課題を設定し，解決に向けて生活を科学的に探究したり，創造したりすることができるよう次の事項を指導する。
　　ア　ホームプロジェクト及び学校家庭クラブ活動の意義と実施方法について理解すること。
　　イ　自己の家庭生活や地域の生活と関連付けて生活上の課題を設定し，解決方法を考え，計画を立てて実践すること。
3　内容の取扱い
(1) 内容の取扱いに当たっては，次の事項に配慮するものとする。
　　ア　内容のＡからＣまでについては，生活の科学的な理解を深めるための実

践的・体験的な学習活動を充実するとともに，生活の中から問題を見いだしその課題を解決する過程を重視すること。また，現在を起点に将来を見通したり，自己や家族を起点に地域や社会へ視野を広げたりして，生活を時間的・空間的な視点から捉えることができるよう指導を工夫すること。
　　イ　内容のＡの(1)については，人の一生を生涯発達の視点で捉え，各ライフステージの特徴などと関連を図ることができるよう，この科目の学習の導入として扱うこと。また，ＡからＣまでの内容と関連付けるとともにこの科目のまとめとしても扱うこと。
　　ウ　内容のＡの(3)及び(4)については，学校や地域の実態等に応じて，学校家庭クラブ活動などとの関連を図り，乳幼児や高齢者との触れ合いや交流などの実践的な活動を取り入れるよう努めること。
　　　　(5)については，自助，共助及び公助の重要性について理解できるよう指導を工夫すること。
　　エ　内容のＢについては，実験・実習を中心とした指導を行うこと。なお，(1)については，栄養，食品，調理及び食品衛生との関連を図って扱うようにすること。また，調理実習については食物アレルギーにも配慮すること。
　　オ　内容のＣの指導に当たっては，Ａ及びＢの内容と相互に関連を図ることができるよう工夫すること。
　　カ　内容のＤの指導に当たっては，ＡからＣまでの学習の発展として実践的な活動を家庭や地域などで行うこと。
(2) 内容の範囲や程度については，次の事項に配慮するものとする。
　　ア　内容のＡの(2)のアについては，関係法規についても触れること。(3)から(5)までについては，生涯にわたって家族・家庭の生活を支える福祉の基本的な理念に重点を置くこと。(4)については，認知症などにも触れること。アについては，生活支援に関する基礎的な

技能を身に付けることができるよう体験的に学習を行うこと。

イ　内容のＢの(1)のア，(2)のア及び(3)のアについては，日本と世界の衣食住に関わる文化についても触れること。その際，日本の伝統的な和食，和服及び和室などを取り上げ，生活文化の継承・創造の重要性に気付くことができるよう留意すること。

ウ　内容のＣの(1)のイについては，将来にわたるリスクを想定して，不測の事態に備えた対応などについても触れること。(2)のアについては，多様な契約やその義務と権利について取り上げるとともに，消費者信用及びそれらをめぐる問題などを扱うこと。(3)については，環境負荷の少ない衣食住の生活の工夫に重点を置くこと。

第2　家庭総合

1　目　標

生活の営みに係る見方・考え方を働かせ，実践的・体験的な学習活動を通して，様々な人々と協働し，よりよい社会の構築に向けて，男女が協力して主体的に家庭や地域の生活を創造する資質・能力を次のとおり育成することを目指す。

(1)　人の一生と家族・家庭及び福祉，衣食住，消費生活・環境などについて，生活を主体的に営むために必要な科学的な理解を図るとともに，それらに係る技能を体験的・総合的に身に付けるようにする。

(2)　家庭や地域及び社会における生活の中から問題を見いだして課題を設定し，解決策を構想し，実践を評価・改善し，考察したことを科学的な根拠に基づいて論理的に表現するなど，生涯を見通して課題を解決する力を養う。

(3)　様々な人々と協働し，よりよい社会の構築に向けて，地域社会に参画しようとするとともに，生活文化を継承し，自分や家庭，地域の生活の充実向上を図ろうとする実践的な態度を養う。

2　内　容

Ａ　人の一生と家族・家庭及び福祉

次の(1)から(5)までの項目について，生涯を見通し主体的に生活するために，家族や地域社会の人々と協力・協働し，実践的・体験的な学習活動を通して，次の事項を身に付けることができるよう指導する。

(1)　生涯の生活設計

ア　次のような知識及び技能を身に付けること。

(ア)　人の一生について，自己と他者，社会との関わりから様々な生き方があることを理解するとともに，自立した生活を営むために，生涯を見通して，生活課題に対応し意思決定をしていくことの重要性について理解を深めること。

(イ)　生活の営みに必要な金銭，生活時間などの生活資源について理解し，情報の収集・整理が適切にできること。

イ　生涯を見通した自己の生活について主体的に考え，ライフスタイルと将来の家庭生活及び職業生活について考察するとともに，生活資源を活用して生活設計を工夫すること。

(2)　青年期の自立と家族・家庭及び社会

ア　次のような知識を身に付けること。

(ア)　生涯発達の視点から各ライフステージの特徴と課題について理解するとともに，青年期の課題である自立や男女の平等と協力，意思決定の重要性について理解を深めること。

(イ)　家族・家庭の機能と家族関係，家族・家庭と法律，家庭生活と福祉などについて理解するとともに，家族・家庭の意義，家族・家庭と社会との関わり，家族・家庭を取り巻く社会環境の変化や課題について理解を深めること。

イ　家庭や地域のよりよい生活を創造するために，自己の意思決定に基づき，責任をもって行動することや，男女が協力して，家族の一員としての役割を果たし家庭を築くことの重要性について考察すること。

(3)　子供との関わりと保育・福祉

ア　次のような知識及び技能を身に付け

ること。
　㋐　乳幼児期の心身の発達と生活，子
　　供の遊びと文化，親の役割と保育，
　　子育て支援について理解を深め，子
　　供の発達に応じて適切に関わるため
　　の技能を身に付けること。
　㋑　子供を取り巻く社会環境の変化や
　　課題及び子供の福祉について理解を
　　深めること。
　イ　子供を生み育てることの意義や，保
　　育の重要性について考え，子供の健や
　　かな発達を支えるために親や家族及び
　　地域や社会の果たす役割の重要性を考
　　察するとともに，子供との適切な関わ
　　り方を工夫すること。
(4)　高齢者との関わりと福祉
　ア　次のような知識及び技能を身に付け
　　ること。
　㋐　高齢期の心身の特徴，高齢者の尊
　　厳と自立生活の支援や介護について
　　理解を深め，高齢者の心身の状況に
　　応じて適切に関わるための生活支援
　　に関する技能を身に付けること。
　㋑　高齢者を取り巻く社会環境の変化
　　や課題及び高齢者福祉について理解
　　を深めること。
　イ　高齢者の自立生活を支えるために，
　　家族や地域及び社会の果たす役割の重
　　要性について考察し，高齢者の心身の
　　状況に応じた適切な支援の方法や関わ
　　り方を工夫すること。
(5)　共生社会と福祉
　ア　次のような知識を身に付けること。
　㋐　生涯を通して家族・家庭の生活を
　　支える福祉や社会的支援について理
　　解すること。
　㋑　家庭と地域との関わりについて理
　　解するとともに，高齢者や障害のあ
　　る人々など様々な人々が共に支え合
　　って生きることの意義について理解
　　を深めること。
　イ　家庭や地域及び社会の一員としての
　　自覚をもって共に支え合って生活する
　　ことの重要性について考察し，様々な
　　人々との関わり方を工夫すること。

Ｂ　衣食住の生活の科学と文化
　次の(1)から(3)までの項目について，健康・
快適・安全な衣食住の生活を主体的に営むた
めに，実践的・体験的な学習活動を通して，
次の事項を身に付けることができるよう指導
する。
(1)　食生活の科学と文化
　ア　次のような知識及び技能を身に付け
　　ること。
　㋐　食生活を取り巻く課題，食の安全
　　と衛生，日本と世界の食文化など，
　　食と人との関わりについて理解する
　　こと。
　㋑　ライフステージの特徴や課題に着
　　目し，栄養の特徴，食品の栄養的特
　　質，健康や環境に配慮した食生活に
　　ついて理解するとともに，自己と家
　　族の食生活の計画・管理に必要な技
　　能を身に付けること。
　㋒　おいしさの構成要素や食品の調理
　　上の性質，食品衛生について科学的
　　に理解し，目的に応じた調理に必要
　　な技能を身に付けること。
　イ　主体的に食生活を営むことができる
　　よう健康及び環境に配慮した自己と家
　　族の食事，日本の食文化の継承・創造
　　について考察し，工夫すること。
(2)　衣生活の科学と文化
　ア　次のような知識及び技能を身に付け
　　ること。
　㋐　衣生活を取り巻く課題，日本と世
　　界の衣文化など，被服と人との関わ
　　りについて理解を深めること。
　㋑　ライフステージの特徴や課題に着
　　目し，身体特性と被服の機能及び着
　　装について理解するとともに，健康
　　と安全，環境に配慮した自己と家族
　　の衣生活の計画・管理に必要な情報
　　の収集・整理ができること。
　㋒　被服材料，被服構成，被服製作，
　　被服衛生及び被服管理について科学
　　的に理解し，衣生活の自立に必要な
　　技能を身に付けること。
　イ　主体的に衣生活を営むことができる
　　よう目的や個性に応じた健康で快適，

機能的な着装や日本の衣文化の継承・創造について考察し，工夫すること。

(3) 住生活の科学と文化

ア　次のような知識及び技能を身に付けること。

　(ア)　住生活を取り巻く課題，日本と世界の住文化など，住まいと人との関わりについて理解を深めること。

　(イ)　ライフステージの特徴や課題に着目し，住生活の特徴，防災などの安全や環境に配慮した住居の機能について科学的に理解し，住生活の計画・管理に必要な技能を身に付けること。

　(ウ)　家族の生活やライフスタイルに応じた持続可能な住居の計画について理解し，快適で安全な住空間を計画するために必要な情報を収集・整理できること。

イ　主体的に住生活を営むことができるようライフステージと住環境に応じた住居の計画，防災などの安全や環境に配慮した住生活とまちづくり，日本の住文化の継承・創造について考察し，工夫すること。

C　持続可能な消費生活・環境

次の(1)から(3)までの項目について，持続可能な社会を構築するために実践的・体験的な学習活動を通して，次の事項を身に付けることができるよう指導する。

(1) 生活における経済の計画

ア　次のような知識及び技能を身に付けること。

　(ア)　家計の構造について理解するとともに生活における経済と社会との関わりについて理解を深めること。

　(イ)　生涯を見通した生活における経済の管理や計画，リスク管理の考え方について理解を深め，情報の収集・整理が適切にできること。

イ　生涯を見通した生活における経済の管理や計画の重要性について，ライフステージごとの課題や社会保障制度などと関連付けて考察し，工夫すること。

(2) 消費行動と意思決定

ア　次のような知識及び技能を身に付けること。

　(ア)　消費生活の現状と課題，消費行動における意思決定や責任ある消費の重要性について理解を深めるとともに，生活情報の収集・整理が適切にできること。

　(イ)　消費者の権利と責任を自覚して行動できるよう，消費者問題や消費者の自立と支援などについて理解するとともに，契約の重要性や消費者保護の仕組みについて理解を深めること。

イ　自立した消費者として，生活情報を活用し，適切な意思決定に基づいて行動できるよう考察し，責任ある消費について工夫すること。

(3) 持続可能なライフスタイルと環境

ア　生活と環境との関わりや持続可能な消費について理解するとともに，持続可能な社会へ参画することの意義について理解を深めること。

イ　持続可能な社会を目指して主体的に行動できるよう，安全で安心な生活と消費及び生活文化について考察し，ライフスタイルを工夫すること。

D　ホームプロジェクトと学校家庭クラブ活動

生活上の課題を設定し，解決に向けて生活を科学的に探究したり，創造したりすることができるよう次の事項を指導する。

ア　ホームプロジェクト及び学校家庭クラブ活動の意義と実施方法について理解すること。

イ　自己の家庭生活や地域の生活と関連付けて生活上の課題を設定し，解決方法を考え，計画を立てて実践すること。

3　内容の取扱い

(1)　内容の取扱いに当たっては，次の事項に配慮するものとする。

ア　内容のAからCまでについては，生活の科学的な理解を深めるための実践的・体験的な学習活動を充実するとともに，生活の中から問題を見いだしその課題を解決する過程を重視するこ

と。また，現在を起点に将来を見通したり，自己や家族を起点に地域や社会へ視野を広げたりして，生活を時間的・空間的な視点から捉えることができるように指導を工夫すること。

イ　内容のＡの(1)については，人の一生を生涯発達の視点で捉え，各ライフステージの特徴や課題と関連を図ることができるよう，この科目の学習の導入として扱うこと。また，ＡからＣまでの内容と関連付けるとともにこの科目のまとめとしても扱うこと。

ウ　内容のＡの(3)については，学校や地域の実態等に応じて，学校家庭クラブ活動などとの関連を図り，幼稚園，保育所及び認定こども園などの乳幼児，近隣の小学校の低学年の児童との触れ合いや交流の機会をもつよう努めること。また，(4)については，学校家庭クラブ活動などとの関連を図り，福祉施設などの見学やボランティア活動への参加をはじめ，身近な高齢者との交流の機会をもつよう努めること。(5)については，自助，共助及び公助の重要性について理解を深めることができるよう指導を工夫すること。

エ　内容のＢについては，実験・実習を中心とした指導を行うこと。なお，(1)については，栄養，食品，調理及び食品衛生との関連を図って指導すること。また，調理実習については食物アレルギーにも配慮すること。

オ　内容のＣの指導に当たっては，Ａ及びＢの内容と相互に関連を図ることができるよう工夫すること。(2)については，消費生活に関する演習を取り入れるなど，理解を深めることができるよう努めること。

カ　内容のＤの指導に当たっては，ＡからＣまでの学習の発展として実践的な活動を家庭や地域などで行うこと。

(2) 内容の範囲や程度については，次の事項に配慮するものとする。

ア　内容のＡの(3)については，乳幼児期から小学校の低学年までの子供を中心に扱い，子供の発達を支える親の役割や子育てを支援する環境に重点を置くこと。また，アの(イ)については，子供の福祉の基本的な理念に重点を置くこと。(4)のアの(ア)については，食事，着脱衣，移動など高齢者の心身の状況に応じて工夫ができるよう実習を扱うこと。(イ)については，高齢者福祉の基本的な理念に重点を置くとともに，例えば，認知症などの事例を取り上げるなど具体的な支援方法についても扱うこと。

イ　内容のＢの(1)のアの(ア)，(2)のアの(ア)及び(3)のアの(ア)については，和食，和服及び和室などを取り上げ，日本の伝統的な衣食住に関わる生活文化やその継承・創造を扱うこと。(2)のアの(ウ)については，衣服を中心とした縫製技術が学習できる題材を扱うこと。

ウ　内容のＣの(1)のアの(ア)については，キャッシュレス社会が家計に与える利便性と問題点を扱うこと。(イ)については，将来にわたるリスクを想定して，不測の事態に備えた対応などについて具体的な事例にも触れること。(2)のアの(イ)については，多様な契約やその義務と権利を取り上げるとともに消費者信用及びそれらをめぐる問題などを扱うこと。(3)については，生活と環境との関わりを具体的に理解させることに重点を置くこと。

第３款　各科目にわたる指導計画の作成と内容の取扱い

1　指導計画の作成に当たっては，次の事項に配慮するものとする。

(1) 単元など内容や時間のまとまりを見通して，その中で育む資質・能力の育成に向けて，生徒の主体的・対話的で深い学びの実現を図るようにすること。その際，生活の営みに係る見方・考え方を働かせ，知識を相互に関連付けてより深く理解するとともに，家庭や地域及び社会における生活の中から問題を見いだして解決策を構想し，実践を評価・改善して，新たな課題の解決に向かう過程を重

視した学習の充実を図ること。
(2)　「家庭基礎」及び「家庭総合」の各科目に配当する総授業時数のうち，原則として10分の５以上を実験・実習に配当すること。
(3)　「家庭基礎」は，原則として，同一年次で履修させること。その際，原則として入学年次及びその次の年次の２か年のうちに履修させること。
(4)　「家庭総合」を複数の年次にわたって分割して履修させる場合には，原則として連続する２か年において履修させること。また，内容のＣについては，原則として入学年次及びその次の年次の２か年のうちに取り上げること。
(5)　地域や関係機関等との連携・交流を通じた実践的な学習活動を取り入れるとともに，外部人材を活用するなどの工夫に努めること。
(6)　障害のある生徒などについては，学習活動を行う場合に生じる困難さに応じた指導内容や指導方法の工夫を計画的，組織的に行うこと。
(7)　中学校技術・家庭科を踏まえた系統的な指導に留意すること。また，高等学校公民科，数学科，理科及び保健体育科などとの関連を図り，家庭科の目標に即し

た調和のとれた指導が行われるよう留意すること。
2　内容の取扱いに当たっては，次の事項に配慮するものとする。
(1)　生徒が自分の生活に結び付けて学習できるよう，問題を見いだし課題を設定し解決する学習を充実すること。
(2)　子供や高齢者など様々な人々と触れ合い，他者と関わる力を高める活動，衣食住などの生活における様々な事象を言葉や概念などを用いて考察する活動，判断が必要な場面を設けて理由や根拠を論述したり適切な解決方法を探究したりする活動などを充実すること。
(3)　食に関する指導については，家庭科の特質を生かして，食育の充実を図ること。
(4)　各科目の指導に当たっては，コンピュータや情報通信ネットワークなどの活用を図り，学習の効果を高めるようにすること。
3　実験・実習を行うに当たっては，関連する法規等に従い，施設・設備の安全管理に配慮し，学習環境を整備するとともに，火気，用具，材料などの取扱いに注意して事故防止の指導を徹底し，安全と衛生に十分留意するものとする。

●公定訳／女子に対するあらゆる形態の差別の撤廃に関する条約（抄）

前　文
この条約の締約国は，
国際連合憲章が基本的人権，人間の尊厳及び価値並びに男女の権利の平等に関する信念を改めて確認していることに留意し，
世界人権宣言が，差別は容認することができないものであるとの原則を確認していること，並びにすべての人間は生れながらにして自由であり，かつ，尊厳及び権利について平等であること並びにすべての人は性による差別その他のいかなる差別もなしに同宣言に掲げるすべての権利及び自由を享有することができることを宣明していることに留意し，
人権に関する国際規約の締約国がすべての経済的，社会的，文化的，市民的及び政治的

権利の享有について男女に平等の権利を確保する義務を負つていることに留意し，
国際連合及び専門機関の主催の下に各国が締結した男女の権利の平等を促進するための国際条約を考慮し，
更に，国際連合及び専門機関が採択した男女の権利の平等を促進するための決議，宣言及び勧告に留意し，
しかしながら，これらの種々の文書にもかかわらず女子に対する差別が依然として広範に存在していることを憂慮し，
女子に対する差別は，権利の平等の原則及び人間の尊厳の尊重の原則に反するものであり，女子が男子と平等の条件で自国の政治的，社会的，経済的及び文化的活動に参加す

る上で障害となるものであり，社会及び家族の繁栄の増進を阻害するものであり，また，女子の潜在能力を自国及び人類に役立てるために完全に開発することを一層困難にするものであることを想起し，

窮乏の状況においては，女子が食糧，健康，教育，雇用のための訓練及び機会並びに他の必要とするものを享受する機会が最も少ないことを憂慮し，

衡平及び正義に基づく新たな国際経済秩序の確立が男女の平等の促進に大きく貢献することを確信し，

アパルトヘイト，あらゆる形態の人種主義，人種差別，植民地主義，新植民地主義，侵略，外国による占領及び支配並びに内政干渉の根絶が男女の権利の完全な享有に不可欠であることを強調し，

国際の平和及び安全を強化し，国際緊張を緩和し，すべての国（社会体制及び経済体制のいかんを問わない。）の間で相互に協力し，全面的かつ完全な軍備縮小を達成し，特に厳重かつ効果的な国際管理の下での核軍備の縮小を達成し，諸国間の関係における正義，平等及び互恵の原則を確認し，外国の支配の下，植民地支配の下又は外国の占領の下にある人民の自決の権利及び人民の独立の権利を実現し並びに国の主権及び領土保全を尊重することが，社会の進歩及び発展を促進し，ひいては，男女の完全な平等の達成に貢献することを確認し，

国の完全な発展，世界の福祉及び理想とする平和は，あらゆる分野において女子が男子と平等の条件で最大限に参加することを必要としていることを確信し，

家族の福祉及び社会の発展に対する従来完全には認められていなかった女子の大きな貢献，母性の社会的重要性並びに家庭及び子の養育における両親の役割に留意し，また，出産における女子の役割が差別の根拠となるべきではなく，子の養育には男女及び社会全体が共に責任を負うことが必要であることを認識し，

社会及び家庭における男子の伝統的役割を女子の役割とともに変更することが男女の完全な平等の達成に必要であることを認識し，

女子に対する差別の撤廃に関する宣言に掲げられている諸原則を実施すること及びこのために女子に対するあらゆる形態の差別を撤廃するための必要な措置をとることを決意して，

次のとおり協定した。

第1部（一般規定）

第1条（定義）

この条約の適用上，「女子に対する差別」とは，性に基づく区別，排除又は制限であって，政治的，経済的，社会的，文化的，市民的その他のいかなる分野においても，女子（婚姻をしているかいないかを問わない。）が男女の平等を基礎として人権及び基本的自由を認識し，享有し又は行使することを害し又は無効にする効果又は目的を有するものをいう。

第2条（締約国の義務）

締約国は，女子に対するあらゆる形態の差別を非難し，女子に対する差別を撤廃する政策をすべての適当な手段により，かつ，遅滞なく追求することに合意し，及びこのため次のことを約束する。

(a) 男女の平等の原則が自国の憲法その他の適当な法令に組み入れられていない場合にはこれを定め，かつ，男女の平等の原則の実際的な実現を法律その他の適当な手段により確保すること。

(b) 女子に対するすべての差別を禁止する適当な立法その他の措置（適当な場合には制裁を含む。）をとること。

(c) 女子の権利の法的な保護を男子との平等を基礎として確立し，かつ，権限のある自国の裁判所その他の公の機関を通じて差別となるいかなる行為からも女子を効果的に保護することを確保すること。

(d) 女子に対する差別となるいかなる行為又は慣行も差し控え，かつ，公の当局及び機関がこの義務に従って行動することを確保すること。

(e) 個人，団体又は企業による女子に対する差別を撤廃するためのすべての適当な措置をとること。

(f) 女子に対する差別となる既存の法律，規則，慣習及び慣行を修正し又は廃止す

るためのすべての適当な措置（立法を含
む。）をとること。
(g)　女子に対する差別となる自国のすべて
の刑罰規定を廃止すること。

第3条　（保障措置）

締約国は，あらゆる分野，特に，政治的，
社会的，経済的及び文化的分野において，女
子に対して男子との平等を基礎として人権及
び基本的自由を行使し及び享有することを保
障することを目的として，女子の完全な能力
開発及び向上を確保するためのすべての適当
な措置（立法を含む。）をとる。

第4条　（差別とならない特別措置）

1　締約国が男女の事実上の平等を促進する
ことを目的とする暫定的な特別措置をとる
ことは，この条約に定義する差別と解して
はならない。ただし，その結果としていか
なる意味においても不平等な又は別個の基
準を維持し続けることとなってはならず，
これらの措置は，機会及び待遇の平等の目
的が達成された時に廃止されなければなら
ない。

2　締約国が母性を保護することを目的とす
る特別措置（この条約に規定する措置を含
む。）をとることは，差別と解してはなら
ない。

第5条　（役割に基づく偏見等の撤廃）

締約国は，次の目的のためのすべての適当
な措置をとる。

(a)　両性のいずれかの劣等性若しくは優越
性の観念又は男女の定型化された役割に
基づく偏見及び慣習その他あらゆる慣行
の撤廃を実現するため，男女の社会的及
び文化的な行動様式を修正すること。

(b)　家庭についての教育に，社会的機能と
しての母性についての適正な理解並びに
子の養育及び発育における男女の共同責
任についての認識を含めることを確保す
ること。あらゆる場合において，子の利
益は最初に考慮するものとする。

第6条　（売買，売春からの搾取の禁止）

締約国は，あらゆる形態の女子の売買及び
女子の売春からの搾取を禁止するためのすべ
ての適当な措置（立法を含む。）をとる。

第2部　（政治的・公的活動における差別の撤廃）

第7条　（政治的，公的活動における平等）

締約国は，自国の政治的及び公的活動にお
ける女子に対する差別を撤廃するためのすべ
ての適当な措置をとるものとし，特に，女子
に対して男子と平等の条件で次の権利を確保
する。

(a)　あらゆる選挙及び国民投票において投
票する権利並びにすべての公選による機
関に選挙される資格を有する権利

(b)　政府の政策の策定及び実施に参加する
権利並びに政府のすべての段階において
公職に就き及びすべての公務を遂行する
権利

(c)　自国の公的又は政治的活動に関係のあ
る非政府機関及び非政府団体に参加する
権利

第8条　（国際的活動への参加の平等）

締約国は，国際的に自国政府を代表し及び
国際機関の活動に参加する機会を，女子に対
して男子と平等の条件でかついかなる差別も
なく確保するためのすべての適当な措置をと
る。

第9条　（国籍に関する権利の平等）

1　締約国は，国籍の取得，変更及び保持に
関し，女子に対して男子と平等の権利を与
える。締約国は，特に，外国人との婚姻又
は婚姻中の夫の国籍の変更が，自動的に妻
の国籍を変更し，妻を無国籍にし又は夫の
国籍を妻に強制することとならないことを
確保する。

2　締約国は，子の国籍に関し，女子に対し
て男子と平等の権利を与える。

第3部　（経済的，社会的活動における差別の撤廃）

第10条　（教育における差別の撤廃）

締約国は，教育の分野において，女子に対
して男子と平等の権利を確保することを目的
として，特に，男女の平等を基礎として次の
ことを確保することを目的として，女子に対
する差別を撤廃するためのすべての適当な措
置をとる。

(a)　農村及び都市のあらゆる種類の教育施
設における職業指導，修学の機会及び資
格証書の取得のための同一の条件。この
ような平等は，就学前教育，普通教育，
技術教育，専門教育及び高等技術教育並

びにあらゆる種類の職業訓練において確
保されなければならない。

(b) 同一の教育課程，同一の試験，同一の
水準の資格を有する教育職員並びに同一
の質の学校施設及び設備を享受する機会

(c) すべての段階及びあらゆる形態の教育
における男女の役割についての定型化さ
れた概念の撤廃を，この目的の達成を助
長する男女共学その他の種類の教育を奨
励することにより，また，特に，教材用
図書及び指導計画を改訂すること並びに
指導方法を調整することにより行うこと。

(d) 奨学金その他の修学援助を享受する同
一の機会

(e) 継続教育計画（成人向けの及び実用的
な識字計画を含む。），特に，男女間に存
在する教育上の格差をできる限り早期に
減少させることを目的とした継続教育計
画を利用する同一の機会

(f) 女子の中途退学率を減少させること及
び早期に退学した女子のための計画を策
定すること。

(g) スポーツ及び体育に積極的に参加する
同一の機会

(h) 家族の健康及び福祉の確保に役立つ特
定の教育的情報（家族計画に関する情報
及び助言を含む。）を享受する機会

第11条（雇用における差別の撤廃）

1 締約国は，男女の平等を基礎として同一
の権利，特に次の権利を確保することを目
的として，雇用の分野における女子に対す
る差別を撤廃するためのすべての適当な措
置をとる。

(a) すべての人間の奪い得ない権利として
の労働の権利

(b) 同一の雇用機会（雇用に関する同一の
選考基準の適用を含む。）についての権
利

(c) 職業を自由に選択する権利，昇進，雇
用の保障並びに労働に係るすべての給付
及び条件についての権利並びに職業訓練
及び再訓練（見習，上級職業訓練及び継
続的訓練を含む。）を受ける権利

(d) 同一価値の労働についての同一報酬
（手当を含む。）及び同一待遇についての

権利並びに労働の質の評価に関する取扱
いの平等についての権利

(e) 社会保障（特に，退職，失業，傷病，
障害，老齢その他の労働不能の場合にお
ける社会保障）についての権利及び有給
休暇についての権利

(f) 作業条件に係る健康の保護及び安全
（生殖機能の保護を含む。）についての権
利

2 締約国は，婚姻又は母性を理由とする女
子に対する差別を防止し，かつ，女子に対
して実効的な労働の権利を確保するため，
次のことを目的とする適当な措置をとる。

(a) 妊娠又は母性休暇を理由とする解雇及
び婚姻をしているかいないかに基づく差
別的解雇を制裁を課して禁止すること。

(b) 給料又はこれに準ずる社会的給付を伴
い，かつ，従前の雇用関係，先任及び社
会保障上の利益の喪失を伴わない母性休
暇を導入すること。

(c) 親が家庭責任と職業上の責務及び社会
的活動への参加とを両立させることを可
能とするために必要な補助的な社会的サ
ービスの提供を，特に保育施設網の設置
及び充実を促進することにより奨励する
こと。

(d) 妊娠中の女子に有害であることが証明
されている種類の作業においては，当該
女子に対して特別の保護を与えること。

3 この条に規定する事項に関する保護法令
は，科学上及び技術上の知識に基づき定期
的に検討するものとし，必要に応じて，修
正し，廃止し，又はその適用を拡大する。

第12条（保健における差別の撤廃）

1 締約国は，男女の平等を基礎として保健
サービス（家族計画に関連するものを含
む。）を享受する機会を確保することを目
的として，保健の分野における女子に対す
る差別を撤廃するためのすべての適当な措
置をとる。

2 1の規定にかかわらず，締約国は，女子
に対し，妊娠，分娩及び産後の期間中の適
当なサービス（必要な場合には無料にす
る。）並びに妊娠及び授乳の期間中の適当
な栄養を確保する。

第13条（その他の差別の撤廃）

締約国は，男女の平等を基礎として同一の権利，特に次の権利を確保することを目的として，他の経済的及び社会的活動の分野における女子に対する差別を撤廃するためのすべての適当な措置をとる。

(a)　家族給付についての権利

(b)　銀行貸付け，抵当その他の形態の金融上の信用についての権利

(c)　レクリエーション，スポーツ及びあらゆる側面における文化的活動に参加する権利

第14条（農村女子に対する差別の撤廃）

1　締約国は，農村の女子が直面する特別の問題及び家族の経済的生存のために果たしている重要な役割（貨幣化されていない経済の部門における労働を含む。）を考慮に入れるものとし，農村の女子に対するこの条約の適用を確保するためのすべての適当な措置をとる。

2　締約国は，男女の平等を基礎として農村の女子が農村の開発に参加すること及びその開発から生ずる利益を受けることを確保することを目的として，農村の女子に対する差別を撤廃するためのすべての適当な措置をとるものとし，特に，これらの女子に対して次の権利を確保する。

(a)　すべての段階における開発計画の作成及び実施に参加する権利

(b)　適当な保健サービス（家族計画に関する情報，カウンセリング及びサービスを含む。）を享受する権利

(c)　社会保障制度から直接に利益を享受する権利

(d)　技術的な能力を高めるために，あらゆる種類（正規であるかないかを問わない。）の訓練及び教育（実用的な識字に関するものを含む。）並びに，特に，すべての地域サービス及び普及サービスからの利益を享受する権利

(e)　経済分野における平等な機会を雇用又は自営を通じて得るために，自助的集団及び協同組合を組織する権利

(f)　あらゆる地域活動に参加する権利

(g)　農業借用及び貸付け，流通機構並びに適当な技術を利用する権利並びに土地及び農地の改革並びに入植計画において平等な待遇を享受する権利

(h)　適当な生活条件（特に，住居，衛生，電力及び水の供給，運輸並びに通信に関する条件）を享受する権利

第４部（法の前の平等と差別の撤廃）

第15条（法律の前の平等）

1　締約国は，女子に対し，法律の前の男子との平等を認める。

2　締約国は，女子に対し，民事に関して男子と同一の法的能力を与えるものとし，また，この能力を行使する同一の機会を与える。特に，締約国は，契約を締結し及び財産を管理することにつき女子に対して男子と平等の権利を与えるものとし，裁判所における手続のすべての段階において女子を男子と平等に取り扱う。

3　締約国は，女子の法的能力を制限するような法的効果を有するすべての契約及び他のすべての私的文書（種類のいかんを問わない。）を無効とすることに同意する。

4　締約国は，個人の移動並びに居所及び住所の選択の自由に関する法律において男女に同一の権利を与える。

第16条（婚姻，家族関係における差別の撤廃）

1　締約国は，婚姻及び家族関係に係るすべての事項について女子に対する差別を撤廃するためのすべての適当な措置をとるものとし，特に，男女の平等を基礎として次のことを確保する。

(a)　婚姻をする同一の権利

(b)　自由に配偶者を選択し及び自由かつ完全な合意のみにより婚姻をする同一の権利

(c)　婚姻中及び婚姻の解消の際の同一の権利及び責任

(d)　子に関する事項についての親（婚姻をしているかいないかを問わない。）としての同一の権利及び責任。あらゆる場合において，子の利益は至上である。

(e)　子の数及び出産の間隔を自由かつ責任をもって決定する同一の権利並びにこれらの権利の行使を可能にする情報，教育及び手段を享受する同一の権利

270

(f)　子の後見及び養子縁組又は国内法令に
これらに類する制度が存在する場合には
その制度に係る同一の権利及び責任。あ
らゆる場合において，子の利益は至上で
ある。

(g)　夫及び妻の同一の個人的権利（姓及び
職業を選択する権利を含む。）

(h)　無償であるか有償であるかを問わず，
財産を所有し，取得し，運用し，管理
し，利用し及び処分することに関する配
偶者双方の同一の権利

2　児童の婚約及び婚姻は，法的効果を有し
ないものとし，また，婚姻最低年齢を定め
及び公の登録所への婚姻の登録を義務付け
るためのすべての必要な措置（立法を含
む。）がとられなければならない。

第5部（女子に対する差別の撤廃に関する委員会）
第17条（女子差別撤廃委員会の設置）
第18条（締約国の報告義務）
第19条（手続規則，役員の任期）
第20条（会合）
第21条（報告，提案，勧告）
第22条（専門機関との関係）
　第6部（最終規定）
第23条（国内法，他の国際条約との関係）
第24条（条約上の権利の完全な実現
第25条（署名，批准，加入，寄託）
第26条（改正）
第27条（効力発生）
第28条（留保）
第29条（紛争の解決）
第30条（正文）

赤松良子監修・国際女性の地位協会編（1999）『女性の権利—ハンドブック女性差別撤廃条約—』岩波書店より。

索　引

あ行

ICT　69, 75
アイロンがけの実習　148
アセスメント　120
アメリカ教育使節団　187
安全・安心な教育環境　162
安全な住まい方　51
安全な活動　146
生きる力　208, 242
1日分の献立　152
一斉学習　70, 71
衣服の選択と手入れ　51
インクルーシブ教育システム　163
ウィルアムソン, M.　201
SDGs　241
エリクソン, H. E.　22

か行

学習形態　70
学習指導案　110-117
学習指導過程　84
学習指導計画案作成　94
学習指導計画案の形式　96, 109
学習指導計画作成　93
学習指導計画の種類　94
学習指導の方法　72
学習指導要領　64, 66-68, 70
学習評価　120
学問中心カリキュラム　67, 68
学力の三要素　127
家事教育　186
家政学　79
課題と実践　42
学校家庭クラブ活動　75, 84, 201
学校教育制度　225, 227, 230
学校教育法　10
学校教育法施行規則　12
学校系統図　223, 224

家庭一般　203, 209
家庭科　7
　　──の女子必修　68
　　──の特性　78, 80
家庭科教育　7
　　──のカリキュラム　225, 228, 231
家庭科教育学　7
家庭科教員の資質　177
家庭技芸科　201, 203
家庭基礎　53, 54, 215, 217
家庭総合　53, 55, 215
家庭と地域　46
カリキュラム　64
カリキュラム・マネジメント　157
環境教育　237
観点別学習状況　129, 142
キー・コンピテンシー　121
GIGA スクール構想　75
技術・家庭　203
教育課程　12, 64, 66, 67
教育機会均等　10
教育基本法　9, 27
教育実習　179, 180
教員研修　181
教員免許状　178
教材機能別分類表　164
教材整備指針　164
教職課程　179
教職大学院　183
協力・協働　33
キルパトリック, W. H.　66, 75, 83
空間軸　41
グリーンコンシューマー　237
計画的な金銭管理　52
経験カリキュラム　65, 66
形成的評価　123
芸能科裁縫　185, 186

劇化法（ロールプレイング）　75
研究授業　180
健康・快適・安全　33
検定教科書　202
工学的アプローチ　68
講義法　72
合計特殊出生率　18
国際婦人の10年　206
個人内評価　125
「言葉」と「動作」　150
子どもの貧困　21
個別学習　71

さ行

裁縫教育　185
産業教育振興法　172
産業構造　17
時案　94
　　──（学習指導案）の形式　97
ジェンダーギャップ指数　240
時間軸　41
示教法　73
思考力・判断力・表現力　32, 33
自己評価　139
資質能力　121
施設整備指針　162, 172
持続可能な社会の構築　33
実業　187, 196
実験法　73
実習法　74
シティズンシップ教育　243
児童・生徒　164
指導要録　142
示範法　73
自分の成長　49
主食, 主菜, 副菜　154
主体的・対話的で深い学び　72, 77

主体的な学び，対話的な学び，
　深い学び　70
小学校における家庭生活指導の
　手びき　192
小集団学習　71
消費者教育　237
消費者の権利と責任　52
食育　239
職業科　187, 192, 195
職業・家庭　196
食品の種類と概量　50
食物アレルギー　44
女子に対するあらゆる形態の差
　別撤廃に関する条約　207
女子向き　203
自立した消費者　156
真正の評価　124
診断的評価　123
生活一般　209
生活科　236
生活技術　209, 215
生活主体　161
生活スキル　239
生活デザイン　217
生活の営みに係る見方・考え方
　32
生活の課題と実践　46
生活文化の継承・創造　33
生徒の学習到達度調査（PISA）
　69
世界の家庭科教育　220
絶対評価　125
設置基準　165
セルフマネジメント　151
専門教科「家庭」　54
総括的評価　123
総合的な学習の時間　213, 236

相互乗り入れ　207
相対評価　125

た行

題材指導計画案　94
　──（題材案）の形式　96
題材指導計画例　104-105
男子向き　203
男女共同参画社会　240
知識及び技能　32, 33
知識構成型ジグソー学習　78
ディベート　74
デジタル教科書　77
デューイ，J.　65, 81
手指の巧緻性　25
討議法　74
到達度評価　125

な行

内食・中食・外食　157
内容のまとまりごとの評価基準
　131
日常食の調理　50
人間中心カリキュラム　68
ネルソン，I.　201
年間指導計画案　94
　──の形式　96
年間指導計画例　98-102

は行

バズ学習　74
発育の加速化現象　24
発見学習　67
パフォーマンス評価　141
ピアジェ，J.　22
PDCA サイクル　128
ポートフォリオ評価　141

評価基準　133
評価規準　133
評価の観点及びその趣旨　129
評価用具　124
評定　120, 142
評定尺度法　137
普通免許状　178, 179
ブルーナー，J. S.　67
ふれあい体験　47
ブレーン・ストーミング　74
プロジェクト・メソッド　66, 75,
　80, 83
平均寿命　238
平均世帯人数　18
包丁の安全な扱い方　149
ホームプロジェクト　75, 84, 196

ま行

学びに向かう力，人間性　32, 34
見方・考え方　72
目標に準拠した評価　127
問題解決学習　65, 66, 80, 81, 83

や行

ユニットキッチン　196

ら行

羅生門的アプローチ　68
ルイス，D. S.　196
ルーブリック評価　140
レリバンス　242
連続性と系統性　48

わ行

和食，和服　47

執 筆 者

池﨑 喜美惠　前東京学芸大学（第1章，第2章，第3章第1節，第2節1，第10章，第12章）

仙波 圭子　前女子栄養大学（第3章第2節2，第7章，第8章）

青木 幸子　東京家政大学（第3章第2節3，第4章第3節，第4節，第5章，第11章）

小林 陽子　女子栄養大学（第4章第1節，第2節，第3節）

野上 遊夏　東京家政大学（第6章）

室 雅子　椙山女学園大学（第9章）

新家庭科教育法　　　◎検印省略

2022年9月1日　第一版第一刷発行

著　者　　池﨑喜美惠　仙波圭子
　　　　　青木幸子　小林陽子
　　　　　野上遊夏　室　雅子

発行所　株式会社 学 文 社

発行者　田 中 千津子

郵便番号　　　　　153-0064
東京都目黒区下目黒3-6-1
電　話　03(3715)1501(代)
振替口座　　00130-9-98842

乱丁・落丁の場合は本社でお取替します　印刷所　新灯印刷株式会社
定価はカバーに表示

ISBN 978-4-7620-3187-8